CSSCI 来源集刊

南大商学评论

NANJING BUSINESS REVIEW

53

2021-18(1)

经济管理出版社
ECONOMY & MANAGEMENT PUBLISHING HOUSE

图书在版编目（CIP）数据

南大商学评论．第53辑／刘志彪主编．—北京：经济管理出版社，2021.4
ISBN 978-7-5096-7939-5

Ⅰ.①南…　Ⅱ.①刘…　Ⅲ.①中国经济—文集　Ⅳ.①F12-53

中国版本图书馆CIP数据核字（2021）第075704号

组稿编辑：胡　茜
责任编辑：胡　茜　杜羽茜　詹　静　姜玉满　杜奕彤　杨　娜
责任印制：黄章平
责任校对：董杉珊

出版发行：经济管理出版社
（北京市海淀区北蜂窝8号中雅大厦A座11层　100038）
网　　址：www. E-mp. com. cn
电　　话：（010）51915602
印　　刷：唐山昊达印刷有限公司
经　　销：新华书店
开　　本：880mm×1230mm／16
印　　张：13
字　　数：267千字
版　　次：2021年5月第1版　　2021年5月第1次印刷
书　　号：ISBN 978-7-5096-7939-5
定　　价：50.00元

主办单位

南京大学长江三角洲经济社会发展研究中心
教育部人文社科百所重点研究基地

南京大学经济转型和发展研究中心
教育部哲学社会科学创新基地

南京大学商学院

《南大商学评论》编辑委员会

主编的话

《南大商学评论》是由南京大学商学院主办的经济学、管理学类非连续的学术刊物。创刊以来，以其规范、严密、扎实的研究风格受到国内外学者的高度评价。在此我向关心支持本文集的同仁们表示衷心的感谢！

新一轮的全球化期待中国学术研究像中国经济一样，进入世界学术研究关注的焦点和前沿。为了鼓励源自于中国的原创性研究，《南大商学评论》的办刊方向进一步明确为立足于中国经济转型和发展实践，提倡从中国经济管理的实践中发现问题、提炼问题、分析问题和解决问题。

本刊将继续延续以前的传统，开放式办刊，广泛接受来自国内外学者的自由投稿，采用双向匿名审稿制度，主要发表原创性的规范和实证研究的学术论文，以及案例、综述和评论性的文章。研究领域不限，欢迎从宏观经济学、财政金融、产业组织、国际贸易、比较经济学、企业管理、市场营销、人力资源、电子商务、会计等相关具体领域进行专门化研究的成果。

南大商学评论

Nanjing Business Review

第 53 辑

目　录

Contents

住房限购政策、房企预期与土地财政收入*

□ 毛丰付　于晓文　张越婷

摘　要：基于房地产开发商的不同预期，本文利用2004~2013年284个地级城市面板数据，评估限购政策对土地财政收入的影响。研究发现：①短期内，限购政策有效抑制了土地财政收入的增长，并且限购政策强度越大，其对土地财政收入的抑制作用越大；但随着时间的推移，限购政策呈现减弱趋势。②限购政策通过改变房地产商的预期，进一步抑制了土地财政收入的增长，并且限购政策对于不同土地出让方式得到的财政收入的影响程度不同。③相比于中西部地区的城市，限购政策对东部地区城市的土地财政收入影响更大；从不同土地依赖程度看，土地财政依赖度强的城市，限购政策对土地财政收入的负向作用更小。因此，应坚持"房住不炒、因城施策"的房地产调控方向，引导市场主体预期，完善地方税收体系，逐渐改变地方政府的财政依赖倾向，从而实现经济转型和高质量发展。

关键词：限购政策；房企预期；土地财政收入；连续时间DID模型

JEL分类：R31

引　言

自1998年住房市场化改革以来，房地产行业繁荣发展，房价出现了大幅上涨。2003年以来，全国二线城市房价上涨了3.92倍，一线城市房价的涨幅更是达到5倍（Fang et al.，2016）。尤其是在2008年金融危机之后，政府相对宽松的救市政策使得房地产市场过度膨胀，市场主体对房地产市场的发展逐渐变得盲目乐观[①]。为了限

* 基金项目：国家自然科学基金项目"人力资本偏向型住房政策与城市发展：理论、机制与效应"（71974174）；国家自然科学基金项目"人才型住房政策对城市劳动力配置效率的影响研究"（72004202）；浙江省自然科学基金项目"人力资本偏向型住房政策对城市创新能力的影响"（LY19G030005）。

① 2008年金融危机之后，曾有开发商表示，在经济波动和政策调整中拿地熬过来的都是"经验"，哪里有什么"教训"可以总结。这种言论反映了多数开发商对房地产市场持续走强的"乐观"预期。

制房价过高，中央政府多次颁布相关政策，但效果并不明显。中央政府自2010年起先后制定了“新国十条”“新国八条”和“新国五条”，对房地产市场展开了最严格的需求端调控，截至2011年11月，共有46个城市实行了力度不一的限购政策，基本涵盖了全国范围内的经济中心城市。截至2014年6月，各大城市纷纷对限购政策进行松绑，呼和浩特率先发表取消楼市限购的实施意见，第一轮限购政策基本结束。在取消限购的同时，政府还颁布了房地产去库存政策来刺激低迷的房地产市场，从而使得房地产市场再次回暖。2016年9月，随着房价的新一轮上涨，部分城市重新开启了第二轮限购政策。2016年12月，中央经济工作会议首次提出“房子是用来住的、不是用来炒的”的定位，并强调要全面落实因城施策，稳地价、稳房价、稳预期的长效管理调控机制，促进房地产市场平稳健康发展。

土地要素作为住房成本中最重要的组成部分，限购政策对住房需求量及价格的影响必然传导至土地市场，从而带来土地成交量和成交价格的波动。在第一轮限购中，北京、上海、天津等十大城市2011年前三季度土地成交量降幅达25%，并且2011年前7个月，全国土地流标数量达到353块，相比上年同期增长了242%。限购政策的实施直接影响了房地产商对住房市场的预期，万科等房地产开发商企业对外公开表示近期将减少拿地，以保持资金充裕度过行业低谷期。一方面，住房市场的成交量下滑，导致房地产商资金回笼速度减缓；另一方面，限购政策同时包含持续收紧的信贷政策，使得房地产商资金链趋紧，因此房地产商的拿地态度也越趋谨慎。虽然限购政策的实施对房地产市场的冲击力很大，但毕竟是一项不确定性很强的行政干预措施，其持续时间具有较大的不稳定性。一旦限购政策取消，被压制的住房需求重新释放，极易导致房价报复性反弹，造成房地产市场的波动。究其原因，一些地区在实施限购政策时就规定了政策实施期限，这就会使得部分房地产商预期限购结束，提前入场拿地、囤地，导致部分城市出现在限购期末房价翘尾现象。另外，土地财政是地方政府财政收入的主要来源，并且房地产业对地方经济发展贡献巨大，房地产开发商可能会预期地方政府在制定和落实限购政策实施细则时心存侥幸或软抵抗，进而使得限购政策的效果减弱并进一步影响土地市场。

那么，限购政策对于土地财政的影响程度究竟是怎样的呢？房企预期在两者的作用途径中起到了多大的作用呢？现有研究大多局限于住房市场领域，而限购政策对土地市场的影响被现有研究所忽视，较少受到学者关注。基于住房市场与土地市场的关联性，本文从房地产开发商预期的角度研究限购政策对土地财政收入的影响，有助于从更全面的角度探究限购政策的效果，对更进一步深化理解房地产市场调控和地方财税体系变革有着重要的参考价值。

由于第二轮限购政策目前仍在推进中，很难评估其完整的政策效果，并且碍于数据的可得性，本文在实证检验中利用第一轮限购的相关数据，即2004~2013年中国284个地级市城市面板数据和限购政策文本数据，采用双重差分模型来评估限购政策对土地财政收入的影响。本文的基本结论如下：①限购政策的实施在短期内对土地财政收入有显著的负向影响，并且限购政策强度越大，其对土地财政收入增长的抑制作用越大，但这种负面影响会随着年份推进有所减弱。②限购政策通过改变房地产商的预期作用于土地市场。随着政策的推行，房企预期逐渐回归理性，会使得限购对土地市场的抑制效应减弱。③从不同区域来看，相比中西部地区的城市，限购政策对土地财政收入的负向作用在东部地区城市中更为显著；从不同土地依赖程度看，土地财政依赖度强的城市，限购政策对土地财政收入的负向作用更小。

本文可能的贡献在于：①以往文献对于限购政策效果的评估主要集中在住房市场，而对土地市场，特别是土地市场中的关键行为主体——房地产商的研究较少。本文基于房地产开发商预期的视角，将住房限购政策与土地市场结合起来，以更加全面地考虑限购政策的执行效果。②本文基于预期理论探究限购对土地财政收入的影响机制，充分考虑了限购政策带有强烈的行政意味以及政策本身的不确定性，会引起房地产企业对未来住房市场预期的变化，从而影响土地市场的波动。在一定程度上为在住房市场调控中充分重视“三稳”的要求提供了理论依据。③进一步探究了限购政策的执行强度不一是否带来土地财政收入变化的差异性。充分考虑到各个城市实施限购政策力度的差异，关注实施强度不同对地方财政收入的影响；为本轮限购能够更好地调控房地产市场，减少不必要的效率损失提供了一定的理论支持。

1　文献综述

现有文献对于限购政策和土地财政收入的研究都较为丰富，对本文的研究有着很重要的参考意义。现有关于限购政策的研究主要集中在两个方面：一是限购政策对房价的影响（Berry et al.，2001；刘江涛等，2012；邹琳华，2014；汤韵、梁若冰，2016）；二是限购政策有效性和持续性的评估（王敏、黄滢，2013）。主流的观点认为限购政策对房价在短期内起抑制作用，但是从长期来看，限购政策对于调控房价的作用并不大，而土地财政方面的探索主要是从财政分权和“营改增”政策两个方面回答地方政府依赖土地财政的原因（陶然等，2009；孙秀林、周飞舟，2013；王健等，2019）。

也有少量文献研究了限购政策对于土地市场的直接影响。Chen 等（2015）发现房价上涨使得持有土地的企业能够更多地融资以投资土地，而限购政策对其具有反向作用。王雪峰（2015）通过对南昌市土地市场的数据对比分析，发现住房限购政策导致土地成交率和土地溢价率明显回落，即限购政策对土地市场有溢出效应，但主要是样本城市的案例分析。赵倩和沈坤荣（2018）指出行政干预政策如限购令使得房地产市场降温、地方政府土地出让收入缩水，短期内抑制了土地财政的波动效应。近期有研究进一步考虑限购政策的外部性影响，探究了限购政策对租赁市场和土地市场的影响（朱恺容等，2019）。也有文献从土地财政的视角来探究地方政府对房地产市场调控政策强度的影响。在中国当前的财税和政绩考核体制下，地方政府的公共服务水平、官员升迁等都与当地的经济情况密不可分，地方政府对于房地产调控政策的执行力度取决于调控政策对当地财政收入的影响（宋春合、吴福象，2017；曹清峰，2017），财政支出缺口越大的城市采纳限购政策的概率越低（刘琼等，2019）。在央地政府利益函数不一致的情况下，地方政府会通过限购区域、限购商品房类型、户型、套数等实施细则，策略性地执行限购政策（曹清峰等，2015）。

本文认为房地产商是连接住房市场和土地市场的关键因素，其既是住房市场的供给者，也是土地市场的需求者。Miller（1995）认为房地产商是依据预期房屋出售价格减去预期利润和其他成本来确定土地出价的。市场主体关于房价预期的强烈程度与房地产调控政策变化及政策效力的持续性有关（陈娟、高静，2016）。限购政策的实施效果与房地产开发商对政策不确定性的预期紧密相关（刘江涛等，2012）。朱恺容等（2019）基于市场的供给和需求两个维度，认为限购政策在限制住房需求的同时，作为住房供给方的房地产开发商也会对政策做出反应，减少房地产建设与供应。因此，在土地市场上，以房地产开发商为主体的土地需求量将出现下降，从而对各城市土地财政收入产生较大程度的负面冲击。王雪峰（2015）指出限购政策有效压制住房投机性、投资性需求，导致房地产开发商降低了未来开发收益的预期，进而减少土地需求，并且随着市场对限购政策的消化，土地交易逐渐活跃，限购政策对土地市场的溢出效应呈衰减之势。王敏和黄滢（2013）指出房地产开发企业将会基于目前及未来房地产销售市场的需求来调整自身在每一期的供给行为。土地财政实际是引致需求的结果，房地产市场的景气差异将较大程度影响土地财政收入（李郇等，2013）。

既有文献分别讨论了限购政策对房企预期的影响和房企预期对土地市场的影响，但少有文献将两者结合起来探究限购政策对土地市场的影响，尤其是基于房企预期的视角来分析限购政策对土地财政收入的影响。具体到调控时期的土地市场，其应该是一个买方市场，此时，房地产商预期是研究中不可忽视的因素。因此，房地产商的预期成为限购政策影响土地市场的传导因素之一，预期因素的引入为探究住房市场与土地市场的内在关联提供了新的研究方向。

2　机制分析

限购政策的实施直接抑制了住房市场的需求，尤其抑制了投机性购房需求从而达到调控住房市场的目的。基于住房市场与土地市场的关联关系，土地市场也会受到影响，其中，作为两个市场重要纽带的房地产开发商主体发挥了重要作用，其不同的市场预期及不同的理性行为决策在一定程度上决定了土地市场不同的走向。对于出让住房用地，就我国目前的房地产行业实际运营情况来说，一般程序是竞拍土地在先、实际销售在后，存在较长的时间差。房地产商的出价是以期望利润为标准，其愿意支付的最高价款等于其期望利润。可见，只有房地产商预期未来的房价至少能够确保企业获得正常利润，才会在土地市场上以高价竞拍土地。房地产商对土地的需求受其对房地产市场未来预期的影响，即推高地价的重要因素是房地产商对未来住房市场的乐观预期。相反，如果房地产商对住房市场未来前景不再乐观，则其将减少对土地的需求。结合我国目前的土地市场的完善程度，土地的供给并非完全缺乏弹性，以市场竞价的方式出让得到的土地价格在一定程度上反映了市场的均衡价格，体现了供求双方的博弈。本文分短期和长期来讨论第一轮限购政策，通过影响房企预期进而作用于土地市场的作用途径。更进一步地讲，为更好地体现不同阶段房地产开发商预期的变化，本文在时间演进的基础上进一步将长期细分为政策实施中期、政策实施末期两个时段，分别分析政策实施不同时间点房地产开发商对限购政策做出的反应，从而作用于土地市场的作用渠道。

如图 1 所示，在短期，即政策实施初期，强烈的政策冲击改变了房地产开发企业原有的市场预期，并且由于严格的限购政策与以往不同，没有参照和学习对象，房地产企业很难对所处的环境做出准确的判断，也没有合适的决策准则。因此，在这一阶段房地产企业往往会采取较为保守的风险规避应对措施。具体从两个方面来分析限购政策对房地产开发商的影响进而作用于土地市场。一方面，限购政策通过限制购买者的资格、购买数量及购房资金结构抑制了投机性购房需求。由于住房供给量短期内难以调整，房地产市场住房需求量下降，有效缓解了房价持续上涨的趋势。基于住房市场对土地市场的溢出效应，房地产商预期未来收益下降，忙于出售现有住房，主动减少对土地的需求量，会抑制土地财政收入增长。另一方面，由于房地产行业的开发、建设房屋项目所需资金较多、所耗时间较长，并且国内房地产商的开发资金多为非自有资金，一旦资金链出现缺口，极易导致房地产企业破产。因此，资金的周转速度显得尤其重要。限购政策导致住房成交量短期内下滑，资金回笼速度下降。同时，限购政策同时增强了对银行等金融机构发放房地产开发信贷资金的约束。因此，房地产商极易陷入资金短缺的境地，难以进行新的土地投资及开发建设投资，土地市场需求量呈现下降态势。

进一步将长期分为政策实施中期和政策实施末期，以便更好地分析政策实施不同阶段房地产开发商预期的变化，以及更加充分地考虑到房地产商之间的异质性带来的影响。

政策实施中期，随着限购政策的推行，房地产开发商获得的信息增加，会进一步深入分析所处的政策环境，也通过自身的决策调整对冲了部分政策冲击，逐步形成适应性预期，并且由于房地产企业的异质性，不同房地产企业因为认知差异形成了预期分歧。一方面，土地财政收入一直是地方政府财政收入的主要来源，房地产行业也是地方经济发展的支柱行业，限购政策的实施对住房市场的抑制会对地方政府的土地财政收入、经济增长带来负面影响。随着财政收入压力增加，地方政府有“软抵抗”的意愿。另一方面，限购政策的实施会激发房地产商和购买者的一系列规避政策行为，比如房地产开发商的“供给雪藏”、购买者的“假离婚”（范子英，2016）等现象。因此，基于对土地财政对地方政府重要性的判断以及购

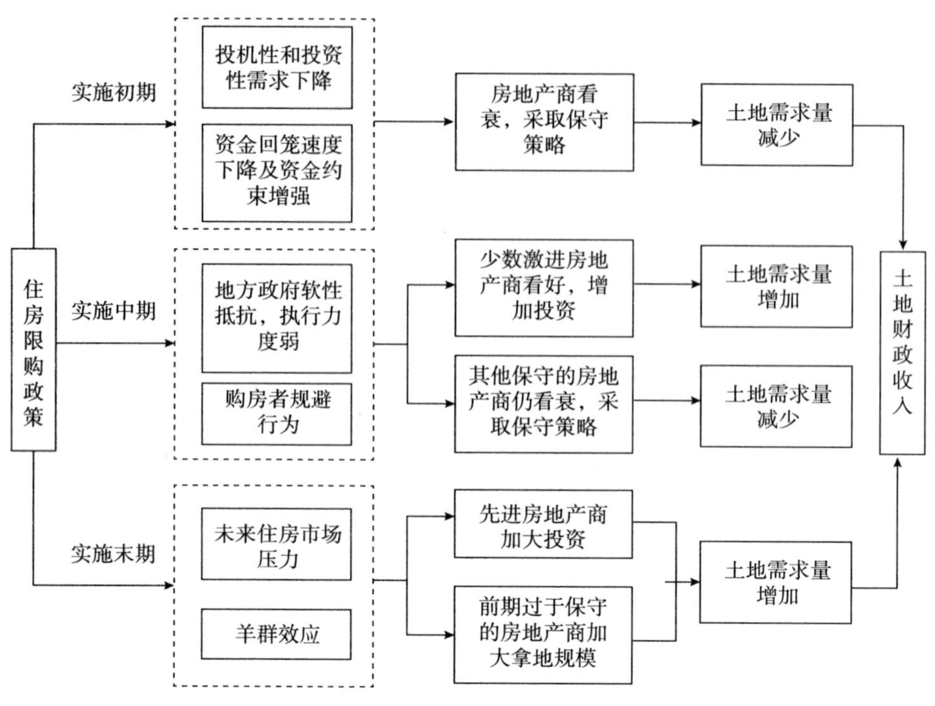

图 1　限购政策影响土地财政收入的作用机制

房参与者规避行为的判断，少部分房地产开发商可能会预期限购政策并不会实施太久，因此会逐渐增加对土地要素的需求量，开始逐渐恢复“进场拿地”行为。但其他较为保守的开发商，可能不太看好未来市场走势，并未恢复对土地的需求。在限购政策实施一段时间之后，房企预期会逐步形成有差异的适应性预期。限购政策对土地财政收入的负面影响将会随着预期的变化而减弱。虽然在限购政策推行一段时间后，部分房地产开发商可能会预期未来住房市场走向变好，但总体上讲，住房限购政策对土地财政收入的影响是负面的，只不过这种负面影响会随着政策的实施而减弱。

政策实施末期，限购解除之前，预期到限购即将解除的先知先觉型开发商开始加大拿地力度，采取跟随型战略的企业也开始试探性拿地，对于保守型的开发商，其土地储备耗尽，一旦形成预期反转，认识到没有土地储备将在接下来的房地产市场中“出局”，这类企业将一改保守做法，成为激进的拿地企业。此外，还有一类先知先觉型新进入房地产市场的企业，也会在这一时期开始抢地，由此会形成限购末期的土地市场翘尾现象，从而弱化了房地产限购政策效果。

因此，基于以上分析，本文提出以下假说：

假说 1：限购政策对土地财政收入有抑制效应，并且限购强度越强，抑制作用越明显。

假说 2：限购政策的实施会改变房地产商对住房市场的预期，从而对土地财政收入产生显著的负向影响，但这种负向影响会随着房地产开发商的预期逐渐回归理性而减弱。

3 模型、数据和变量

3.1 实证模型

借鉴 Beck 等（2010）的做法，本文利用连续时间 DID 模型进行估计：

$$lnpland_{it} = \alpha_0 + \beta_1 treated_{it} \times time_{it} + \gamma_j \sum_{j=1}^{n} Controls_{jit} + \eta_t + \mu_i + \varepsilon_{it} \tag{1}$$

其中，$lnpland_{it}$表示城市 i 在 t 年的人均土地出让收入的对数。$treated_{it}$表示城市是否属于实验组，即若城市 i 在 2004～2013 年实施了限购政策，取值为 1，否则取 0。$time_{it}$表示限购政策实施前后的时间虚拟变量，若城市 i 在 t 年开始实施限购，则从 t 年至 2013 年取值均为 1，否则为 0。β_1系数可以识别限购政策对人均土地出让收入的冲击。$Controls_{jit}$表示城市层面的控制变量，η_t为时间固定效应，μ_i为各城市的个体固定效应，ε_{it}为误差项。此外，本文将标准误聚类在城市层面，在允许城市间人均土地出让收入存在系统性差异的同时，控制城市内的自相关效应。

基于此，为了进一步考察限购政策强度对人均土地出让收入的影响，设置如下模型：

$$lnpland_{it} = \alpha_0 + \beta_1 score_{it} + \gamma_j \sum_{j=1}^{n} Controls_{jit} + \eta_t + \mu_i + \varepsilon_{it} \tag{2}$$

其中，$score_{it}$表示城市 i 在 t 年的限购政策强度，β_1系数可以识别限购政策强度对土地财政收入的影响。

3.2 数据来源及变量说明

3.2.1 数据来源

由于第二轮限购政策仍在继续，以及考虑到数据的可得性，因此本文选取第一轮限购政策的相关数据进行分析。研究样本选择 2004～2013 年 284 个地级及以上城市的面板数据①，共计 2840 条数据。土地出让相关数据均来源于《中国国土资源统计年鉴》，城市层面数据来源于《中国城市统计年鉴》，其中房价数据来自《中国区域经济统计年鉴》，采用商品房销售额除以商品房销售面积得到。限购政策实施时间和具体细则条文来源于各城市政府部门网站及相关新闻媒体报道，手工整理获得。关于样本数据中的缺失数据、异常值等，本文结合各城市发布的年鉴和中国经济社会大数据研究平台进行修补和校正，但仍存在部分年份数据的缺失，尤其是土地财政收入、土地协议出让收入、土地招拍挂出让收入等土地财政相关变量，但在总样本中占比很小，不影响本文的实证分析。

3.2.2 变量选取

（1）被解释变量。人均土地财政收入（*lnpland*）。本文借鉴现有文献，采用人均土地财政收入来衡量地方政府土地财政规模（孙秀林、周飞舟，2013），其中，人均土地财政收入通过土地财政收入（万元）除以全市年末总人口（万人）并取自然对数得到。进一步地，本文将人均土地财政收入细化得到人均土地协议出让收入（*lnpland*1）与人均土地招拍挂出让收入（*lnpland*2）作为本文的被解释变量，并做取

① 选择 2004～2013 年一直存续且无行政区划变动的地级及以上城市（不含港澳台地区），由于拉萨市数据缺失严重，故删除拉萨。由于第二轮限购尚未结束，没有形成一个完整的样本周期，所以本文没有对其进行研究。

对数处理。

（2）解释变量。考虑到政策文本的量化难易程度，本文在实证部分所描述的限购政策仅仅是指限制个人购买住房的政策。借鉴现有关于限购政策的研究，采用设置是否实施限购政策的虚拟变量来表示限购政策。在样本期间的284个地级及以上城市中，有46个城市实施限购政策，剩余的238个城市未实施限购政策。本文采用交互项 $treated_{it} \times time_{it}$ 衡量限购政策效应。

进一步地，由于各城市颁布的限购政策细则具有较大的差异，因此本文考虑构建城市限购政策强度指标。借鉴曹清峰（2017）对限购政策强度的测度方法，根据不同城市住房限购政策条文内容，将限购政策分为基本政策和附加政策两类，具体见表1。

表1　限购政策强度指标构建方法

政策类别	内容	得分	判断标准	指标名
基本政策	对本市户籍居民家庭或非本市户籍居民家庭购房套数限制	1	限购1套（“N+1”模式）	A_{it}
		2	有条件限购1套（“1+1”模式）	
	对本市户籍居民家庭购买第三套房、非本市户籍居民家庭购买第二套房	1	部分区域停售	B_{it}
		2	停售	
附加政策	实施空间范围	1	市辖区或某一特定范围	S_{it}
		2	全市	
	实施时间长度	1	从某年的第四季度开始实施	T_{it}
		2	从某年的第三季度开始实施	
		3	从某年的第二季度开始实施	
		4	从某年的第一季度开始实施	

注：此表借鉴曹清峰（2017）等的研究并进行了部分整理和修改。

基本政策是限购政策的基本组成部分，不同基本政策之间采用相加的形式，而附加政策是依附于基本政策存在的，对基本政策作用具有放大效应，可采用相乘的形式。根据表1的指标得分标准，构造不同城市住房限购政策强度指标。

$$score_{it} = (A_{it} + B_{it}) \times S_{it} \times T_{it} \tag{3}$$

其中，A_{it}和B_{it}表示基本政策限制越严格，限购政策强度越大；S_{it}和T_{it}表示实施的范围越大、实施时间越长，限购政策强度越大。

（3）控制变量。参考现有研究，本文从城市经济特征和土地财政成因两大角度，控制下列变量对土地出让收入的影响。在城市经济特征方面：①全市人口密度（*lnpopden*）。通过全市人口数除以全市行政区划面积得到，并做取对数处理。②城镇住房需求（*lnwage*）。一般而言，城镇居民收入水平越高，对住房需求量越大，因此，本文采用在岗职工平均工资的对数值衡量城镇住房需求。③产业结构（*sec*，*thi*）。本文分别采用第二产业值占比和第三产业值占比来衡量城市的产业结构。④人均GDP（*lnpgdp*）。通过GDP除以全市人口数得到，并取对数处理。在土地财政成因方面：①土地引资激励（*lninv*）。由于土地财政的一大成因是地方政府为了提高本地经济发展水平，致力于引入资本和扩大投资水平而大规模出让土地，因此，本文采用固定资产投资的对数值衡量土地引资激励。②财政压力（*bud*）。由于地方政府有迫切意愿缓解分税制造成的财政压力，而土地财政为其重要的途径，因此，借鉴李郇等（2013）的方法，采用（预算内支出-预算内收入）/预算内收入构建财政压力指标。表2给出了相关变量的描述性统计。

表2 变量描述性统计

变量名称	变量含义	样本量	均值	标准差	最小值	最大值
lnpland	人均土地出让收入（元/人）	2814	6.354	1.433	0.763	10.339
lnpland1	人均土地协议出让收入（元/人）	2764	3.699	1.654	-4.548	8.748
lnpland2	人均土地招拍挂出让收入（元/人）	2787	6.154	1.554	-0.365	10.339
treated × *time*	是否实施限购政策	—	—	4.551	—	—
score	限购政策强度	2840	4.551	0.906	0	32
lnpopden	城市人口密度（人/平方公里）	2840	5.720	0.462	1.548	7.887
lnpgdp	人均GDP（元）	2840	9.978	0.766	7.662	13.056
lnwage	职工平均工资（元）	2839	10.113	11.237	8.734	11.451
sec	第二产业占GDP比重（%）	2837	49.546	8.527	15.700	90.970
thi	第三产业占GDP比重（%）	2837	35.686	1.093	8.580	85.340
lninv	固定资产投资（万元）	2840	15.227	1.884	12.267	18.521
bud	财政压力（%）	2840	1.705	1.884	-0.351	17.399

4 实证结果

4.1 住房限购政策对土地财政收入的影响

4.1.1 基准回归结果

基于设定的连续时间DID模型，首先估计限购政策对人均土地出让收入的影响，如表3中列（1）和列（2）所示，在不加入和加入控制变量的情况下，住房限购政策对人均土地出让收入的影响均是负向的，且都在1%的水平上显著，表明限购政策对人均土地出让收入有显著的抑制作用，这为研究假说1提供了初步的支持。表3中列（3）和列（4）分别为限购政策对人均土地协议出让收入、人均土地招拍挂出让收入的回归结果，可以看出限购政策对土地招拍挂出让收入有显著的负面影响，但对土地协议出让收入的影响不大。原因在于，协议出让价格是由地方政府和特定用地单位双方协商制定的，很难反映土地市场的供求变化，自然也无法受到限购政策的影响；而作为市场化出让方式的招拍挂出让价格由市场决定（赵文哲、杨继东，2015），所以限购政策在抑制住房市场需求量的同时，作为住房引致需求的土地市场的需求量和价格也受到冲击，土地招拍挂收入显著下降。接下来分析部分控制变量对土地财政收入的影响，第三产业在GDP中的比值对土地财政收入的边际影响为0.013，在10%的水平上显著。土地引资激励对土地财政收入有显著的正向影响，当土地财政激励提高一个百分点，土地财政收入可能增加 22.1%。住房需求对土地财政收入有显著的正向影响，并在 1%的水平上显著。

表 3　限购政策对土地财政收入的影响

被解释变量	(1)	(2)	(3)	(4)
	lnpland	*lnpland*	*lnpland*1	*lnpland*2
treated × *time*	−0.511***	−0.403***	−0.251	−0.433***
	(0.08)	(0.07)	(0.20)	(0.07)
lnpopden		−0.100	−0.452**	−0.141**
		(0.06)	(0.19)	(0.07)
lnwage		0.700***	0.872**	0.646***
		(0.21)	(0.43)	(0.20)
lnpgdp		0.140	0.046	−0.050
		(0.13)	(0.29)	(0.14)
sec		0.004	−0.018	0.005
		(0.01)	(0.02)	(0.01)
thi		0.013*	−0.019	0.016**
		(0.01)	(0.02)	(0.01)
lninv		0.221***	0.486***	0.266***
		(0.08)	(0.19)	(0.09)
bud		−0.058**	0.030	−0.058**
		(0.03)	(0.03)	(0.03)
_cons	5.260***	−5.860***	−7.500	−4.627**
	(0.04)	(2.13)	(5.00)	(2.14)
城市固定	Yes	Yes	Yes	Yes
年份固定	Yes	Yes	Yes	Yes
样本量	2814	2810	2760	2783
$adjR^2$	0.727	0.735	0.150	0.776

注：*、**、***分别表示通过 10%、5%和 1%的显著性检验，括号内为城市的聚类稳健标准误，下同。

4.1.2　平行趋势假设检验与动态时间趋势

样本期间，本文通过平行趋势图以及回归两种方法检验限购城市和非限购城市的人均土地出让收入在政策实施前是否存在平行趋势。

首先，通过平行趋势图直观检验限购政策实施前是否满足平行趋势，其中 h_×表示住房限购政策实施前第×年，h0 表示住房限购政策开始实施当年，h×表示住房限购政策实施后第×年。根据图 2 可以看出，在政策实施前，回归系数均在 5%的水平上不显著异于 0；而在政策实施后，回归系数显著异于 0，从直观上看，限购实施前的人均土地出让收入基本满足平行趋势检验。

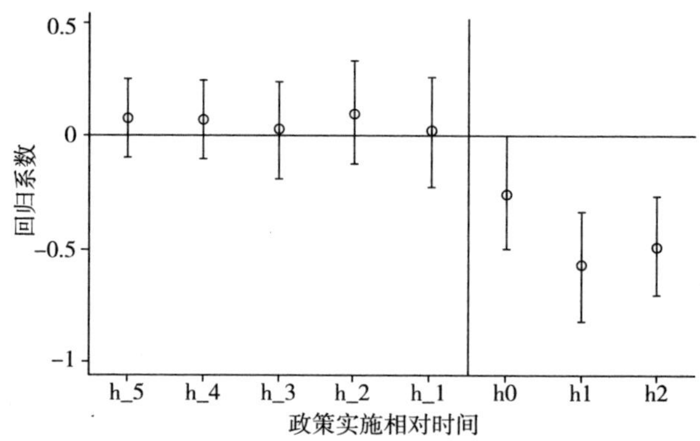

图 2　平行趋势检验结果

另外，本文将限购政策实施前后的时间虚拟变量加入回归方程检验是否存在平行趋势。具体而言，即限购政策实施前第 3 年（*pre*3）、第 2 年（*pre*2）、第 1 年（*pre*1），以及限购政策实施当年（*post*0），以及限购政策实施后第 1 年（*post*1）、第 2 年（*post*2）。回归结果如表 4 所示。

表 4　平行趋势假设检验与动态时间趋势

被解释变量	(1)	(2)	(3)	(4)
	lnpland	*lnpland*	*lnpland*1	*lnpland*2
*pre*3	−0.006	0.041	0.164	0.030
	(0.09)	(0.09)	(0.24)	(0.09)
*pre*2	0.077	0.143	−0.127	0.102
	(0.11)	(0.11)	(0.22)	(0.11)
*pre*1	−0.011	0.099	−0.006	0.071
	(0.11)	(0.11)	(0.23)	(0.11)

续表

被解释变量	(1)	(2)	(3)	(4)
	lnpland	*lnpland*	*lnpland*1	*lnpland*2
*post*0	-0.282**	-0.152	-0.159	-0.198*
	(0.11)	(0.114)	(0.27)	(0.12)
*post*1	-0.600***	-0.449***	-0.348	-0.465***
	(0.12)	(0.11)	(0.26)	(0.11)
*post*2	-0.510***	-0.356***	-0.143	-0.411***
	(0.10)	(0.10)	(0.22)	(0.10)
_cons	5.260***	-6.345***	-7.390	-5.015**
	(0.04)	(2.22)	(5.03)	(2.21)
控制变量	无	控制	控制	控制
城市固定	Yes	Yes	Yes	Yes
年份固定	Yes	Yes	Yes	Yes
样本量	2814	2810	2760	2783
$adjR^2$	0.726	0.735	0.149	0.775

由表 4 列（1）可以看出，在限购政策实施前，限购城市的人均土地出让收入、人均土地协议出让收入、人均土地招拍挂出让收入相对非限购城市未出现显著下降趋势，在限购政策实施后，实验组城市的人均土地出让收入相对于控制组显著下降。表 4 列（2）加入控制变量后，在限购政策实施当年，限购政策对人均土地出让收入的影响变为负向，但并不显著。原因可能在于，限购政策直接影响的是住房市场，而住房市场的变化传导至土地市场需要一定时间，即存在一定时滞。由表 4 中列（2）和列（4）可得，在限购政策实施后第 1 年、第 2 年，限购政策对人均土地出让收入、土地招拍挂出让收入呈现显著的负向影响，即实验组和控制组城市的人均土地出让收入变化趋势开始出现显著的差异。因此，平行趋势条件得到满足，表明本文使用 DID 模型是恰当的。

进一步地，根据表 4 中列（2）可以得到，在实施限购一年后，对土地财政收入的负面影响为 44.9%；然而在限购政策实施第 2 年后，对土地财政收入的影响下降至 35.6%。由此可以看出，限购政策实施后第 2 年系数绝对值小于限购政策实施后第 1 年，表明限购政策效果随年份推进有减弱的趋势。可能的原因在于，随着市场对限购政策的消化以及厦门、福州、济南等部分限购城市明确规定限购取消的时间，房地产开发商重新调整预期，意识到限购政策不会长期实施，因此增加了土地需求量，使得限购政策对人均土地出让收入负向影响减弱。同样地，从第（4）列的回归结果也可以看出，限购政策的政策效果在逐渐减弱。

4.2　住房限购政策强度对土地财政收入的影响

基于本文构建的限购政策强度指标，将其与人均土地出让收入、人均土地协议出让收入、人均土地招拍挂出让收入分别回归，实证结果如表 5 所示。由表 5 中列（1）与列（2）可得，在控制时间效应、个体固定效应后，无论是否加入控制变量，限购政策强度对人均土地出让收入的影响显著为负，系数均通过 1%的显著性检验。同时在表 5 中列（2）加入控制变量后，限购政策强度系数绝对值下降，表明选取的控制变量有效。由表 5 中列（3）和列（4）可得，限购政策强度对土地协议出让收入影响不显著，但对市场化程度高的土地招拍挂出让收入有显著的负向影响。因此，限购政策强度对土地财政收入影响的基本结论与实行限购政策对于土地财政收入影响得到的结论一致。进一步分析可得，限购政策的实施力度越大，地方政府土地财政收入下降越多，其中主要是土地招拍挂收入受到显著的负向影响。

表 5 限购政策强度对土地财政收入的影响

被解释变量	(1)	(2)	(3)	(4)
	lnpland	*lnpland*	*lnpland*1	*lnpland*2
score	-0.024***	-0.020***	-0.006	-0.020***
	(0.00)	(0.00)	(0.01)	(0.00)
lnpopden		-0.104*	-0.461**	-0.147**
		(0.06)	(0.19)	(0.07)
lnwage		0.715***	0.913**	0.666***
		(0.21)	(0.43)	(0.20)
lnpgdp		0.156	0.059	-0.035
		(0.14)	(0.29)	(0.15)
sec		0.004	-0.016	0.005
		(0.01)	(0.02)	(0.01)
thi		0.013*	-0.019	0.016**
		(0.01)	(0.02)	(0.01)
lninv		0.227***	0.494***	0.274***
		(0.08)	(0.19)	(0.09)
bud		-0.057**	0.030	-0.058**
		(0.03)	(0.03)	(0.03)
_cons	5.260***	-6.160***	-8.122	-5.042**
	(0.04)	(2.13)	(5.01)	(2.16)
城市固定	Yes	Yes	Yes	Yes
年份固定	Yes	Yes	Yes	Yes
样本量	2814	2810	2760	2783
$adjR^2$	0.727	0.735	0.149	0.776

4.3 限购政策对土地成交量和成交价格的影响

接下来将进一步分析限购政策对土地市场价和量的影响。土地成交量的变化在一定程度上能反映限购政策对房地产商土地需求量的抑制，土地成交均价的变化能在一定程度上反映土地市场上供需双方力量的强弱。结合土地出让总面积和土地出让宗数数据，构建的土地出让宗地面积均值指标可以较好地衡量土地成交量（吴梓境等，2019），因此，本文使用土地出让宗地面积均值作为衡量土地成交量的指标，即土地出让成交总面积除以土地出让宗数；土地出让均价指标借鉴陈通和张小宏（2012）的价格测度方法，被解释变量为土地出让均价的年增长率。

限购政策对土地成交量和土地出让均价影响的实证结果如表 6 所示。在控制城市和时间固定效应后，首先，分析限购政策对土地成交量的影响。由表 6 中列（1）可得，在加入控制变量的情况下，限购政策对土地成交量的影响显著为负，表明相对于限购实施之前和从未限购的城市，已实施限购政策城市的土地成交量显著下降。基于表 6 中列（2）的动态效应检验，可知限购政策对土地成交量的抑制作用总体上有随着政策实施时间而增强的趋势。由表 6 中列（3）可得，限购政策强度也对土地成交量有显著的负向影响。因此，限购政策对土地出让成交量有较稳定的负向影响。

表 6 限购政策对土地成交量和土地出让均价的影响

被解释变量	(1)	(2)	(3)	(4)	(5)	(6)
	土地出让宗地面积	土地出让宗地面积	土地出让宗地面积	土地出让均价增长率	土地出让均价增长率	土地出让均价增长率
treated×*time*	-0.195***			-0.132		
	(0.07)			(0.10)		
*post*0		-0.159**			-0.353***	
		(0.07)			(0.12)	

续表

被解释变量	(1) 土地出让 宗地面积	(2) 土地出让 宗地面积	(3) 土地出让 宗地面积	(4) 土地出让 均价增长率	(5) 土地出让 均价增长率	(6) 土地出让 均价增长率
*post*1		-0. 140 * (0. 07)			-0. 448 *** (0. 11)	
*post*2		-0. 192 *** (0. 07)			0. 208 (0. 31)	
score			-0. 009 ** (0. 01)			-0. 001 (0. 01)
常数项	0. 100 (2. 16)	0. 818 (2. 16)	0. 832 (2. 13)	9. 102 (5. 80)	9. 064 (5. 77)	8. 576 (5. 77)
控制变量	控制	控制	控制	控制	控制	控制
城市固定	Yes	Yes	Yes	Yes	Yes	Yes
年份固定	Yes	Yes	Yes	Yes	Yes	Yes
样本量	2810	2810	2810	2513	2513	2513
$adjR^2$	0. 329	0. 327	0. 328	0. 012	0. 013	0. 012

其次，在同样控制城市和时间固定效应后，由表 6 中列（4）可知，限购政策对土地出让均价增长率影响为负，但不显著。结合表 6 中列（5）进一步分析可得，限购政策对实施当年和实施后第 1 年的土地出让均价增长率具有显著的负向影响，但是在政策实施后第 2 年，影响变为不显著，且系数符号变为正向。究其原因，由于土地成交量与土地出让均价之间往往存在价、量的复杂联动关系，当土地成交量、土地出让均价下降至一定程度，部分房地产商基于对房地产市场前景的乐观预期和限购政策的放松趋势，趁着土地出让均价相对较低的阶段，转而积极拿地，使得在政策实施末期，出让价格反而呈现上升趋势。由表 6 中列（6）可得，限购政策强度对土地出让均价增长率无显著影响。因此，限购政策对土地出让均价基本没有直接的影响。

综上，限购政策明显降低了房地产商对土地的需求量，可以看出第一轮调控政策的实施影响了房企对未来住房市场的判断，虽然在政策实施的过程中，可能有部分开发商认为限购政策实施时期不会太长，逐渐恢复对土地要素的需求，但从总体来看，房地产商对未来的发展是不确定的，因而大多都会采取较为保守的应对措施。

4.4 异质性分析

上述分析表明限购政策抑制了土地财政收入增长，对不同地区以及对不同土地财政依赖程度的城市而言，限购政策对土地财政收入的负向影响是否存在差异性。

首先，为考察限购政策对不同地区城市影响的差异性，将样本按照所在省份分为东、中、西部城市，表 7 中列（1）至列（3）给出了不同地区城市的分组回归结果。从实证结果可以看出，实施限购政策对东西部地区城市的土地财政收入的负面影响较为显著，对中部地区的城市而言影响不大，其中对东部地区城市的影响最为显著。可能的原因在于东部地区实施限购政策强度高于中西部地区，以致实施限购政策对东部地区的土地财政收入影响要大于中西部地区；对于西部地区来说，房地产市场化相较于东部地区较低，一旦实施限购，则显著压制了住房需求，从而导致土地财政收入的减少。

表 7 异质性分析实证检验结果

被解释变量	(1)	(2)	(3)	(4)
lnpland	东部地区	中部地区	西部地区	土地财政依赖程度
treated×time	-0.471***	-0.181	-0.427**	-0.300***
	(0.08)	(0.11)	(0.19)	(0.07)
c_dep				0.890***
				(0.21)
*f*1				0.277*
				(0.16)
_cons	-5.730*	-3.330	-8.115	-3.725
	(3.13)	(3.47)	(8.60)	(2.84)
控制变量	控制	控制	控制	控制
城市固定	Yes	Yes	Yes	Yes
年份固定	Yes	Yes	Yes	Yes
样本量	1024	977	809	2810
$adjR^2$	0.760	0.786	0.688	0.848

注：*、**、*** 分别表示通过 10%、5%和 1%的显著性检验，列（1）至列（3）括号内为城市的聚类稳健标准误；列（4）括号内为省级聚类标准误。

对结果分析，可以看出第一轮限购政策采取全国统一实行，确实在短期内达到了调控市场的目标，但是并没有考虑到不同地区城市之间存在的差异。所以，想要保持房地产行业平稳发展，应该建立健全长效调控机制，因城施策，落实地方政府的责任主体，将具体调控权力下放至地方政府，同时要从根本上解决地方政府依赖土地财政而产生软性、策略性抵抗的问题。

其次，为了检验限购政策对不同土地依赖程度城市影响的差异性，本文采用了土地出让收入占地方政府预算内收入比重衡量地方政府的土地财政依赖度（周彬和周彩，2019）。考虑到对样本失衡的问题，本文采取交互项的方式进行处理。对土地财政依赖度去中心化处理后，生成交互项 *f*1，回归结果如表 7 中列（4）所示；可以看出 *f*1 的系数为 0.277，在 10%的水平上显著。可以看出，随着地方政府对土地财政依赖程度的增加，限购政策对土地财政收入的负向影响更小。可能的原因是城市的地方政府基于保持高额财政收入的利益，在实施限购政策的力度和时间上有所放松，导致限购政策落实不到位。限购政策力度不强进一步刺激了房地产商趁机提前入场拿地的动机，维持了一定的土地需求量。

4.5 稳健性检验

4.5.1 PSM-DID 方法

为了进一步保证核心结论的可靠性，本文基于可能造成选择偏误的可观测变量，采用倾向得分匹配法为实验组选取合适的控制组，降低限购政策实施的自选择偏误。本文选取的匹配变量主要分为两类：一是影响城市是否实施限购政策的主要因素，包括房价和房价增长率；二是可能影响土地财政的其他因素，包括人口密度、人均 GDP、城镇住房需求、土地引资激励与财政压力。由于各城市限购政策实施时点不一致，需要将城市样本按照政策实施时间逐年进行匹配，选择限购政策实施前一年的城市特征变量作为匹配数据，即利用 2009 年、2010 年城市数据进行匹配。使用 Logit 模型来估计倾向得分，采用“k 近邻匹配”（k=4）匹配处理方法，匹配时不允许并列，当存在得分相同的并列个体时，按照数据顺序选择，删除不在共同取值范围内的城市。在完成上述匹配步骤后，原样本的 37 个实验组城市得到保留，并筛选出 99 个控制组城市与之匹配。

实证结果如表 8 所示，由列（1）至列（3）结果可知，其基本结论与基准回归表 3 部分结果一致。限购政策对人均土地出让收入具有显著的负向影响，进一步地，实施限购政策城市的土地协议出让收入未发生显著变化，但土地招拍挂出让收入显著下降。从回归系数绝对值大小看，PSM-DID 回归结果中政策系数大小有所下降，证明倾向得分匹配方法有效缓解了样本自选择问题。限购城市的人均土地出让收入相比与之匹配的非限购城市显著下降 24.5%，限购政策效果程度得到了一定的修正。

表 8 稳健性检验结果

被解释变量	(1) *lnpland*	(2) *lnpland1*	(3) *lnpland2*	(4) *lnpland*	(5) *lnpland*
treated×time	-0.245*** (0.07)	-0.091 (0.21)	-0.277*** (0.08)		
p_false06				0.066 (0.09)	
p_false07					0.133 (0.11)
_cons	-2.906 (2.61)	-11.298 (7.55)	-2.388 (2.56)	0.695 (2.76)	0.583 (2.68)
控制变量	控制	控制	控制	控制	控制
城市固定	Yes	Yes	Yes	Yes	Yes
年份固定	Yes	Yes	Yes	Yes	Yes
样本量	1347	1327	1338	1675	1675
$adjR^2$	0.775	0.199	0.805	0.400	0.400

注：*** 表示通过 1%的显著性检验，后表同。

4.5.2 反事实检验

借鉴钱雪松等（2018）的研究方法，本文通过改变限购政策实施时间来进行反事实检验。通过人为设定限购政策实施时间，验证虚拟的政策时间是否对土地财政收入有影响，如果政策回归系数依旧显著，则说明土地财政收入变化很可能来自于其他政策变化或者随机因素。现有文献一般将政策实施时间提前一年或者两年，但 2008 年、2009 年正处于金融危机期间，经济变量波动较大，此时进行反事实检验容易产生较大的偏误。因此，本文选取限购政策出台之前的时期为研究期间（2004~2009 年），将限购政策实施时间提前 3~4 年，假定限购政策实施时间为 2006 年或者 2007 年，生成虚拟的政策变量，将其与土地财政收入进行双重差分检验。由表 8 中列（4）和列（5）可知，其虚拟政策变量的系数均不显著且符号为正向。这表明，实验组与控制组的土地财政收入差异不是由其他因素导致，而是来自于2010年、2011年实施的住房限购政策。综上所述，本文主要结论具有足够的稳健性。

5　机制检验

现有研究认为限购政策在短期内对住房市场的住房需求抑制作用明显，进而抑制住房市场成交量和成交价格。而限购政策对土地市场的影响属于政策外部性影响，传导机制基于住房市场与土地市场的联动作用。限购政策往往影响了房地产商对住房市场的预期，进而影响了各房地产商的投资热情，影响土地市场上的成交量与成交价格。

5.1　限购政策对房地产住房市场预期的影响

限购政策的实施改变了房地产商对住房市场的原有预期。在实证研究中测度预期是非常困难的。目前学术界采用的方法主要有两种：一是参照通胀预期的处理方法，将未来一期的实际变量作为本期预期变量（Gali and Gertler，1999；况伟大，2010）；二是通过调查问卷数据或者官方编制的各类景气指数测度预期（况伟大，2013；王来福，2008）。借鉴况伟大（2010）、张浩和李仲飞（2016）的研究，本文采用下一期的真实房价和真实销售面积作为测度房地产商本期理性预期的变量。基于现有数据，本文分别设置了商品房房价预期、住宅房价预期、商品房销售面积预期、住宅销售面积预期。

实证结果如表9、表10所示。可得限购政策对商品房、住宅的房价预期和销售面积预期都有显著的负向影响。限购政策作为针对住宅需求端的行政干预手段，显然，限购政策对销售面积预期的影响系数绝对值均大于价格，即限购政策对成交量预期的负向影响更为剧烈。对比商品房和住宅，可以发现限购政策对住宅价格和销售面积的预期影响更为剧烈。并且限购政策强度越大，房价预期和销售面积预期越低。可见，限购政策实施及其实施强度均影响了房地产商对住房市场的预期。

表9　限购政策对房地产商房价预期的影响

解释变量	(1) 商品房房价预期	(2) 商品房房价预期	(3) 住宅房价预期	(4) 住宅房价预期
treated×time	−0.048***		−0.061***	
	(0.02)		(0.02)	
score		−0.001***		−0.003***
		(0.00)		(0.00)
_cons	8.007***	8.010***	7.875***	7.880***
	(0.73)	(0.72)	(0.55)	(0.54)
控制变量	控制	控制	控制	控制
城市固定	Yes	Yes	Yes	Yes
年份固定	Yes	Yes	Yes	Yes
样本量	2552	2552	2548	2548
$adjR^2$	0.884	0.884	0.880	0.880

表10　限购政策对住房销售面积预期的影响

被解释变量	(1) 商品房销售面积预期	(2) 商品房销售面积预期	(3) 住宅销售面积预期	(4) 住宅销售面积预期
treated×time	−0.214***		−0.232***	
	(0.04)		(0.04)	
score		−0.008***		−0.008***
		(0.00)		(0.00)
_cons	−4.386***	−4.725***	−4.914***	−5.327***
	(1.60)	(1.60)	(1.68)	(1.69)
控制变量	控制	控制	控制	控制

续表

被解释变量	(1) 商品房销售面积预期	(2) 商品房销售面积预期	(3) 住宅销售面积预期	(4) 住宅销售面积预期
城市固定	Yes	Yes	Yes	Yes
年份固定	Yes	Yes	Yes	Yes
样本量	2552	2552	2547	2547
$adjR^2$	0.603	0.601	0.575	0.572

5.2 限购政策对房地产投资决策的影响

借鉴 Baron 和 Kenny（1986）的研究，构建中介效应模型，检验限购政策是否通过房地产商投资额途径，进而影响土地财政收入机制。

$$\ln pland_{it} = \alpha_0 + \alpha_1 treated_{it} \times time_{it} + \chi_j \sum^n Controls_{jit} + \eta_t + \mu_t + \varepsilon_{it} \tag{4}$$

$$\ln estinv_{it} = \beta_0 + \beta_1 treated_{it} \times time_{it} + \phi_j \sum^n Controls_{jit} + \eta_t + \mu_i + \varepsilon_{it} \tag{5}$$

$$\ln pland_{it} = \gamma_0 + \gamma_1 treated_{it} \times time_{it} + \gamma_3 \ln estinv_{it} + \varphi_j \sum^n Controls_{jit} + \eta_t + \mu_i + \varepsilon_{it} \tag{6}$$

实证结果如表 11 所示。本部分把房地产开发投资完成额作为中介变量，构建了中介效应模型。首先，根据表中列（2），将限购政策与房地产开发投资完成额回归，可以看出，回归系数负向且显著，说明限购政策对房地产开发投资完成额产生了负向影响。其次，表 11 中列（3）将限购政策变量、房地产开发投资完成额变量同时与人均土地出让收入回归，限购政策变量回归系数仍显著为负。同时与列（1）相比，政策系数绝对值由 0.403 变为 0.354，表明限购政策对土地财政收入的负向影响有所下降，即限购政策对土地财政收入的影响部分通过中介变量——房地产开发投资额传导。因此，在限购政策对土地市场的影响机制中，房地产商主体发挥了一定的作用。

表 11　限购政策影响土地财政收入的机制检验

被解释变量	(1) lnpland	(2) lnestinv	(3) lnpland
treated×time	-0.403*** (0.07)	-0.165*** (0.04)	-0.354*** (0.07)
lnestinv			0.297*** (0.05)
控制变量	控制	控制	控制
_cons	-5.856*** (2.13)	0.553 (1.62)	-5.962*** (2.06)
城市固定	Yes	Yes	Yes
年份固定	Yes	Yes	Yes
样本量	2810	2835	2809
$adjR^2$	0.735	0.874	0.743

6　进一步讨论

上文讨论了第一轮限购政策对地方土地财政收入的影响，那么第二轮限购政策与第一轮限购政策有什么不同？第一轮限购中得到的相关结论对于目前仍在进行的第二轮限购政策有什么可借鉴之处？这是本部分将要讨论的问题，通过从多个维度对比两轮限购政策存在的异同，分析本文的研究结论对目前仍在进行的第二轮住房限购政策有何指导意义。

从总体上来看，与第一轮限购政策相比，第二轮限购呈现如下几个鲜明的特点：

第一，第二轮实施限购的城市数量更多，

空间相关性更强。较于第一轮限购，第二轮实施限购的城市明显增多；在一二线城市再次推行限购政策时，三四线城市也开始了对房地产市场的调控。第二，与第一轮限购相比，第二轮限购政策扩散速度更快。从图 3 可以明显对比出两轮限购政策扩散速度的不同。住房政策扩散的速度在一定程度上反映了地方政府考虑到自身的利益需求，体现了其实施限购政策的积极性，进而影响限购政策实施效果。第三，第二轮限购政策对住房和土地市场的影响相对缓和。如果说第一轮住房调控对于楼市来讲是紧急刹车，那么第二轮调控政策的实施力度相对温和①。

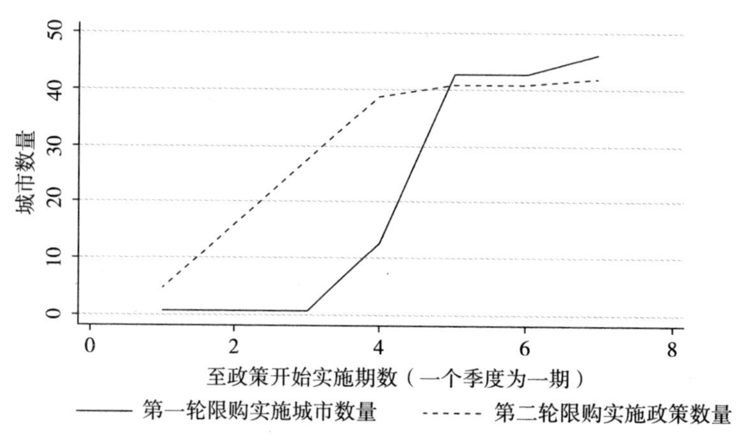

图 3　两轮限购住房政策实施扩散曲线

注：数据来源于互联网，可能会遗漏掉一些城市，仅用来反映政策扩散趋势。第一轮限购第一期为 2010 年第一季度；第二轮限购第一期为 2016 年第三季度。

通过对第一轮限购的研究表明，稳地价、稳房价和稳预期的“三个稳”中，只有实现稳预期，才能真正实现稳地价和稳房价。在第一轮限购中，有极少数城市在颁布限购政策之初，就公布了政策截止时间，向市场传递了“乐观”信号，导致第一轮限购在 2014 年宣布取消前后住房价格快速反弹。政策的不确定性势必会对市场参与主体的预期产生很大的影响，从而不利于更好地达到政府的调控目标。因此，在目前仍在进行的住房市场调控中，政府也认识到稳定市场主体预期的重要性，自 2016 年首次提出“房住不炒”之后的每次中央经济会议都重申这一方针保持不变，这不仅对房地产开发商，对全社会主体都传递了十分稳定的调控信号，对于稳定市场主体预期也起到了较为显著的作用。

另外，第一轮房地产市场调控属于“从上至下”调控类型，即从中央到地方，由于各城市房地产市场之间有一定的差异性，从本文的研究结论看，第一轮住房限购政策对东西部地区城市的影响较为显著，而对中部地区的城市影响却不大，因此，“一刀切”的政策并

① 从主要城市的房价和住房销售面积的增长率走势图可以看出，尤其在 2010 年与 2011 年限购政策刚刚颁布时，房价增长率大幅度下降，甚至跌至负值；而在第二轮调控中，房价保持平稳下降，这也体现了自 2016 年以来调控市场以保持楼市稳定发展为目标。

不适合所有城市的房地产市场。在稳房价、稳地价方面，相较于第一轮住房调控，在本轮调控中，中央以及各地方政府也出台了更加多元、差异化的调控政策，形成了“稳预期、稳房价、稳地价”的政策体系，对于更好地调控房地产市场、保持市场平稳发展起到了十分关键的作用。

最后，限购政策对地方财政体系压力的传导，也会降低地方政府对土地财政收入的过度依赖。本文的研究表明，对土地财政依赖较大的城市，地方政府对房地产市场调控的力度越小；尤其是对于经济相对落后、房地产行业在其经济发展中占比较大的城市而言，地方政府可能在落实住房调控政策时出现“软抵抗”现象，弱化了住房调控政策的实施效果。为了避免这一现象的出现，中央政府也出台了一系列政策对地方政府进行补贴，如在“十四五”规划中提到通过推进房产税立法来完善地方的税收体系，从而增加地方政府税收来源，逐步引导地方政府摆脱对土地财政的依赖。

因此，要始终坚持“房住不炒、因城施策”的指导方针，坚持房地产调控政策机制的长期稳定性。在调控住房市场的同时，不仅要落实地方政府的主体责任，提高其在落实房地产调控政策上的积极性，也要进一步完善地方税收体系，逐渐扩大地方政府税收管理权，让地方政府认识到依靠“土地财政”并不能实现长久高效的发展，使其主动寻求有利于实体经济高质量发展的战略发展路线，逐步实现房地产市场从“金融化”到“实体化”转型。

7　结论与政策建议

本文结合理论分析和实证研究，利用 2004~2013 年 284 个地级及以上城市面板数据和手工收集整理的限购政策文本数据，通过 DID 模型和中介效应模型两种方法，验证住房限购政策对地方政府土地财政收入的影响及其机制。

研究发现：①限购政策抑制了土地财政收入的增长，限购政策执行力度越大，执行范围越广，执行时间越长，其对土地出让收入的负向影响越大。具体而言，限购政策对土地协议出让收入没有太大的影响，但对土地招拍挂出让收入有显著的负向作用；限购政策短期内对土地财政收入具有显著的负向作用，但随着时间的推移限购政策对土地财政收入的影响有减弱趋势。②进一步研究发现，限购政策短期内会改变房地产商对住房市场的预期进而影响土地财政收入。限购政策改变了房地产商的乐观预期，使得开发投资减少、土地需求量下降，导致土地财政收入减少。③由于地区对土地财政依赖程度的不同，限购政策对土地财政收入的影响具有差异性，即相比于所处在中西部地区、对土地依赖程度高的城市，限购政策对于东部地区的城市、依赖程度低的城市影响更大。

本文根据得出的研究结论，结合目前仍在进行的第二轮住房调控政策，提出以下三点建议：

第一，坚持“房住不炒”的理念，保持调控政策的平稳性和持续性，有利于市场参与主体形成理性且平稳的预期。可以通过建立房地产市场调控的长效机制，增强信息披露程度，使市场参与主体产生理性且平稳的预期。坚持“房住不炒”理念的贯彻和落实，有利于形成持续稳定的预期，进而促进房地产市场平稳发展。

第二，房地产中长期调控政策坚持供给侧改革的大方向。限购政策会抑制部分合理的住房消费和购房需求，还会阻碍地区间人口流动，削弱外来人口对城市的认同感，不利于城市的长期可持续发展。因此，只有从土地市场和住房市场供给侧入手，大力发展房屋租赁市场和保障房市场，加大对中低价位普通商品房的供应力度，关注民生、保障基本的住房需求才是房地产中长期调控的重点。

第三，通过完善税收体系，增加地方政府税收来源，弱化地方政府对“土地财政”的依赖。通过财政收入方式的压力传导和央地财权事权调整改革，推动地方完善税收体系建设，寻找新的发展方式，走向提高创新能力、发展新兴产业，依靠实体经济最终实现经济的转型升级和高质量发展的要求。

参考文献

[1] Beck T., Levine R., Levkov A. Big Bad Banks? The Winners and Losers from Bank Deregulation in the United States [J]. The Journal of Finance, 2010, 65 (5): 1637-1667.

[2] Berry J., Mcgreal S., Stevenson S., Young J. Government Intervention and Impact on the Housing Market in Greater Dublin [J]. Housing Studies, 2001, 16 (6): 755-769.

[3] Bertrand M., Mullainathan S. Is there Discretion in Wage Setting? [J]. The Rand Journal of Economics, 1999, 30 (3): 535-554.

[4] Chen T., Liu L. X., Zhou L. A. The Crowding-out Effects of Real Estate Shocks Evidence from China [J]. SSRN2584302, 2015.

[5] Fang H., Gu Q., Xiong W. Demystifying the Chinese Housing Boom [J]. NBER Macroeconomics Annual, 2016, 30 (1): 62.

[6] Miller N., Jones S., Roulac S. In Defense of the Land Residual Theory [J]. Journal of Real Estate Research, 1995 (10): 203-216.

[7] 曹清峰，王家庭，陈天烨，宋顺锋．什么影响了地方政府住房限购决策？——考虑政策异质性的中央与地方政府博弈 [J]. 公共管理学报，2015 (4): 82-89, 156-157.

[8] 曹清峰．空间“邻近效应”与地方政府住房限购政策的实施 [J]. 南开经济研究，2017 (1): 77-89.

[9] 陈娟，高静．房地产价格指数波动及其实证检验 [J]. 统计与决策，2016 (10): 11-15.

[10] 陈通，张小宏．限购措施对新建商品住房市场的量价影响研究 [J]. 广东社会科学，2012(6): 53-60.

[11] 范子英．为买房而离婚——基于住房限购政策的研究 [J]. 世界经济文汇，2016 (4): 1-17.

[12] 况伟大．开征房产税对预期房价的影响：来自北京市调查问卷的证据 [J]. 世界经济，2013, 36 (6): 145-160.

[13] 况伟大．预期、投机与中国城市房价波动 [J]. 经济研究，2010, 45 (9): 67-78.

[14] 雷根强，钱日帆．土地财政对房地产开发投资与商品房销售价格的影响分析——来自中国地级市面板数据的经验证据 [J]. 财贸经济，2014 (10): 5-16.

[15] 李郇，洪国志，黄亮雄．中国土地财政增长之谜——分税制改革、土地财政增长的策略性 [J]. 经济学（季刊），2013 (4): 1141-1160.

[16] 刘江涛，张波，黄志刚．限购政策与房价的

动态变化 [J]. 经济学动态, 2012 (3): 47-54.

[17] 刘琼, 职朋, 佴玲莉, 张绍阳. 住房限购政策扩散: 内部诉求还是外部压力 [J]. 中国土地科学, 2019 (2): 57-66.

[18] 钱雪松, 康瑾, 唐英伦, 曹夏平. 产业政策、资本配置效率与企业全要素生产率——基于中国 2009 年十大产业振兴规划自然实验的经验研究 [J]. 中国工业经济, 2018 (8): 42-59.

[19] 邵朝对, 苏丹妮, 邓宏图. 房价、土地财政与城市集聚特征: 中国式城市发展之路 [J]. 管理世界, 2016 (2): 19-31, 187.

[20] 宋春合, 吴福象. 相机抉择、房价预期与地方政府房地产市场干预 [J]. 经济问题探索, 2017 (1): 9-15.

[21] 孙秀林, 周飞舟. 土地财政与分税制: 一个实证解释 [J]. 中国社会科学, 2013 (4): 40-59, 205.

[22] 汤韵, 梁若冰. 限购为何无法控制房价——来自婚姻市场的解释 [J]. 经济学动态, 2016 (11): 45-56.

[23] 陶然, 陆曦, 苏福兵, 汪晖. 地区竞争格局演变下的中国转轨: 财政激励和发展模式反思 [J]. 经济研究, 2009 (7): 21-33.

[24] 王健, 黄静, 吴群. "营改增" 下的土地财政: 建设用地规划指标的约束 [J]. 财经研究, 2019 (6): 17-28.

[25] 王来福. 预期、不可置信的承诺与政策失效——来自房地产行业的实证检验 [J]. 财经问题研究, 2008 (9): 56-62.

[26] 王敏, 黄滢. 限购和房产税对房价的影响: 基于长期动态均衡的分析 [J]. 世界经济, 2013 (1): 141-159.

[27] 王雪峰. 南昌市住房限购政策效果的时空特征及土地溢出效应 [J]. 中国土地科学, 2015 (6): 41-48.

[28] 吴梓境, 张波, 朱琳. 新旧动能转换: 产业升级如何影响土地财政 [J]. 财经科学, 2019 (4): 94-105.

[29] 张浩, 李仲飞. 房价预期、土地价格与房地产商行为 [J]. 管理评论, 2016, 28 (4): 52-61.

[30] 赵倩, 沈坤荣. 土地财政背景下的行政干预及其经济波动效应 [J]. 经济与管理研究, 2018 (9): 102-113.

[31] 赵文哲, 杨继东. 地方政府财政缺口与土地出让方式——基于地方政府与国有企业互利行为的解释 [J]. 管理世界, 2015 (4): 11-24.

[32] 周彬, 周彩. 土地财政、企业杠杆率与债务风险 [J]. 财贸经济, 2019 (3): 19-36.

[33] 朱恺容, 李培, 谢贞发. 房地产限购政策的有效性及外部性评估 [J]. 财贸经济, 2019(2): 147-160.

[34] 邹琳华, 高波, 赵奉军. 投资需求扩张、房价上涨与住房限购—— 一个基于大国政策的准自然实验 [J]. 城市发展研究, 2014 (6): 53-58.

论文执行编辑: 郑东雅

论文接收日期: 2020 年 11 月 30 日

作者简介:

毛丰付 (1974—), 浙江工商大学经济学院教授、博士生导师。E-mail: ff-mao@ 163. com。

于晓文 (1998—), 浙江工商大学研究生。E-mail: lrkqxxw0626@ 163. com。

张越婷 (1995—), 浙江工商大学研究生。E-mail: 704707975@ qq. com。

Housing Purchase Restriction Policy, Housing Enterprise Expectation and Land Finance

Fengfu Mao Xiaowen Yu Yueting Zhang

(Zhejiang Gongshang University, Hangzhou, China)

Abstract: Based on the perspective of real estate companies' expectations, using panel data from 284 prefecture-level cities from 2004 to 2013 and the continuous-time double difference method, the impact of the purchase restriction policy on land fiscal revenue was evaluated. Studies have shown that in the short term, the purchase restriction policy has restrained the growth of land fiscal revenue by changing housing companies, and the greater the intensity, the greater the impact on land fiscal revenue. In the long run, the policy effect tends to weaken; the purchase restriction policy will have less impact on cities with larger cities and strong financial dependence on land. Adhere to the regulation concept of "no housing speculation", stabilize market participants' expectations, and gradually change local governments' expectation. The reliance on land finance helps to achieve economic transformation and high-quality development.

Key Words: Housing - Purchase Restriction; Land Finance; Housing Enterprise Expectation; Continuous Time DID model

JEL Classification: R31

企业家精神的层次异质性、空间效应与经济增长研究*

□王　欣　杨　婧　高　闯

摘　要：中央首次以文件形式明确了企业家精神的地位和价值。在国家层面企业家精神被提高到了历史新高度，也在当前时代背景下被赋予了更丰富的内涵。本文通过改革开放以来，尤其是利用 1992~2016 年的数据定量分析了企业家精神对区域经济增长的促进作用。结果表明，企业家精神对经济发展水平表现出很强的空间效应，且该效应具有积极的促进作用。生存型创业、发展型创业以及创新水平的总效应均值分别为 25.74%、25.72%、23.63%。而发展型创业的空间溢出效应十分凸显，该效应值为 21.93%，占到了总效应值的 85.26%。东部、中部、西部地区的企业家精神在空间效应上存在较大差异。本文研究结果具有一定的现实意义和政策启示，尤其在弘扬企业家精神及加快城市群建设方面提供了可靠依据。

关键词：企业家精神；发展型创业；空间溢出效应；区域经济增长

JEL 分类：M13

引　言

随着第四次科技革命的到来，科学技术的发展与革新引领了产业结构的调整、升级与创新。新时代下涌现出了一批又一批具有企业家精神的创业者，乃至成功的企业家。2017 年 3 月，“企业家精神”被写入政府工作报告，提出“激发和保护企业家精神，使企业家安心经营、放心投资”。随后，2017 年 4 月召开的中央深化改革领导小组第三十四次会议通过了《关于进一步激发和保护企业家精神的意见》，会议

* 基金项目：研究阐述党的十九大精神国家社科基金专项课题“新时代企业家精神培育的双螺旋驱动机制、路径及对策研究”（项目号：18VSJ084）。北京市博士后工作经费资助项目“我国过度劳动的形成机制与健康管理实现路径研究”（项目号：ZZ2019-150）。中国博士后科学基金第 66 批面上资助“‘健康中国’战略下互联网员工过度劳动问题研究”（项目号：2019M660711）。

强调“弘扬企业家精神，发挥企业家示范作用，造就优秀企业家队伍”。2017 年 9 月，中共中央、国务院发布《关于营造企业家健康成长环境弘扬优秀企业家精神更好发挥企业家作用的意见》（以下简称《意见》）。《意见》指出，“营造企业家健康成长环境，弘扬优秀企业家精神，更好发挥企业家作用”。这是首次以文件形式明确了企业家精神的地位和价值。2018 年 11 月，习近平总书记主持召开民营企业座谈会，再次重申“三个没有变”。可以看到，在国家层面已经把企业家精神提升到了历史新高度，这充分体现了新时代下我国企业家精神的地位及对经济发展的重要性，并将其看作是推动经济发展的关键要素之一。企业家精神并非是一个新的概念，但是在当前时代背景下，被赋予了更丰富的内涵，承担着更重要的作用。

改革开放以来，企业家精神对中国经济增长做出了显著贡献（陈刚、陈敬之，2016）。创新创业给我国发展带来新的契机，并不断催生出新的增长点，已成为中国经济转型升级，迈向高质量发展的重要引擎。随着工业化进程的推进，以及城市化规模的扩大，尤其是现代城市持续不断地重构空间，区域优势的发挥及带动更是未来经济发展的平台依托和着力点。可以说企业家精神对经济增长的影响效果明显，具有推动作用。但是，依据区域优势下的空间格局和效应的研究更能洞察细微，整体和局部同时把握，也更利于宏观层面的政策制定。企业家精神异质性的研究对于了解企业家精神具有重要意义。创新精神和创业精神是企业家精神中最为核心的要素之一。创新与创业对于促进经济增长的路径是截然不同的，其效果无论是在整体水平还是在区域优势上均存在较大差异。因此，这些都是需要深入探讨的。需要强调的是在中央文件中也提出了国有企业也需要具有企业家精神，但该层面的企业家精神并不在本文的研究范畴内。

本文的结构安排如下：第一部分对企业家精神对区域经济影响的理论机制进行了分析；第二部分介绍本文所使用的计量模型及方法，并对空间效应进行分解；第三部分介绍本文所涉及的主要研究变量、数据来源及描述性分析，并构建空间权重矩阵；第四部分给出计量估计结果并分析，且做出稳健性检验；第五部分是本文的结论和启示。

1 企业家精神对区域经济影响的理论机制分析

1.1 企业家精神对经济发展的促进

1.1.1 企业家精神与经济增长的协同作用

不少学者都对创新与经济增长之间的关系进行过探讨（Cameron，1998；Lftekhar and Christorther，2010；Jeremy，2005；Kam et al.，2005）。基于供给角度，Peilei（2011）、Bulent 和 Tekin（2012）、Rudra 等（2016）、Yang（2006）证明了创新可以促进经济发展；基于需求角度，Jeremy（2005）、Cetin（2013）、Dipendra（2008）证明了经济水平对创新发展有反馈作用。这说明企业家精神与经济增长之间是相互促进、协同发展的。在高经济发展水平和有发展潜力的区域更容易吸引企业家和初创企业。而创业与创新的发展又可以将其益处反馈给该区域进一步推动经济。

1.1.2 企业家精神的传导机制作用

1942年，熊彼特提出了新的观点，认为企业家是具有“创造性破坏”的创新者，并且完整地揭示了企业家推动经济增长与波动的机制。索洛（1956）指出技术进步是推动经济增长的重要动力。而阿罗（1962）是最早用内生技术进一步解释经济增长的。罗默（1986）在此基础上，将技术进步纳入知识溢出模型中用于解释经济增长，并强调知识具有溢出效应。因此，经济增长理论的发展为将企业家精神的引入提供了可能性，而这种可能性依托于技术进步是企业家创新活动的结果，即企业家精神总效应的研究发展（鲁传一、李子奈，2000）。在研究中通常把企业家精神看作知识溢出的传导机制，即知识溢出是通过企业家精神影响经济增长的，而制度、政策、法制环境、文化氛围等是企业内生增长动力。企业家将技术转化为产品，实现了技术价值的中介作用（Arellano and Bood，1991）。企业孵化器则很好地推动了创业、创新与区域经济增长（Michael and Maximilian，2009）。地理空间相邻的区域所构建的社会网络更有助于科研机构和人员与企业家之间的合作，使得知识和技术迅速扩散（Audretsch，2014）。

1.1.3 企业家精神的资源配置作用

企业家精神的涌现能够提高市场竞争力，带来竞争优势，而企业家的管理创新行为决定了生产率水平，从而决定了经济增长（Lee et al.，2004）。汪辉平等（2018）利用2009~2015年全球46个国家的数据对企业家精神与经济长期增长的关系进行研究得到，创新型企业家精神是经济长期可持续增长的驱动力，而管理型企业家精神只能在短期内提升产出水平。另外，胡永刚等（2016）的研究表明，管制和法治通过企业家精神的数量效应和配置效应影响经济增长和收入差距。与其他地区相比，拥有高知识水平的地区更能给创业者提供更多的机会（David et al.，2010）。与其说被吸引，不如说是集聚的资源优势更好地通过企业家精神进行重组与配置。因此，企业家精神在资源优化配置、技术创新、制度创新、供应链及产业集群优化等方面都有推动和促进作用，从而影响区域或一国的经济发展。

1.2 企业家精神对区域经济的影响

1.2.1 企业家精神的异质性

企业家和企业家精神产生于西方，而马克斯·韦伯在《新教伦理与资本主义精神》一书中助推了资本主义精神，为企业家的精神、气质打上了深刻烙印，而企业家精神中的敬业精神也由此而来。彼得·德鲁克则继承并发扬了熊彼特的观点，将创新精神作为企业家精神的核心要素。随后“entrepreneurial”“entrepreneurship”等词也随之流行，创业精神成为企业家精神的另一核心要素（Per，2003）。Sander（1999）认为企业家精神的含义应该更为广泛，包括创新性、发现商机能力、对风险和不确定性的认知、资源组织和配置能力等。随着时代的变迁，创新精神、创业精神、冒险精神、合作精神、敬业精神、拼搏精神等越来越多的衡量标准被加入，使其含义具有广泛性、不稳定性、多层次性，不同学者乃至不同时代的学者对其有不同的理解，但创新精神和创业精神始终是其核心要素。而根据创业功能、层次和水平的不同，可将其分为生存型创业和发展型创业（吴江，2009）。生存型创业是以谋生或维持生计为目的，以解决就业和生存问题为主要目的，以个体工商户为主要形式的个人或合作创业，或者自雇佣状态。他们不等同于私营企业家，但在经营活动中所体现出的企业家精神是趋近前者的（Aldrich and Waldinger，1990；Theodore，2000）。发展型创业则是创办自己的企业，实现事业抱负、实现自我价值的过程，以赢得高额利润为主要目的且具有一定的规模，以私营企业为主要形式的创业。而成熟的私营企业往往都是从合伙创业、创业团队发展起来的，甚至具有潜能的自雇人员也有可能发展为成功的企业家（Victor，2007）。但在个体或合作创业初期，往往生存压力较大，在寻求发展的同时更以维持生计为主要依托。也有学者按照创业的主动意愿、个体偏好和机会感知将创业类型划分为生存型和机会型（刘鹏程等，2013；叶文平等，2018；Diana and Paul，2009）。企业家精神异质性是指由于受个人特质、环境特征等的影响以及行为目的、认知的不同，在从事生产经营活动时在创造、创新、合作、敬业、拼搏等方面存在的差异。具体到本文则是指以个体创业为主体的生存型创业、以私营创业为主体的发展型创业，以这两类为基本元素组成的创业精神以及创新精神以区域为研究单位所存在的差异性。

1.2.2 企业家精神的空间依赖性

企业家精神与区域经济增长研究的推动得力于内生增长理论的不断拓展以及新经济地理学的介入（Roger and Peter，2007；Charlie and Rolf，2003）。新经济地理学视角下的一些观点，强调了市场潜力、地理交易成本、内外部规模经济等为企业家精神以及企业集群发展提供了新的见解。大量研究表明企业家创业活动的空间分布并不是随机的，而与区域特征有关（Reynolds et al.，1994），甚至是依托于城市群而共建的，例如，长江三角洲、珠江三角洲、京津冀等的发展。区域经济一体化作为一个“共同体”在资源配置、信息共享、市场竞争等方面起到了重要作用。而创新资源也会在区域间传递，并相互影响，在集聚与扩散过程中存在局部外部性，主要表现在创新产出不仅与本区域有关，还会受到邻近区域的影响（Jaffe，1989）。创新的大量收益都是以外在的形式流向非创新主体，且主要存在于邻近区域内（Laura and Giovanni，2003）。而我国区域研发活动表现出明显的空间外溢效应和价值链外溢效应（余泳泽，2015）。有学者同样研究了创业与区域经济之间的关系，甚至对“企业家的区域行动空间”格外关注（Nijkamp，2009）。他们认为，创业与创新是具有稀缺性的经济要素，会从边际收益低的地区流向边际收益高的地区，而这种要素流动将产生空间关联（才国伟、钱金保，2013）。因此，企业家精神的研究是不能忽视这种空间依赖性和路径依赖的。更不能忽视区域间的相互作用和影响。有学者认为如果在区域研究中没有充分考虑空间相关性的影响，那么研究结果会出现偏差（Andersson and Koster，2011）。

1.3 企业家精神对区域经济增长的作用机理

1.3.1 直接效应

作为拉动经济增长的“三驾马车”，投资具有直接效应。企业家精神对民间投资具有积极的促进作用。但以新古典经济学为代表的传统经济理论长期以来忽视了投资的距离成本，回避了生产要素和商品在不同地域空间流动的现实问题，以及经济活动中生产和交换不在同一地点发生的成本问题。交通设施的完善使得成本降低，而金融发展进一步促进了投资规模，资本集聚对企业创新资金投入具有促进作用。为降低远距离交易成本，在有潜力和发展成熟的区域容易形成供应链群体企业，通过共生关系共同盈利以及抵御经济不景气。中心城市下的区域间相互作用带动趋势更加明显，尤其表现在特大城市带动周围城市发展的辐射作用以及成熟的卫星城市资本集聚的路径依赖上。以福建省上市公司为例，距离该省越近的地区，投资额的解释能力越强，但省外子公司多集中在京津冀、长三角和珠三角地区（胡国建等，2018）。同时，区域制度环境越好，企业进入的概率越高，制度距离对进入决策具有显著抑制的作用（杨艳等，2018）。

1.3.2 间接效应

企业家精神对个体经济及私营经济的发展起到了重要的推动作用。以个体为主体的生存型创业会影响个体经济的发展，而以私营企业为主体的发展型创业则会影响私营经济的发展。在中国经济转型期，非公有制经济的地位和贡献是应该被确立和肯定的。尤其在贸易摩擦和经济下行阶段，个体经济和私营经济为区域经济发展带来新的活力和新的增长点。在该过程中能够创造更多的就业岗位，从不同层面拉动人力资源需求，增强劳动力市场灵活性，解决就业问题。每年劳动力市场都要承载新一届和往届毕业生的巨大就业压力，而大学生就业难问题已然是不争的事实。“以创业带就业”的举措鼓励大学生自主创业对于劳动力市场的压力具有缓解作用，而失业人员自谋职业也为其再就业提供了新的选择。一部分个体户正是得益于这些政策，从此摆脱了生活困境。随着“互联网+”时代的到来，尤其是共享经济及平台企业的发展，使得劳动用工变得更加灵活。义乌小商品市场及淘宝网的发展让商品交易变得更加便捷，在交易过程中甚至可以忽略距离成本，也让更多的劳动者参与到创业过程中，甚至给农民致富提供了新的渠道。但在创业过程中融资难的现实矛盾依旧亟须解决，尤其表现在中小企业的创业层面。发展型创业对人才具有“海绵效应”，从初创到发展直至成熟都需要不断地吸纳人才，随着城市化的发展会表现出明显的人才集聚特征，而在其间的知识传递和扩散也同时具有溢出作用。法治环境、良好的金融环境、市场环境、人力资源供应、政府干预、基础设施等经营环境因素对创业和创新具有重要的影响。因此，欠发达区域发挥区域优势，找准定位，错位发展，逆向运用人才集聚陷阱，才能更好地谋求生机。

伴随着创业规模的不断壮大，对周围地区人才及投资的吸引，根据区域资源与优势发展形成产业集群。但是内生经济增长理论并没有把创业纳入内生因素，也没有考虑区域优势的发展及对周围地区经济的带动力量，而这种带动力量在空间上具有规模效应。除此之外，还表现在生存型创业和发展型创业对创新和技术进步的推动作用上。虽然内生经济增长理论将创新纳入内生因素，但同样没有考虑创新的空间溢出效应。创新不仅可以带动本区域经济发展，也会影响到周围区域。依据区域优势，企业家精神对区域经济发展具有空间差异，创新与创业所起到的促进作用在不同区域也会呈现较大差异。

现有的研究大多充分肯定了企业家精神对经济增长的积极促进作用，强调其通过竞争、知识溢出、技术进步等促进经济增长，并在其中起到了传导机制作用。自 20 世纪 90 年代以来，企业家精神成为促进经济增长的主要推动力，这两者的正相关关系存在于发达国家（肖建忠、唐艳艳，2004）。但已有研究主要存在以下两个缺陷：第一，在研究企业家精神与经济增长的关系中，学者们对于空间维度的信息大多采取了默认和回避的态度，多是利用面板数据进行分析，忽略了空间依赖性（杨勇等，2014；Hwa and Chou，2010）。而由于空间自相关的存在，OLS 的估计结果是有偏的，因此回归系数并不等同于边际效应，而这一点并没有得到更多的重视。第二，目前国内外的相关研究较少地考虑区域优势的发展及对周围地区经济的带动力量，而这种带动力量在空间上具有规模效应。创新不仅可以带动本区域经济发展，也会影响到周围区域。依据区域优势，企业家精神对区域经济发展具有空间差异。而不同类型的创新、创业精神对区域经济增长的影响是截然不同的。以往的研究在这些方面并没有更为深入的探讨，同时也缺乏对区域间相互作用的判断。

本文可能的拓展在于：第一，基于微观经济学和新经济地理学，剖析企业家精神对区域经济增长的作用效果。在空间格局的视角下，扎实研究两者之间的联动关系，并对其空间演变趋势进行探究。第二，将空间信息纳入研究范畴，构建空间面板模型及空间效应的分解，在全国及东部、中部、西部地区论证企业家精神与区域经济增长的空间依赖性及空间溢出效应。第三，采用市场化指数作为经济距离纳入空间权重矩阵的构建，并通过人均 GDP 空间权重矩阵对估计结果的稳定性加以验证，以丰富和判别区域间相互作用、相互依赖的干预因素。

2　模型与方法

2.1　空间权重矩阵的构建

空间权重矩阵是客观反映空间依赖性和空间溢出效应的基础。常见的空间权重矩阵主要包括相邻矩阵、地理距离矩阵、经济地理距离矩阵。而本文也采用以上构建空间权重矩阵的方法。

根据后相邻构建 0~1 邻接空间权重矩阵：

$$w_{ij}=\begin{cases}1 & \text{若区域 } i \text{ 和 } j \text{ 相邻}\\ 0 & \text{若区域 } i \text{ 和 } j \text{ 不相邻}\end{cases} \tag{1}$$

区域 i 与区域 j 的距离为 d_{ij}，构建地理距离空间权重矩阵：

$$w_{ij}=\frac{1}{d_{ij}} \tag{2}$$

其中，式（1）、式（2）中 w_{ij} 为空间权重矩阵 W 的（i，j）元素。

引入“经济距离”指标，因此经济地理距离空间权重矩阵 $W^{*}=W\times E$，其中，矩阵 E 的主对角线元素均为 0，非主对角线的（i，j）元素为 $E_{ij}=\frac{1}{|X_i-X_j|}(i\neq j)$，$X_i$ 为区域 i 的经济指标，在本文中指市场化指数、人均 GDP、法制环境指数、知识产权保护指数以及外商直接投资额占 GDP 比重。

2.2 空间相关性检验

本文采用最为流行的“莫兰指数 I”（Moran's I）（Moran，1950）对被解释变量的空间相关性进行检验，计算方法如下：

$$Morans'I = \frac{\sum_{i=i}^{n}\sum_{j=1}^{n} w_{ij}(x_i - \bar{x})(x_j - \bar{x})}{S^2 \sum_{i=i}^{n}\sum_{j=1}^{n} w_{ij}} \tag{3}$$

其中，$S^2 = \frac{\sum_{i=1}^{n}(x_i - \bar{x})^2}{n}$ 为样本方差，w_{ij} 为空间权重矩阵 W 的 (i, j) 元素，用来度量区域 i 与区域 j 之间的空间关系。莫兰指数 I 的取值为（-1，1），大于 0 表示存在空间正自相关，小于 0 表示存在空间负自相关；绝对值越大，表面空间相关程度越高，反之则越小。

2.3 空间杜宾模型的设定及空间效应分解方法

本文采用相较于空间滞后模型（Spatial Autoregression Model，SAR）和空间误差模型（Spatial Error Model，SEM）更为广义的空间杜宾模型（Spatial Durbin Model，SDM）。根据 LeSage 和 Pace（2009），本文构建如下空间杜宾模型：

$$y_{it} = \rho \sum_{j=1}^{n} w_{ij} y_{jt} + \beta x_{it} + \theta W X_t + u_i + \gamma_t + \varepsilon_{it} \tag{4}$$

其中，w_{ij} 为空间权重矩阵 W 的 (i, j) 元素；$\rho \sum_{j=1}^{n} w_{ij} y_{jt}$ 为被解释变量的空间滞后项；$\theta W X_t$ 为解释变量的空间滞后项。u_i 为区域 i 的个体效应，如果 u_i 与 x_{jt} 相关，则为固定效应模型，反之为随机效应模型。γ_t 为时间效应。ε_{it} 为扰动项。根据以上模型，本文的具体模型如下：

$$\begin{aligned} lngdp_{it} = {} & \rho \sum_{j=1}^{n=30} w_{ij}\, lngdp_{jt} + \beta_1\, lnself_{it} + \beta_2\, lnpriv_{it} + \\ & \beta_3\, lnpat_{it} + \beta_4\, lnhr_{it} + \beta_5\, lngov_{it} + \\ & \beta_6\, lnurb_{it} + \beta_7\, lnrail_{it} + \beta_8\, lnhigh_{it} + \\ & \theta_1 \sum_{j=1}^{n=30} w_{ij}\, lnself_{jt} + \theta_2 \sum_{j=1}^{n=30} w_{ij}\, lnpriv_{jt} + \\ & \theta_3 \sum_{j=1}^{n=30} w_{ij}\, lnpat_{jt} + \theta_4 \sum_{j=1}^{n=30} w_{ij}\, lnhr_{jt} + \\ & \theta_5 \sum_{j=1}^{n=30} w_{ij}\, lngov_{jt} + \theta_6 \sum_{j=1}^{n=30} w_{ij}\, lnurb_{jt} + \\ & \theta_7 \sum_{j=1}^{n=30} w_{ij}\, lnrail_{jt} + \theta_8 \sum_{j=1}^{n=30} w_{ij}\, lnhigh_{jt} + \\ & u_i + \gamma_t + \varepsilon_{it} \end{aligned} \tag{5}$$

其中，gdp 为经济增长水平；$self$、$priv$、pat 分别代表生存型创业、发展型创业和创新水平；hr、gov、urb、$rail$、$higt$ 分别代表人力资本、政府干预、城镇化、铁路交通设施、公路交通设施。

由于以上回归与传统的 OLS（Ordinary Least Square）回归系数的解释存在很大不同，即解释变量 X 对被解释变量 y 的边际效应并非 β（Lawrence，2010）。X 对 y 产生作用后，还会有空间相互作用。因此该系数不能直接衡量解释变量的空间溢出效应。需要通过空间回归模型偏微分方法对其分解（Pace and Le，2006）。

$$y = (I - \lambda W)^{-1} X\beta + (I - \lambda W)^{-1}\varepsilon \tag{6}$$

假设 X 中包含 K 个解释变量，并记第 r 个解释变量为 x_r，则 $X\beta = \sum_{r=1}^{K} \beta_r x_r$，因此可将式（6）改写成：

$$\begin{aligned} y = {} & \sum_{r=1}^{K} \beta_r (I - \lambda W)^{-1} x_r + (I - \lambda W)^{-1}\varepsilon \equiv \\ & \sum_{r=1}^{K} S_r(W)\, x_r + (I - \lambda W)^{-1}\varepsilon \end{aligned} \tag{7}$$

其中，$S_r(W) \equiv \beta_r (I - \lambda W)^{-1}$ 为 β_r 与 W 的

$n \times n$ 矩阵，将式（7）展开：

$$\begin{pmatrix} y_1 \\ y_2 \\ \vdots \\ y_n \end{pmatrix} = \begin{pmatrix} S_r(W)_{12} & S_r(W)_{12} & \cdots & S_r(W)_{1n} \\ S_r(W)_{21} & S_r(W)_{22} & \cdots & S_r(W)_{2n} \\ \vdots & \vdots & & \vdots \\ S_r(W)_{n1} & S_r(W)_{n2} & \cdots & S_r(W)_{nn} \end{pmatrix}$$

$$\begin{pmatrix} x_1 \\ x_2 \\ \vdots \\ x_n \end{pmatrix} + (I - \lambda W)^{-1}\varepsilon \tag{8}$$

其中，$S_r(W)_{ij}$ 为 $S_r(W)$ 的（i，j）元素，根据式（7）可知：

$$S_r(W)_{ij} = \frac{\partial y_i}{\partial x_{jr}} \tag{9}$$

$$S_r(W)_{ii} = \frac{\partial y_i}{\partial x_{ir}} \tag{10}$$

式（9）中，$S_r(W)_{ij}$ 表示区域 j 的第 r 个解释变量对本区域 i 的被解释变量的影响，即“间接效应”（Indirect Effect）也可代表空间溢出效应。式（10）中，$S_r(W)_{ii}$ 表示区域 i 的第 r 个解释变量对本区域 i 的被解释变量的影响，即“直接效应”（Direct Effect）。$S_r(W)_{ij} + S_r(W)_{ii}$ 为“总效应”（Total Effect）。可以看到，区域 i 的被解释变量不仅依赖于本区域的第 r 个解释变量，还依赖于相邻区域的第 r 个解释变量。

2.4 内生性问题的解决

由于企业家精神与经济增长之间存在“鸡蛋相生”的内生性问题。而在大多数情况下空间滞后项与残差之间都存在相关性，即空间自回归模型是存在内生性问题的。Kelejian 和 Prucha（1998）证明了 $W_n(I_n - \lambda W_n)^{-1}X_n\beta$ 在理论上是 $W_n Y_n$ 较为理想的工具变量。赵放等（2012）认为外生变量的空间相互作用项 $W_n X_n$ 在一定程度上与上述理想工具变量接近，本文采用与其相同的处理方法，将外生变量的空间相互作用项作为工具变量。而通过式（4）可以看到，空间杜宾模型则通过外生变量的空间相互作用项很好地解决了以上问题。陈强（2017）认为空间杜宾模型不存在内生性问题，而这也正是该模型的优点。

3 变量、数据与空间权重矩阵

3.1 主要研究变量

3.1.1 核心解释变量

企业家精神（*entr*）的测量指标，乐国林等（2011）则将企业家精神衡量指标划分为两个方面：冒险与创业精神和创新精神。前者通过个体经营总数占比、私营企业数占比、私营企业投资总人数占比、创新企业数量等得到；后者则通过申请专利数、授权专利数、创新成果转化率等得到。为避免概念及变量统计口径不一致问题，本文将企业家精神划分为创业精神和创新精神。根据前文所述，将创业精神进一步分解为生存型和发展型。①对于创新的度量多采用 R&D 的投入以及专利申请或授权数量（陈怡安，2017；阮建青等，2016；邵宜航，2015）。因此，本文利用历年各省份国内三种专利授权量衡量创新精神（*pat*）。②对于创业的度量一般都会将个体工商户和私营企业同时纳入，且多用自我雇佣比率、所有权比率、企业进入比率、退出比率、进入和退出比率、小企业占有市场份额、企业规模、参与创业人数等（Audretsch et al.，2001；何予平，2006；Evans and Leighton，1989；Georgellis and Wall，2000；Glaeser et al.，2015），以及个体经济就业人员数量或投资者数量来衡量（蔡庆丰等，2017；尹宗成等，2012）。因此，本文利用历年各省份个体就业人数占从业人员年末数比重表示生存型创业（*self*），用历年各省私营就业人数从业人员年末数比重表示发展型创业（*priv*）。

3.1.2　控制变量

①人力资本（*hr*），利用历年各省份按受教育程度分的人口数占 6 岁及以上人口的比重进行权重（文盲×0+小学×6+初中×9+高中×12+大学×16+研究生×19）获得平均受教育年限，计算方法与李健等（2015）、王雨飞等（2016）相同。②城镇化（*urb*），由于城镇人口数在历年各省份数据缺失严重，且有学者认为采用城镇人口比重会低估城市化水平（陆铭、陈钊，2004），所以本文与姚先国等（2008）做法相同，利用历年各省份非农人口占总人口比重表示。③政府干预（*gov*），参考已有文献做法（魏下海等，2010），利用历年各省份政府财政支出占 GDP 的比重衡量政府规模和干预行为。④交通设施（*tra*），有学者研究表明我国铁路和公路交通基础设施共同负担的全社会货运和客运量占比很高，且在全国各省份均有广泛分布，具有较强的整体性，应该以两者为代表共同衡量我国交通基础设施（刘秉镰等，2010）。因此，本文也将交通基础设施分为铁路交通设施（*rail*）和公路交通设施（*high*），参考已有文献做法（邵传林，2014），分别利用历年各省份每万平方千米铁路里程及每万平方千米高速公路里程表示。以上估计时均做取对数处理。

3.2　数据来源

本文所用样本包括了我国 30 个省、自治区、直辖市（不包括香港、澳门和台湾地区）。由于 1997 年以后重庆成为直辖市，因此在数据处理时将川、渝合并。以上数据主要来源于《中国统计年鉴》《新中国六十年统计资料汇编》《中国人口和就业统计年鉴》《中国工业交通能源五十年统计资料汇编》《中国铁道统计年鉴》《中国交通统计年鉴》《中国城市统计年鉴》《中国经济贸易年鉴》以及各省份《统计年鉴》等。通过以上年鉴均可获得 1978~2016 年的大多数所需数据。但由于个体就业人员数和国内专利数只能获得 1984 年以后的，以及私营就业人员数只能获得 1991 年以后的数据，因此，本文主要利用 1992~2016 年的数据估计企业家精神对经济增长的空间效应。但对于企业家精神层次异质性及空间格局分布的分析会分别以 1985 年和 1992 年作为研究起点。各变量的描述性分析结果如表 1 所示。

表 1　主要研究变量及描述性统计结果

变量名称	代码	观察量	均值	标准误差
被解释变量				
经济增长	*gdp*	750	6162.05	864.89
Panel A：核心解释变量——企业家精神				
生存型创业	*self*	750	6.95	0.35
发展型创业	*priv*	750	8.52	1.23
创新水平	*pat*	750	11228.38	2824.62
Panel B：控制变量				
人力资本	*hr*	750	7.48	0.20
城镇化	*urb*	750	28.37	2.24
政府干预	*gov*	750	18.87	2.21
铁路交通设施	*rail*	750	0.02	0
公路交通设施	*high*	750	0.41	0.04

3.3 空间权重矩阵

0~1邻接矩阵、地理矩阵、以人均GDP作为经济距离的经济地理距离矩阵，以上这三种是在空间权重矩阵构建中最为常见的，也是被广泛应用的。由于企业家精神与经济增长会受到企业市场经营环境的影响。良好的企业经营环境、市场一体化、法制环境、知识产权保护都会进一步促进使空间溢出效应，促进发展型创业给周边地区带来的福利。程锐（2016）结合1999~2012年中国省级面板数据分析得到企业家精神只有与市场经济相结合、协同发展，才能更好地促进经济增长。而市场一体化与城市化在区域经济发展中相互融合、互相带动，在推动地区经济增长中起到了重要作用。相邻区域的市场环境及发展水平更具有同质性，这表现在要素市场和商品市场两个方面。例如，长三角、珠三角等城市群市场一体化的优势更加明显，一体化格局更加稳定（杨凤华、王国华，2012；戚晓曜、郑雪，2012）。因此，在市场经营环境的干预下，企业家精神对经济增长的影响势必会存在空间依赖和空间溢出效应（见表2）。

表2 空间权重矩阵及描述性统计结果

矩阵名称	代码	定义及赋值
0~1邻接矩阵	$W_{1\_0^{-1}}$	根据后相邻定义两省份的相邻关系，其中海南虽然属于孤岛，但由于与广东省距离较近，因此算作与广东省相邻
地理矩阵	W_{2_dis}	根据Google地图中各省份省会城市经纬度，测算两省份之间的球面矩阵
经济地理距离矩阵	W_{3_mark}	根据《中国分省份市场化指数报告（2016）》中各省份（2008~2014年）市场化评分，结合两省份之间的地理距离，测算经济地理距离
	W_{4_pgdp}	根据各省份1992~2016年人均GDP，结合两省之间的地理距离，测算经济地理距离

4 估计结果与稳健性检验

4.1 空间相关性检验

对各省份1992~2016年国内生产总值的空间相关性进行检验。如表3所示，结果表明，所有全局Moran's I指数的z统计量均在5%的统计水平上显著且具有正向自相关关系，表明存在空间自相关。其空间分布并不是随机分布，具有经济发展水平相近地区的空间集聚效应，区域经济发展水平在空间上有邻近趋势。同时，0~1邻接空间权重矩阵和地理距离空间权重矩阵的Moran's I值分别为0.182~0.253、0.145~0.187。基于人均GDP和市场化指数的经济地理距离空间权重矩阵的Moran's I值分别为0.188~0.266、0.296~0.355，明显高于前两者。这一结果表明，区域经济发展水平受到区域经济因素的影响，而市场化水平干预程度较大，且在空间上表现出较强的非均质性。

表 3　被解释变量（*lngdp*）的 Moran's I 指数

年份	邻接空间权重矩阵		地理距离空间权重矩阵		经济地理距离空间权重矩阵			
	（W_{1_0-1}）		（W_{2_dis}）		（W_{3_mark}）		（W_{4_pgdp}）	
	Moran's I	*z*	*Moran's I*	*z*	*Moran's I*	*z*	*Moran's I*	*z*
1992	0.182*	2.030	0.145*	2.016	0.296**	2.602	0.188*	1.826
1993	0.194*	2.155	0.157*	2.160	0.315**	2.754	0.209*	1.999
1994	0.208*	2.275	0.168*	2.277	0.333**	2.896	0.224*	2.124
1995	0.214*	2.327	0.171*	2.303	0.341**	2.949	0.224*	2.115
1996	0.242**	2.598	0.176*	2.361	0.339**	2.932	0.232*	2.181
1997	0.244**	2.603	0.181*	2.404	0.345**	2.973	0.237*	2.214
1998	0.242*	2.578	0.179*	2.378	0.347**	2.980	0.240*	2.235
1999	0.244*	2.589	0.181*	2.391	0.351**	3.004	0.247*	2.285
2000	0.241*	2.561	0.183*	2.417	0.355**	3.029	0.253*	2.335
2001	0.231*	2.469	0.178*	2.355	0.349**	2.985	0.250*	2.310
2002	0.234*	2.493	0.180*	2.381	0.353**	3.012	0.257*	2.361
2003	0.234*	2.495	0.183*	2.418	0.354**	3.019	0.266*	2.436
2004	0.237*	2.527	0.183*	2.417	0.349**	2.987	0.262*	2.405
2005	0.234*	2.492	0.181*	2.396	0.342**	2.931	0.264*	2.421
2006	0.229*	2.454	0.177*	2.348	0.334**	2.868	0.263*	2.417
2007	0.231*	2.474	0.176*	2.346	0.330**	2.842	0.262*	2.413
2008	0.230*	2.473	0.175*	2.335	0.321**	2.782	0.260*	2.398
2009	0.238*	2.546	0.179*	2.380	0.327**	2.821	0.263*	2.424
2010	0.237*	2.542	0.178*	2.372	0.323**	2.797	0.260*	2.409
2011	0.235*	2.524	0.175*	2.343	0.314**	2.740	0.253*	2.358
2012	0.230*	2.483	0.172*	2.313	0.308**	2.695	0.246*	2.299
2013	0.228*	2.463	0.170*	2.292	0.307**	2.683	0.241*	2.256
2014	0.228*	2.461	0.170*	2.293	0.310**	2.703	0.239*	2.240
2015	0.239*	2.553	0.178*	2.370	0.325**	2.811	0.244*	2.274
2016	0.253**	2.677	0.187*	2.468	0.340**	2.925	0.242*	2.253

注：** 表示 $p<0.01$；* 表示 $p<0.05$。
资料来源：通过 Stata 14.0 软件处理得到。

4.2　空间杜宾模型参数的稳健估计

本文采用 Stata14.0 进行空间计量分析（见表 4）。在未加入控制变量前，变量 *lnself*、*lnpriv*、*lnpat* 分别在 0.1、0.01、0.001 的统计水平上对因变量有显著影响，且作用方向为正。在加入 *lnhr*、*lngov*、*lnurb2*、*lnhigh*、*lnrail* 等控制变量后作用方向及显著性并未发生改变，这说明该模型是较为稳定的并未受到控制变量的过多影响。在基于 0~1 邻接空间权重矩阵的Ia 模型中，除变量 *lnrail* 以外，其余变量的空间滞后项均不显著，所以在进行空间杜宾模型估计时应该将其剔除。通过 Hausman 检验，χ^2（8）= −5.06，模型采用随机效应模型的估计方法相对更优。通过模型 IIa-Durbin 的结果，说明生存型创业、发展型创业、创新水平、人力资本、政府干预、交通设施均会对经济发展的水平产生显著影响；且在企业家精神层面，发展型创业和创新对其的作用效果更大。但这一结果与模型 Ⅱb-

Durbin 及模型Ⅱc-Durbin 的结果并不完全一致。在后两者的空间杜宾模型估计中，生存型创业对经济发展水平的促进效果更明显，而发展型创业的促进效果则较弱。

表 4　空间杜宾模型稳健估计结果

变量	基于 0~1 邻接空间权重矩阵（W_{1_0-1}）		基于地理距离空间权重矩阵（W_{2_dis}）		基于经济地理距离空间权重矩阵（W_{3_mark}）	
	模型Ⅰa	模型Ⅰa-Durbin	模型Ⅱb	模型Ⅱb-Durbin	模型Ⅲc	模型Ⅲc-Durbin
lnself	0.0628** (0.0270)	0.0486* (0.0265)	0.0677*** (0.0232)	0.0772** (0.0315)	0.0847*** (0.0313)	0.0752*** (0.0242)
lnpriv	0.0223 (0.0236)	0.0423** (0.0182)	0.0056 (0.0192)	0.0070 (0.0178)	0.0122 (0.0198)	0.0122 (0.0202)
lnpat	0.0813*** (0.0307)	0.0749**** (0.0194)	0.0505** (0.0198)	0.0496 (0.0323)	0.0453* (0.0270)	0.0674*** (0.0217)
lnhr	0.5177** (0.2352)	0.6977**** (0.2002)	0.4043*** (0.1267)	0.2811* (0.1572)	0.3753** (0.1633)	0.4570*** (0.1441)
lngov	-0.1030 (0.0767)	-0.1031 (0.0654)	-0.1113* (0.0674)	-0.1207 (0.0819)	-0.1351 (0.0860)	-0.1146* (0.0673)
lnurb2	0.0597 (0.0409)	0.0504 (0.0389)	0.0598* (0.0337)	0.0539* (0.0326)	0.0519 (0.0359)	0.0538* (0.0324)
lnhigh	0.0440 (0.0637)	0.1135** (0.0503)	0.1213*** (0.0461)	0.0814 (0.0577)	0.1469** (0.0623)	0.1650*** (0.0566)
lnrail	0.1830** 0.0751	0.1868** (0.0772)	0.1009** (0.0501)	0.1253** (0.0569)	0.0595 (0.0536)	0.0809 (0.0497)
W×lnself	0.0197 (0.0459)			-0.0185 (0.0500)	-0.01373 (0.0430)	
W×lnpriv	0.0100 (0.0312)		0.0514* (0.0266)	0.0552** (0.0257)	0.0737*** (0.0236)	0.0672*** (0.0233)
W×lnpat	-0.0350 (0.0400)			0.0145 (0.0439)	0.0162 (0.0419)	
W×lnhr	0.1219 (0.3527)			0.2218 (0.3312)	0.2470 (0.3331)	
W×lngov	0.0961* (0.0516)			0.1018 (0.0890)	0.0820 (0.0941)	
W×lnurb2	-0.1181 (0.0751)			0.0087 (0.0739)	0.0332 (0.0626)	
W×lnhigh	0.0762 (0.0665)			0.0278 (0.0698)	0.0258 (0.0645)	
W×lnrail	-0.1868** (0.0775)	-0.1703* (0.0939)		-0.1746* (0.0946)	0.0729 (0.1169)	
个体效应	是	是	是	是	否	否

续表

变量	基于0~1邻接空间权重矩阵 (W_{1_0-1})		基于地理距离空间权重矩阵 (W_{2_dis})		基于经济地理距离空间权重矩阵 (W_{3_mark})	
	模型Ⅰa	模型Ⅰa-Durbin	模型Ⅱb	模型Ⅱb-Durbin	模型Ⅲc	模型Ⅲc-Durbin
时间效应	否	否	否	是	否	否
hausman	—	-5.06	-11.15	—	—	-2.94
固定效应	否	否	否	否	否	否
随机效应	是	是	是	是	是	是
C	0.8689 (0.7230)	0.1536 (0.9135)	1.0723* (0.5312)	-0.0236 (0.6579)	1.4411** (0.6873)	1.4249*** (0.5037)
ρ	0.7420**** (0.0580)	0.7509**** (0.0534)	0.7807**** (0.0414)	0.7676**** (0.0453)	0.6693**** (0.0467)	0.7074**** (0.0401)
N	750	750	750	750	750	750
R^2	0.7742	0.7636	0.7834	0.7544	0.8064	0.8199
Log-pseudo likelihood	451.7819	430.0542	518.0241	529.6329	490.3667	480.5155

注：**** 表示 p<0.001；*** 表示 p<0.05；** 表示 p<0.01；* 表示 p<0.1；小数点保留后四位。

个体及民营企业的发展不仅可以带来更多的就业机会，也有助于盘活经济，尤其在进出口贸易下行时期。生存型创业虽然更倾向于基本的生活保障，但是却能很好地实现“以创业带就业”，相较于失业有着更好的稳定就业和社会秩序的重要作用。因此，其在经济发展过程中是必不可少的环节。而一些创业公司的形成部分源起于个体或团队创业。因此，个体的创业行为和对经济发展的贡献是不该被忽视的。

创新的动力主要来源于民营企业。而企业家所从事的生产性的创新活动，会使经济打破低水平均衡陷阱，趋向较发达的均衡（庄子银，2007）。根据工商总局发布的《全国小型微型企业发展情况报告》，截至 2013 年 3 月底，我国实有小微企业（包括个体商户）5606.16 万户，占企业总数的 94.157%，吸纳了我国 1.5 亿人口就业，最终产品和服务价值相当于国内生产总值总量的 60%，纳税占国家税收总额的 50%，完成了 65%的发明专利和 80%以上的新产品开发。Mirjam 等（2008）研究发现 100 人以下规模的年轻公司对经济绩效有很大贡献。这充分说明，中小企业的发展对经济的推动力量是不可忽视的。创业与创新给中国经济发展带来了新机会，新的产业及产业链不断催生，已成为中国经济转型升级的重要依托。

人力资本的增加、政府干预的减少、交通设施的完善均会对经济发展水平起到显著的促进作用。这些均与其他学者的研究结果一致。人力资本能够决定技术创新能力和技术追赶及扩散速度，而这两条路径影响着一国的经济发展（Benhabib and Spiegel，1994）。当地方财政支出过大，干预过多，往往会造成公共服务质量的下降，损害经济发展（姚先国、张海峰，2008）。交通设施的完善能够降低运输成本、时间和交易费用等，从而促进区域间的要素流动，提高资源配置效率。交通基础设施发展较好的地区往往容易吸收新技术从而加速技术进步和经济增长（Demurger，2001），而这一特点在城市群的发展中显得格外重要。

采用蔡昉等（2001）的划分方式，将我国经济地带划分为东部、中部和西部地区①。各地区企业家精神与经济增长的关系表现出较大差异。东部地区发展型创业和创新对经济发展作用效果显著，而中部地区则表现在生存型创业和发展型创业上，西部地区则仅表现在创新上。由前文对企业家精神空间格局的分析可知，发展型创业和创新越来越向东部地区，尤其是东南沿海地区集聚，该趋势已十分明显。可以初步判断，企业家精神随地区发达程度存在着“创新—生存型创业—发展型创业—创新”的空间演变趋势（见表5）。

表5　按东部、中部、西部地区分空间杜宾模型稳健估计结果

变量	东部		中部		西部	
	模型Ⅳa	模型Ⅳa-Durbin	模型Ⅴa	模型Ⅴa-Durbin	模型Ⅵa	模型Ⅵa-Durbin
lnself	0.0490* (0.0290)	0.0432 (0.0287)	0.0327 (0.0413)	0.0674*** (0.0259)	0.1313 (0.1066)	0.1435 (0.0959)
lnpriv	0.0239* (0.0125)	0.0314** (0.0126)	0.1064*** (0.0298)	0.0774*** (0.0171)	-0.0530 (0.0447)	-0.0620 (0.0383)
lnpat	0.1460**** (0.0395)	0.1080**** (0.0248)	-0.0345 (0.0392)	-0.0289 (0.0191)	0.0959** (0.0414)	0.0874**** (0.0194)
lnhr	0.1415 (0.2517)	0.4110** (0.1837)	1.2870**** (0.3445)	0.7688**** (0.2204)	0.3039** (0.1502)	0.3738*** (0.1403)
lngov	-0.0156 (0.0154)	-0.0246 (0.0193)	-0.6890**** (0.0708)	-0.7070**** (0.0768)	-0.1855 (0.1621)	-0.1237 (0.0789)
lnurb2	-0.0487*** (0.0184)	-0.0361** (0.0176)	0.0407 (0.0254)	0.0601* (0.0308)	0.0231 (0.0554)	0.0486 (0.0551)
lnhigh	-0.0065 (0.0234)	0.0318 (0.0268)	-0.0174 (0.0584)	-0.0018 (0.0572)	0.1237 (0.0785)	0.1308** (0.0598)
lnrail	0.1673*** (0.0614)	0.14730** (0.0580)	0.0880 (0.0880)	0.1281 (0.0869)	0.0728 (0.0983)	0.0797 (0.1007)
W×lnself	0.0124 (0.0421)		0.0306 (0.0615)		0.0499 (0.0828)	
W×lnpriv	0.0824**** (0.0144)	0.09615**** (0.0158)	-0.0409 (0.0442)		0.1509**** (0.0437)	0.1611*** (0.0511)
W×lnpat	-0.0762* (0.0415)		0.0731*** (0.0254)		-0.0004 (0.0561)	

① 东部地区包括辽宁、北京、天津、河北、上海、江苏、浙江、福建、山东、广东和海南；中部地区包括吉林、黑龙江、内蒙古、四川、山西、安徽、江西、河南、湖北和湖南；西部地区包括广西、贵州、云南、西藏、陕西、甘肃、青海、宁夏和新疆。

续表

变量	东部		中部		西部	
	模型Ⅳa	模型Ⅳa-Durbin	模型Ⅴa	模型Ⅴ a-Durbin	模型Ⅵa	模型Ⅵa-Durbin
W×lnhr	0.4859 (0.4176)		-0.7050 ** (0.2769)		0.2016 (0.2798)	
W×lngov	0.0016 (0.0255)		0.6045 **** (0.0956)	0.6320 **** (0.0907)	0.0538 (0.1484)	
W×lnurb2	-0.1783 **** (0.0341)	0.17612 **** (0.0227)	0.0036 (0.0710)		-0.1183 ** (0.0585)	
W×lnhigh	0.1815 *** (0.0700)		0.2007 **** (0.0524)	0.1952 **** (0.0562)	0.0583 (0.0657)	
W×lnrail	-0.0500 (0.0491)		0.0263 (0.0937)		-0.2508 * (0.1399)	
个体效应	是	是	是	是	是	是
时间效应	否	否	否	否	否	否
hausman	—	-1.30	—	-3.03	—	8.45
固定效应	否	否	否	否	否	是
随机效应	是	是	是	是	是	否
C	1.1230 * (0.6423)	1.2436 ** (0.5446)	1.4884 *** (0.5167)	1.4014 *** (0.4096)	1.0336 (0.9688)	
ρ	0.6480 **** (0.0416)	0.6580 **** (0.0209)	0.7245 **** (0.0267)	0.6977 **** (0.0166)	0.5875 **** (0.0650)	0.6700 **** (0.0570)
N	750	750	750	750	750	750
R^2	0.7446	0.7039	0.9068	0.9175	0.7990	0.8210
Log-pseudo likelihood	251.0683	236.2743	228.7161	218.3353	176.6341	200.4121

注：**** 表示 p<0.001；*** 表示 p<0.05；** 表示 p<0.01；* 表示 p<0.1。

在欠发达地区首先是由创新带动经济发展的。在资源匮乏和人力资本短缺的地区，首先是基础设施的建设，因此"修路"是西部开发的先驱，公路建设地区对西部地区经济发展起到了显著促进作用。其次是依靠科技进步提高劳动者素质从而促进发展，而创新对科技进步具有推动作用。在要素市场和竞争机制较差的环境下，更多的是依靠创新带来的技术进步撬动经济发展。一旦经济杠杆被撬动，会吸引更多的人才和企业投资，进一步发展经济。市场环境和经营模式逐步成熟，非公有制经济得以发展。个体和私营经济在这样的环境下开始发展壮大，这一现象在中部地区较为明显。当市场趋于成熟，能够宽容企业家失败，并有较好的区域金融发展平台时，散落各处的零星初创企业就初步形成了在某一区域内产业集聚的现象，实现多模式发展路径。

这表现为，创业和创新所带来的非公有制经济的发展及技术进步与经济增长相互促进、协同发展，进入良好的循环模式。

4.3 企业家精神的空间溢出效应分析

根据稳健空间杜宾模型估计企业家精神的空间效应（见表6）。模型Ⅰ、模型Ⅱ和模型Ⅲ中各自变量对因变量的总效应结果较为一致，说明在不同的空间权重矩阵下各自变量与因变量之间的空间依赖性是较为一致的。在基于0~1邻接空间权重矩阵下，*lnself*、*lnpriv*、*lnpat* 对因变量的总效应、直接效应及间接效应分别在各统计水平上显著，说明生存型创业、发展型创业及创新水平对经济发展水平具有显著的空间效应，且表现出显著的空间溢出效应。换言之，企业家精神不仅会影响到本区域经济发展水平，还会影响到相邻区域经济发展水平，而这一点在经济地理距离空间权重矩阵下更为明显。

表6 企业家精神对经济增长的直接效应、间接效应和总效应

变量	模型Ⅰ（W_{1_0-1}）基于0~1邻接			模型Ⅱ（W_{2_dis}）基于地理距离			模型Ⅲ（W_{3_mark}）基于经济地理距离		
	直接效应	间接效应	总效应	直接效应	间接效应	总效应	直接效应	间接效应	总效应
lnself	0.0615*	0.1345*	0.1959*	0.0823***	0.2398**	0.3221**	0.0950***	0.1684**	0.2634***
	(0.0330)	(0.0756)	(0.1058)	(0.0288)	(0.1106)	(0.1355)	(0.0313)	(0.0662)	(0.0951)
lnpriv	0.0516**	0.1152**	0.1668**	0.0188	0.2453***	0.2641***	0.0375*	0.2348****	0.2722****
	(0.0213)	(0.0498)	(0.0683)	(0.0201)	(0.0879)	(0.0968)	(0.0218)	(0.0525)	(0.0648)
lnpat	0.0964****	0.2235***	0.3200***	0.0628***	0.1781***	0.2409***	0.0867****	0.1513***	0.2379****
	(0.0232)	(0.0847)	(0.1025)	(0.0221)	(0.0675)	(0.0865)	(0.0249)	(0.0453)	(0.0677)
lnhr	0.8802****	2.0340**	2.9143***	0.4828***	1.4191*	1.9018**	0.5668***	1.0180**	1.5848***
	(0.2419)	(0.8248)	(1.0131)	(0.1466)	(0.6187)	(0.7439)	(0.1758)	(0.4102)	(0.5749)
lngov	-0.1298*	-0.2990	-0.4288	-0.1338*	-0.4042	-0.5380	-0.1422*	-0.2591	-0.4014*
	(0.0772)	(0.1997)	(0.2708)	(0.0776)	(0.2781)	(0.3506)	(0.0801)	(0.1629)	(0.2405)
lnurb2	0.0665	0.1729	0.2394	0.0735*	0.2253	0.2988	0.0684*	0.1238	0.1923
	(0.0511)	(0.1687)	(0.2174)	(0.0414)	(0.1607)	(0.1995)	(0.0399)	(0.0809)	(0.1196)
lnhigh	0.1379**	0.3157*	0.4536**	0.1421***	0.4121**	0.5542**	0.2021***	0.3553***	0.5574***
	(0.0631)	(0.1640)	(0.2200)	(0.0547)	(0.1915)	(0.2393)	(0.0690)	(0.1341)	(0.1980)
lnrail	0.1719**	-0.1428	0.0290	0.1155*	0.3246*	0.4401**	0.0953	0.1663	0.2616
	(0.0792)	(0.2853)	(0.3210)	(0.0574)	(0.1678)	(0.2204)	(0.0591)	(0.1057)	(0.1631)

注：**** 表示 p<0.001；*** 表示 p<0.05；** 表示 p<0.01；* 表示 p<0.1。

市场化水平会更加促进这种空间格局上的相互影响和相互依赖。这表现在，生存型创业对于本区域经济发展水平在市场化的干预下被明显加强了，且该效应超过了对其他区域经济发展水平的影响，也就是空间溢出效应虽然显著但明显弱于直接效应。这说明，越趋于市场一体化的环境，生存型创业越会优先贡献于本区域的经济发展，其总效应值为19.59%~32.21%。

但发展型创业则表现出完全不同的空间依赖路径，其空间溢出效应明显高于直接效应，分别在 0.001 和 0.1 的统计水平上显著。与生存型创业相比，发展型创业更能带动相邻区域的经济发展，而这种空间溢出效应值为 11.52%～24.53%。当创业在某一地区形成规模效应会吸引来自上游和下游的中小企业，但因为受限于大城市的要素成本，这些企业往往会在周边地区集聚，形成更完整的产业链带动更广泛的区域发展。而创新则在直接效应和空间溢出效应上均表现出较高的水平，分别在 0.001 和 0.01 的统计水平上显著，其总效应值为23.79%～32.00%。

创新水平的提高不仅十分有利于本区域的经济发展，而且有利于相邻区域的经济发展，且这种相互促进的发展是较为均衡的。这也说明，高度同城化和高度一体化城市群的不断建设和完善不仅利于中央城市的发展更利于相邻城市的发展，而企业家精神作为一种传导机制，能够更好地发挥其对知识、技术的扩散，能以更高的效率发挥市场的资源配置作用，促进要素在城市群间的高效流动，并使流向更加合理化，使区域间经济协同、均衡发展。

在各空间权重矩阵下，人力资本和政府干预的空间溢出效应明显弱于直接效应。这说明，人力资本和政府干预会优先促进本区域的经济发展。而公路交通设施则对本区域和相邻区域的经济发展均有促进作用，且这种效果在市场化干预下更为明显。空间集聚更依托于发达的交通基础设施网络，而相邻区域的发展相比于水路和铁路运输，公路运输更为便捷，成本更低，更利于城市群的经济发展。因此，铁路交通设施的空间溢出效应较弱。但无可非议的是高铁的发展进一步优化了空间格局，让 1 小时同城、2 小时同城经济圈的城市越来越多，缩短了时间距离，提高了交通便利程度，降低了经济成本，让要素资源更好地流动，进而提高了利用效率和扩大了使用空间，促进了区域经济发展。

根据稳健空间杜宾模型估计东部、中部、西部地区企业家精神的空间效应（见表 7）。可以明显看出不同地区企业家精神的空间效应差异较大。东部地区中 *lnpriv*、*lnpat* 对因变量的总效应、直接效应及间接效应分别在 0.01、0.001 的统计水平上显著。发展型创业对周围地区经济发展的促进作用明显大于本地区，空间溢出效应为 29.30%。而创新则在本地区和周围地区经济发展的促进上表现均衡，其总效应为 32.79%，且远高于生存型创业所带来的空间效应。这说明，在东部地区发展型创业会优先带动周围地区的经济发展，而创新则会同时推动本地区和周围地区的经济。这一点在西部地区表现得更为突出。发展型创业对本地区的经济发展为负值，却有着极强的空间溢出效应，该效应为 32.13%。这说明，欠发达地区发展型创业在起初阶段未必能够很好地撬动、盘活该地区的经济，但对周围地区的发展是有利的。在创新上则表现出对本地区经济发展的促进作用较周围地区更显著的特点。相较创业而言，创新依旧是拉动经济的更有效方式。中部地区也表现出独有的区域特色，创业对区域经济的发展起到了重要作用。生存型创业和发展型创业既能够促进本地区经济发展，同时也能够促进周围地区的发展。其总效应分别为 22.65% 和 25.21%。以上结果再次证明了企业家精神随地区发达程度呈“创新—生存型创业—发展型创业—创新”的“V”形空间演变趋势。

表 7　东部、中部、西部地区企业家精神对经济增长的直接效应、间接效应和总效应

变量	东部			中部			西部		
	直接效应	间接效应	总效应	直接效应	间接效应	总效应	直接效应	间接效应	总效应
lnself	0.0570	0.0745	0.1315	0.0976***	0.1288***	0.2265**	0.1808	0.2705	0.4513
	(0.0382)	(0.0515)	(0.0894)	(0.0378)	(0.0504)	(0.0878)	(0.1217)	(0.2005)	(0.3171)
lnpriv	0.0803***	0.2930****	0.3733****	0.1088****	0.1433****	0.2521****	-0.0243	0.3213****	0.2970****
	(0.0301)	(0.0759)	(0.1047)	(0.0290)	(0.0374)	(0.0658)	(0.0373)	(0.0701)	(0.0775)
lnpat	0.1426****	0.1853****	0.3279****	0.0432	0.0569	0.1001	0.1110****	0.1670**	0.2781***
	(0.0381)	(0.0571)	(0.0944)	(0.0277)	(0.0368)	(0.0644)	(0.0324)	(0.0661)	(0.0947)
lnhr	0.5226**	0.6693**	1.1919**	1.0851****	1.4403****	2.5254****	0.4642***	0.7006**	1.1648**
	(0.2206)	(0.2816)	(0.4993)	(0.2994)	(0.4287)	(0.7229)	(0.1718)	(0.3269)	(0.4844)
lngov	-0.0324	-0.0418	-0.0741	-0.6146****	0.3821*	-0.2325	-0.1479	-0.2323	-0.3802
	(0.0255)	(0.0335)	(0.0588)	(0.0864)	(0.2038)	(0.2560)	(0.0990)	(0.1836)	(0.2789)
lnurb2	0.1197****	0.4929****	0.6126****	0.0849**	0.1126*	0.1975*	0.0634	0.0863	0.1497
	(0.0240)	(0.0570)	(0.0781)	(0.0434)	(0.0589)	(0.1020)	(0.0703)	(0.1045)	(0.1732)
lnhigh	0.0380	0.0493	0.0873	0.1188*	0.5275****	0.6464****	0.1563**	0.2299*	0.3862**
	(0.0359)	(0.0475)	(0.0832)	(0.0669)	(0.1208)	(0.1611)	(0.0720)	(0.1186)	(0.1857)
lnrail	0.1830***	0.2357**	0.4187***	0.1787	0.2361	0.4148	0.0924	0.1186	0.2110
	(0.0704)	(0.0937)	(0.1630)	(0.1246)	(0.1655)	(0.2896)	(0.1277)	(0.1887)	(0.3140)

注：**** 表示 p<0.001；*** 表示 p<0.05；** 表示 p<0.01；* p 表示<0.1。

人力资本、城市化、交通设施等对经济发展影响的空间效应也随不同地区呈现出不同路径。人力资本与地区的发达程度呈现明显的倒"U"形趋势，对位于东部地区和西部地区经济发展的促进作用明显弱于中部地区。这说明，西部地区吸引人才难，而东部地区虽能够吸引大量的人才，但起到的作用已经远远不如发展型创业和创新所带来的益处。如何利用人才资源提高科技进步，将资源转化成成果甚至利润是发达地区在经济发展中所要思考的。城市化水平的提升与地区发达程度呈现出线性关系，但欠发达地区无暇顾及城市化水平，更重视基础建设的任务目标，而发达地区则表现出明显的空间效应，且空间溢出效应很大。城市化的过程是与经济发展相辅相成的，当达到一定水平，会向城市群模型发展，也会更加依赖中心特大城市带动周围城市的发展路径，进一步促进周围城市的经济发展。交通设施方面则呈现出公路交通设施更利于西部和中部地区的经济发展，而铁路运输更利于东部地区经济发展的特点。半小时、1 小时经济圈的有力保障使这一优势在京津冀、环渤海、长三角等地区尤为凸显。

4.4　结果的再度检验：稳健性检验

利用人均 GDP 经济地理距离空间权重矩阵的介入，通过 Hausman 检验确定固定效应和随机效应后，对空间杜宾模型进行稳健估计得到的结果如表 8 所示。依据全国水平，均表现出

变量 *lnself*、*lnpat*、*lnhr*、*lngov*、*lnhigh*、*lnrail* 分别在不同的统计水平上对因变量有显著影响，作用方向为正，与前文较为一致。而东部、中部、西部地区的各项估计结果也与前文较为一致。在空间效应上，全国及各地区企业家精神对经济发展的影响与前文估计结果也较为相符。除此之外，人力资本的提高、政府干预的减少、城市化、交通基础设施的完善对区域经济发展均有促进作用，且在直接效应和空间效应上均作用显著。

表 8　空间杜宾模型稳健估计结果再验证

变量	全国		东部		中部		西部	
lnself	0.0753**	0.0735**	0.0691**	0.0621**	0.0626	0.0858***	0.1441	0.0812
	(0.0339)	(0.0285)	(0.0279)	(0.0275)	(0.0436)	(0.0289)	(0.0983)	(0.0737)
lnpriv	0.0210	0.0172	0.0226	0.0368*	0.0928****	0.0700****	−0.0333	0.0288
	(0.0185)	(0.0174)	(0.0158)	(0.0201)	(0.0262)	(0.0159)	(0.0392)	(0.0209)
lnpat	0.0346	0.0431*	0.1445****	0.0856****	−0.0119	0.0234	0.1045***	0.0770****
	(0.0336)	(0.0233)	(0.0348)	(0.0226)	(0.0422)	(0.0266)	(0.0359)	(0.0217)
lnhr	0.4259**	0.5059***	0.4220*	0.7837****	0.5714*	0.4655**	0.2936*	0.3905****
	(0.1688)	(0.1533)	(0.2313)	(0.1942)	(0.3192)	(0.1901)	(0.1586)	(0.1202)
lngov	−0.1201	−0.1044	−0.0045	−0.0117	−0.7555****	−0.7311****	−0.2003	−0.1353
	(0.0799)	(0.0634)	(0.0150)	(0.0218)	(0.0912)	(0.0930)	(0.1736)	(0.0890)
lnurb2	0.0250	0.0267	0.0165	−0.0004	0.0379	0.0445	0.0346	−0.0252
	(0.0369)	(0.0386)	(0.0294)	(0.0299)	(0.0257)	(0.0271)	(0.0492)	(0.0568)
lnhigh	0.1162**	0.1244**	0.0219	0.0802*	0.0314	0.0139	0.1050	0.1230**
	(0.0559)	(0.0564)	(0.0347)	(0.0462)	(0.0499)	(0.0504)	(0.0767)	(0.0560)
lnrail	0.1245**	0.1218**	0.2013***	0.1622**	−0.0185	0.1173	0.0123	0.0142
	(0.0617)	(0.0583)	(0.0637)	(0.0659)	(0.1212)	(0.0835)	(0.0964)	(0.0856)
W×lnself	0.0149		−0.0231		0.0159		0.0953	
	(0.0438)		(0.0327)		(0.0622)		(0.0698)	
W×lnpriv	0.0828****	0.0821****	0.0748****	0.0983****	−0.0464		0.0824	
	(0.0134)	(0.0129)	(0.0153)	(0.0142)	(0.0354)		(0.0530)	
W×lnpat	0.0198		−0.1090**		0.0554*		−0.0804*	
	(0.0388)		(0.0440)		(0.0301)		(0.0439)	
W×lnhr	0.1271		0.5959*		0.0573		0.1413	
	(0.2801)		(0.3089)		(0.2959)		(0.2292)	
W×lngov	0.1337*		0.0110		0.6777****	0.7423****	0.0867	
	(0.0686)		(0.0276)		(0.0874)	(0.0808)	(0.1660)	
W×lnurb2	0.1226**	0.1355***	0.1364***	0.1572****	−0.0139		−0.0960*	−0.0765
	(0.0480)	(0.0521)	(0.0514)	(0.0448)	(0.0733)		(0.0511)	(0.0768)

续表

变量	全国		东部		中部		西部	
W×lnhigh	0.1129** (0.0546)	0.1446** (0.0634)	0.1628** (0.0636)		0.1552*** (0.0592)	0.1630*** (0.0525)	0.1244 (0.0781)	
W×lnrail	−0.0994 (0.0790)		−0.11412** (0.0534)		0.1769* (0.0947)		0.1368 (0.1404)	
个体效应	否	是	否	是	否	是	否	是
时间效应	否	否	否	否	否	否	否	否
hausman	—	9.78	—	-1.56	—	-2.69	—	-5.61
固定效应	否	是	否	否	否	否	否	否
随机效应	是	否	是	是	是	是	是	是
C	0.8826** (0.4510)		0.3706 (0.5994)	0.9825 (0.6875)	1.5985*** (0.5601)	1.5632**** (0.4100)	3.0270**** (0.7619)	1.6078** (0.6943)
ρ	0.6695**** (0.0406)	0.6940**** (0.0346)	0.6614**** (0.0519)	0.6142**** (0.0300)	0.7131**** (0.0335)	0.7203**** (0.0249)	0.6080**** (0.0662)	0.7154**** (0.0515)
N	750	750	750	750	750	750	750	750
R^2	0.7520	0.7474	0.6418	0.6153	0.8971	0.9001	0.7769	0.7316
Log-pseudo likelihood	472.9815	583.0882	230.2813	206.9967	225.9489	215.7276	183.3894	164.9695

注：**** 表示 $p<0.001$；*** 表示 $p<0.05$；** 表示 $p<0.01$；* 表示 $p<0.1$。

结合再验证结果，综合分析可得到企业家精神对经济发展水平表现出很强的空间效应，且该效应具有积极的促进作用。如表 9 所示，生存型创业、发展型创业以及创新的总效应均值分别为 25.74%、25.72%、23.63%，其空间溢出效应均值分别为 17.53%、21.93%、16.12%。发展型创业的空间溢出效应更为凸显，占到了总效应的 85.26%。而东部地区发展型创业和创新的总效应较高，分别为 35.95%和 28.08%；中部地区生存型创业和发展型创业的总效应较高，分别为 27.25%和 25.22%；西部地区创新的总效应凸显为 27.80%。东部地区和西部地区发展型创业的空间溢出效应明显，分别占总效应的 77.05%和 96.90%。而中部地区的企业家精神则在空间效应上较为均衡。企业家精神随地区发达程度存在的“V”形空间演变趋势再次得到验证。

表9　全国和东部、中部、西部地区企业家精神对经济增长的直接效应、间接效应和总效应

变量	全国			东部			中部			西部		
	直接效应	间接效应	总效应	直接效应	间接效应	总效应	直接效应	间接效应	总效应	直接效应	间接效应	总效应
lnself	0.0899**	0.1584**	0.2483**	0.0794**	0.0861**	0.1655**	0.1217***	0.1968**	0.3185**	0.1124	0.1949	0.3073
	(0.0358)	(0.0727)	(0.1070)	(0.0358)	(0.0408)	(0.0760)	(0.0423)	(0.0759)	(0.1165)	(0.1015)	(0.1921)	(0.2905)
lnpriv	0.0438**	0.2818****	0.3256****	0.0847**	0.2610****	0.3457****	0.0963**	0.1559***	0.2523***	0.0366	0.0635	0.1001
	(0.0187)	(0.0442)	(0.0556)	(0.0335)	(0.0445)	(0.0733)	(0.0313)	(0.0579)	(0.0877)	(0.0308)	(0.0597)	(0.0896)
lnpat	0.0544**	0.0918**	0.1463**	0.1116***	0.1220***	0.2336***	0.0379**	0.0644	0.1024	0.1042****	0.1736****	0.2778****
	(0.0261)	(0.0418)	(0.0670)	(0.0350)	(0.0446)	(0.0788)	(0.0504)	(0.0848)	(0.1348)	(0.0264)	(0.0494)	(0.0710)
lnhr	0.6028***	1.0515***	1.6544***	0.9843****	1.0685****	2.0527****	0.6388**	1.0434**	1.6821**	0.5142****	1.8741***	1.3882***
	(0.1738)	(0.3489)	(0.5105)	(0.2385)	(0.3005)	(0.5308)	(0.2494)	(0.4904)	(0.7417)	(0.1549)	(0.3333)	(0.4718)
lngov	−0.1247*	−0.2202	−0.3450*	−0.0148*	−0.0160	−0.0307	−0.6097****	0.6638***	0.0541	−0.1731	−0.3079	−0.4810
	(0.0722)	(0.1353)	(0.2058)	(0.0263)	(0.0284)	(0.0546)	(0.0930)	(0.1371)	(0.1759)	(0.1239)	(0.2488)	(0.3689)
lnurb2	0.0730	0.4646***	0.5377***	0.0660**	0.3387****	0.4048****	0.0645	0.1060	0.1704	−0.0584	−0.2590	−0.3174
	(0.0465)	(0.1676)	(0.2004)	(0.0317)	(0.0866)	(0.1028)	(0.0420)	(0.0749)	(0.1162)	(0.0956)	(0.3122)	(0.4013)
lnhigh	0.1887***	0.6885***	0.8773****	0.0961*	0.1014*	0.1975*	0.1085**	0.5362****	0.6447****	0.1605**	0.2737*	0.4342**
	(0.0630)	(0.2000)	(0.2358)	(0.0574)	(0.0590)	(0.1158)	(0.0545)	(0.1145)	(0.1413)	(0.0728)	(0.1484)	(0.2164)
lnrail	0.1406**	0.2433**	0.3839**	0.1962**	0.2055***	0.4017***	0.1552	0.2482	0.4034	0.0156	0.0451	0.0607
	(0.0673)	(0.1211)	(0.1863)	(0.0795)	(0.0728)	(0.1513)	(0.1122)	(0.1886)	(0.2990)	(0.1055)	(0.1944)	(0.2979)

注：**** 表示 $p<0.001$；*** 表示 $p<0.05$；** 表示 $p<0.01$；* 表示 $p<0.1$。

5 结论和政策启示

企业家精神在中国社会经济发展过程中所起的重要地位和所做出的贡献是毋庸置疑的，因此探究企业家精神的区域经济效益具有重要的理论价值和现实意义。而创新与创业一直是学者们关注的重要课题，亦是当今社会备受关注的热点问题。本文试图对企业家精神与区域经济增长，以及空间格局的演变进行阐释。一是空间杜宾模型稳健估计结果表明生存型创业和创新水平对经济发展起到了重要作用，而这一点在加入经济要素后变得更加明显。生存型创业、发展型创业以及创新对经济发展水平均表现出很强的空间效应，且该效应具有积极的促进作用。其总效应均值分别为 25.74%、25.72%、23.63%，其空间溢出效应均值分别为 17.53%、21.93%、16.12%。发展型创业的空间溢出效应十分凸显，占到了总效应值的 85.26%。发展型创业不但能够拉动本区域经济水平，对于相邻区域的经济带动作用更为突出。二是不同地区企业家精神的空间效应存在较大差异，且企业家精神随地区发达程度呈现出“创新—生存型创业—发展型创业—创新”的“V”形空间演变趋势。东部地区发展型创业和创新、中部地区生存型创业和发展型创业、西部地区创新对区域经济发展均具有积的极促进作用，且具有发展型创业更能够推动东部周围地区经济发展，创新更能拉动西部本地区经济发展的特点。

本文结论具有以下政策启示意义：

（1）弘扬企业家精神，支持民营企业和创新的发展。发展型创业对我国区域经济增长具有鲜明的空间溢出效应，其对周围区域的带动作用十分明显。随着经济转型，不仅需要“小本买卖”“维持生计”等生存型创业，更需要越来越多的精英投身到创业和创新的浪潮中，培育出优秀的企业家。因此，为民营企业营造良好的营商环境，尤其是对中、小企业的扶持政策需要进一步加强。政府应该引导企业主动了解、解读国家推行的相关扶持政策，加大宣传力度。对于加强企业自主创新政策的执行需要各级政府积极主动参与，尤其是地方政府的相关政策支持，形成良好的政策执行环境，让政策落到实处，发挥其应有的鼓励和支持效果。在重视创新产出效果的基础上，还应设立奖励机制和容错机制，充分激发其活力。

（2）集中区域资源优势，发展产业集群。由于资源优势等因素，创新在各区域间发展不均衡。制度政策在发达区域应该由供给端向需求端逐步转化，调动企业自主创新的积极性。以区域为单位，培养、形成具有优势的产业集群，充分发挥创新在各个环节的作用效果。由于资源等受限，欠发达地区应该借助区域优势，寻找制约本区域创新发展水平的因素，积极借鉴其他区域的政策制度，探索适合于本区域的创新发展路径。

（3）进一步加快城市群的建设，实现传统省域经济向中心城市群转变。城市群被认为是工业化、城市化进程中区域空间形态的最高组织形式。根据“十三五”规划，我国将从最初的长三角、珠三角和京津冀三个国家级城市群发展到未来的19个。城市群的建设和完善将进一步促进企业家精神在区域间所发挥的传导机制和资源配置作用。而创新与创业也将更有效地拉动区域经济发展，使区域社会经济步入良性循环的均衡发展状态。

参考文献

[1] Arrow K. Economic Welfare and the Allocation of Resources for Invention [M]. Priceton: Priceton Univer-sity Press, 1962.

[2] Le Sage J. P., Pace. R. K. Introduction to Spatial Econometrics [M]. New York: Chapman and Hall/CRC Press, 2009.

[3] Andersson M., Koster S. Sources of Persistence in Regional Start - up Rates - evidence from Sweden [J]. Journal of Economic Geography, 2011, 11 (1): 179-201.

[4] Arellano M., Bood S. Some Tests of Specification for Panel Data: Monte Carlo Evidence and an Application to Employment Equations [J]. Review of Economic Studies, 1991, 58 (2): 277-297.

[5] Audretsch D. B., et al. What is New about the New Economy: Sources of Growth in the Managed and Entrepreneurial Economics [J]. Industrial and Corporate Change, 2001, 10 (1): 267-315.

[6] Audretsch D. B. From the Entrepreneurial University to the University for the Entrepreneurial Society [J]. Journal of Technology Transfer, 2014, 39 (3): 313-321.

[7] Benhabib J., Spiegel M. M. The Role of Human Capital in Economic Development: Evidence from Aggregate Cross-Country Data [J]. Journal of Monetary Economics, 1994, 34 (2): 143-173.

[8] Bulent G., Tekin R. B. A Panel Causality Analysis of the Relationship among Research and Development, Innovation, and Economic Growth in High-Income OECD Countries [J]. Eurasian Economic Review, 2012, 2 (1): 32-47.

[9] CetinM. The Hypothesis of Innovation-based Economic Growth: A Causal Relationship [J]. International Journal of Economic and Administrative Studies, 2013, 6 (11): 1-16.

[10] CharlieK., Rolf D. Entrepreneurship, Firm Growth and Regional Development in the New Economic Geography: Introduction [J]. Small Business Economics, 2013, 21 (2): 73-76.

[11] DavidA., et al. Cultural Diversity and Entrepreneurship: A Regional Analysis for Germany [J]. Annals of Regional Science, 2010, 45 (1): 55-85.

[12] Demurger S. Infrastructrure Development and Economic Growth: An Explanation for Regional Disparities in China [J]. Journal of Comparative Economics, 2001, 29 (1): 95-117.

[13] Diana M. H., Paul D. R. Cultural Norms & Business Start-ups: The Impact of National Values on Opportunity and Necessity Entrepreneurs [J]. International Entre-preneurship and Management Journal, 2009 (5): 417-437.

[14] Dipendra S. Patents, Innovations and Economic Growth In Japan and South Korea: Evidence from Individual Country and Panel Data [J]. Applied Econometrics and International Development, 2008, 8 (1): 181-188.

[15] Evans D. S., Leighton L. S. Some Empirical Aspects of Entrepreneurship [J]. American Economic Review, 1989, 79 (3): 519-535.

[16] Georgellis Y., Wall H. J. What Makes a Region Entrepreneurial? Evidence from Britain [J]. The Annals of Regional Science, 2000, 34 (3): 385-403.

[17] Glaeser E. L., et al. Entrepreneurship and Urban Growth: An Empirical Assessment with Historical Mines

[J]. Review of Economics and Statistics, 2015, 2 (97): 498-520.

[18] Gwen R. Emerging Themes in Entrepreneurship Research [J]. Business Rearch and Information Development Group, 2003 (9): 6-18.

[19] Harry H. K., Ingmar R. P. A Generalized Spatial Two - Stage Least Squats Procedure for Estimating a Spatial Autoregressive Model with Autoregressive Disturbance [J]. Journal of Real Estate Finance and Economics, 1998, 17 (1) : 99-121.

[20] He A., Waldinger R. Ethnicity and Entrepreneurship [J]. Annual Review of Sociology, 1990, 16 (1): 111-135.

[21] Hwa S. C., Chou L. H. The Nexus of Finance and GDP Growth in Japan: Do Real Interest Rates Matter? [J]. Japan and the World Economy, 2010, 22 (4): 235-242.

[22] Jaffe A. B. Real Effects of Academic Research [J]. The American Economic Review, 1989, 79 (5): 957-970.

[23] Jeremy H. Innovation and Regional Economic Development: A Matter of Perspective? [J]. Research Policy, 2005, 34 (8): 1220-1234.

[24] Kam P. W., et al. Entrepreneurship, Innovation and Economic Growth: Evidence from GEM Data [J]. Small Business Economics, 2005, 24 (3): 335-350.

[25] Laura B., Giovanni P. Innovation and Spillovers in Regions: Evidence from European Patent Data European [J]. European Economic Review, 2003, 47 (4): 687-710.

[26] Lawrence A. P. Spatial Dependence in Entrepreneurship Research [J]. Organizational Research Methods, 2010, 13 (1): 146-175.

[27] Lee S. Y., et al. Creativity and Entre-preneurship: A Regional Analysis of New Firm Formation [J]. Regional Studies, 2004, 38 (8): 879-891.

[28] Lftekhar H., Christorther L. T. The Innovation-economic Growth Nexus: Global Evidence [J]. Research Policy, 2010, 39 (10): 1264-1276.

[29] Michael S., Maximilian G. A Multidimensional Evaluation of the Effectiveness of Business Incubators: An Application of the PROMETHEE Outranking Method [J]. Environment and Planning, 2009, 27 (6): 1072-1087.

[30] Mirjam V. P., Peter H. V. The Economic Benefits and Costs of Entrepreneurship: A Review of the Research [J]. Foundations and Trends in Entrepreneurship, 2008, 4 (2): 65-154.

[31] Moran P. Notes on Continuous Stochastic Phenomena [J]. Biometrika, 1950 (37): 17-23.

[32] Paul M. R. Increasing Returns and Long Run Growth [J]. Journal of Political Economy, 1986, 94 (5): 1002-1037.

[33] Peilei F. Innovation Capacity and Economic Development: China and India [J]. Economic Change and Restructuring, 2011, 44 (1-2): 49-73.

[34] Per D. The Domain of Entrepreneurship Reach: Some Suggestions [J]. Social Science Electronic Publishing, 2003 (6): 315-372.

[35] Philippe A., Peter H. A Model of Growth Through Creative Destruction Econometrica [J]. Econo-metrica, 1992, 60 (2): 323-351.

[36] Reynolds P. D., et al. Cross-national Comparisons of the Variation in New Firm Formation Rates [J]. Regional Studies, 1994, 28 (4): 443-456.

[37] Robert J. B. Government Spending in a Simple Model of Endogeneous Growth [J]. Scholarly Articles, 1990, 98 (5): 103-125.

[38] Roger R. S., Peter N. Entrepreneurship in Re-

gional Economic Development: Some Methodological Aapplications [J]. The Annals of Regional Science, 2007, 41 (4): 749-752.

[39] Rudra P. P., et al. Innovation, Financial Development and Economic Growth in Eurozone Countries [J]. Applied Economics Letters, 2016, 23 (16): 1141-1144.

[40] Solow R. M. A Contribution of the Theory of Economic Growth [J]. Quarterly Journal of Economics, 1956, 70 (1): 65-94.

[41] Theodore P. G. Membership Benefits or Selection Effects? Why Former Communist Party Members Do Better in Post-Soviet Russia [J]. Social Science Research, 2000 (29): 25-50.

[42] Yang C. H. Is Innovation the Story of Taiwan's Economic Growth? [J]. Journal of Asian Economics, 2006, 17 (5): 867-878.

[43] Nijkamp P. Entrepreneurship, Development and the Spatial Context: Retrospect and Prospects [J]. Entrepreneurship and Economic Development , 2009: 271-293.

[44] Victor T. Modernizing the Informal Sector [R]. UN/DESA Working Paper, 2007 (42) .

[45] Cameron G. Innovation and Growth: A Survey of the Empirical Evidence [R] . Working Paper, 1998.

[46] Pace R. K., LeSage J. P. Interpreting Spatial Econometric Models[R]. Toronto: North American Meeting of the Regional Science Association Interna-tional, 2006.

[47] 马克斯·韦伯．新教伦理与资本主义精神 [M]. 马奇炎译, 北京: 北京大学出版社, 2012.

[48] 陈强．高级计量经济学及 Stata 应用 (第二版) [M]. 北京: 高等教育出版社, 2017.

[49] 王小鲁, 樊纲等．中国分省份市场化指数报告 (2016) [M]. 社会科学文献出版社, 2017.

[50] 才国伟, 钱金保．解析空间相关的来源: 理论模型与经验证据 [J]. 经济学 (季刊), 2013 (3): 91-106.

[51] 蔡昉等．劳动力市场扭曲对区域差距的影响 [J]. 中国社会科学, 2001 (3): 4-14.

[52] 蔡昉等．区域差距、趋同与西部开发 [J]. 中国工业经济, 2001 (2): 48-54.

[53] 蔡庆丰等．地区融资模式与创业创新——基于空间面板模型的实证发现 [J]. 财贸经济, 2017 (7): 91-106.

[54] 陈刚, 陈敬之．产权保护与企业家精神——基于微观数据的实证研究 [J]. 经济社会体制比较, 2016 (1): 81-93.

[55] 陈怡安．中国海归回流企业家精神的空间溢出效应研究 [J]. 世界经济文汇, 2017 (3): 102-120.

[56] 程锐．市场化进程、企业家精神与地区经济发展差距 [J]. 经济学家, 2016 (8): 19-28.

[57] 何予平．企业家精神与中国经济增长——基于 C-D 生产函数的实证研究 [J]. 当代财经, 2006 (7): 95-100.

[58] 胡国建等．企业跨区域投资格局及其影响因素——以福建上市企业为例 [J]. 经济地理, 2018 (9): 138-146.

[59] 胡永刚, 石崇．扭曲、企业家精神与中国经济增长 [J]. 经济研究, 2016 (7): 87-101.

[60] 乐国林, 毛淑珍．企业家精神地域差异与区域民营经济增长——基于鲁浙两地私营企业成长整体比较 [J]. 商业经济与管理, 2011 (7): 43-50.

[61] 李健, 卫平．金融发展与全要素生产率增长——基于中国省际面板数据的实证分析 [J]. 经济理论与经济管理, 2015 (8): 47-64.

[62] 刘秉镰等．交通设施与中国全要素生产率增长——基于省域数据的空间面板计量分析 [J]. 中国工业经济, 2010 (3): 54-64.

[63] 刘鹏程等．企业家精神的性别差异——基于创业动机视角的研究 [J]. 管理世界, 2013 (8): 1

26-135.

[64] 鲁传一，李子奈．企业家精神与经济增长理论［J］．清华大学学报（哲学社会科学版），2000（3）：42-49.

[65] 陆铭，陈钊．城市化、城市倾向的经济政策与城乡收入差距［J］．经济研究，2004（6）：50-58.

[66] 戚晓曜，郑雪．区域劳动力市场一体化研究——基于海西区与长三角、珠三角的比较［J］．经济问题，2012（11）：104-108.

[67] 阮建青等．创新差异的基因解释［J］．管理世界，2016（6）：107-117.

[68] 邵传林．法律制度效率、地区腐败与企业家精神［J］．上海财经大学学报，2014（5）：48-57.

[69] 邵宜航等．创新差异下的金融发展模式与经济增长：理论与实证［J］．管理世界，2015（11）：29-39.

[70] 汪辉平，王增涛．创新型企业家精神更有利于经济的长期增长吗？［J］．南开经济研究，2018（4）：85-101.

[71] 王雨飞，倪鹏飞．高速铁路影响下的经济增长溢出与区域空间优化［J］．中国工业经济，2016（2）：21-36.

[72] 魏下海，张建武．人力资本对全要素生产率增长的门槛效应研究［J］．中国人口科学，2010（5）：48-57.

[73] 吴江．对我国实施以创业带动就业战略的探讨［J］．人口与经济，2009（4）：48-52.

[74] 肖建忠，唐艳艳．企业家精神与经济增长关系的理论与经验研究综述［J］．外国经济与管理，2004（1）：2-7.

[75] 薛进军．"新增长理论"述评［J］．经济研究，1993（3）：73-80.

[76] 杨凤华，王国华．长江三角洲区域市场一体化水平测度与进程分析［J］．管理评论，2012（1）：32-38.

[77] 杨艳等．制度环境对房地产企业跨区域投资地域选择的影响［J］．管理评论，2018（11）：186-197.

[78] 杨勇等．中国省域企业家精神的空间溢出效应研究［J］．中国管理科学，2014（11）：1-5+122.

[79] 姚先国，张海峰．教育、人力资本与地区经济差异［J］．经济研究，2008（5）：47-57.

[80] 叶文平等．地区差距、社会嵌入与异地创业——"过江龙"企业家现象研究［J］．2018（1）：139-156.

[81] 尹宗成等．金融发展与区域经济增长——基于企业家精神的视角［J］．中央财经大学学报，2012（11）：38-44.

[82] 余泳泽．中国区域创新活动的"协同效应"与"挤占效应"——基于创新价值链视角的研究［J］．中国工业经济，2015（10）：37-52.

[83] 赵放，刘秉镰．行业间生产率联动对中国工业生产率增长的影响——引入经济距离矩阵的空间GMM估计［J］．数量经济技术经济研究，2012（3）：34-48.

[84] 朱勇．技术进步与经济的内生增长——新增长理论发展述评［J］．中国社会科学，1999（1）：21-38.

[85] 庄子银．创新、企业家活动配置与长期经济增长［J］．经济研究，2007（8）：82-94.

[86] 习近平主持召开中央全面深化改革领导小组第三十四次会议［EB/OL］．［2017-04-18］．http：//www.gov.cn/xinwen/2017-04/18/content_5186936.htm.

[87] "十三五"规划中的城市化战略格局［EB/OL］．［2016-03-18］．http：//www.xinhuanet.com/info/2016-03/18/c_135200490.htm.

[88] 中共中央、国务院印发《关于营造企业家健康成长环境弘扬优秀企业家精神更好发挥企业家作用的意见》（中发〔2017〕25号）［EB/OL］．［2017-09-

08］ . http：//www. cec － ceda. org. cn/2017yijian/view. php？ id＝2269.

［89］中华人民共和国国家工商行政管理总局．全国小型微型企业发展情况报告（摘要）［EB/OL］. ［2014－03－31］. http：//home. saic. gov. cn/sj/tjsj/201403/t20140331_ 215168. html.

论文执行编辑：张　晔

论文接收日期：2020 年 6 月 3 日

作者简介：

王欣（1987—），经济学博士，首都经济贸易大学劳动经济学院讲师。E-mail：w_x_9887@ 126. com。

杨婧（1980—）（通讯作者），管理学博士，北京第二外国语学院旅游科学学院讲师、北京旅游发展研究基地研究员。E-mail：yangjing91@ hotmail. com。

高闯（1953—），首都经济贸易大学工商管理学院教授、博士生导师。

Research on Heterogeneity, Spatial Effect and Economic Growth of Entrepreneurship

Xin Wang[1] Jing Yang[2,3] Chuang Gao[4]

(1. School of Labor Economics, Capital University of Economics and Business, Beijing

2. School of Tourism Science, Beijing International Studies University, Beijing

3. Beijing Tourism Development Research Base, Beijing

4. School of Business Administration, Capital University of Economics and Business, Beijing)

Abstract: For the first time, the central government made clear the status and value of entrepreneurship in the form of documents. At the national level, entrepreneurship has been raised to a new height in history, and given a richer connotation in the current era. Since the reform and opening up, especially using the data from 1992 to 2016, this study quantitatively analyzes the role of entrepreneurship in promoting regional economic growth. The results show that entrepreneurship has a strong spatial effect on the level of economic development, and this effect has a positive role in promoting. The average effect of survival oriented entrepreneurship, development oriented entrepreneurship and innovation level are 25.74%, 25.72% and 23.63% respectively. The spatial spillover effect of private entrepreneurship is very prominent, which is 21.93%, accounting for 85.26% of the total effect value. There are great differences in the spatial effects of entrepreneurship among the eastern, central and western regions. The results of this study have some practical significance and policy implications, especially in promoting entrepreneurship and accelerating the construction of urban agglomerations.

Key Words: Entrepreneurship; Development Oriented Entrepreneurship; Spatial Spillover Effect; Regional Economic Growth

JEL Classification: M13

互联网使用对农户收入差距的影响*

□ 彭小辉　王　宇

摘　要： 文章基于 2014~2018 年中国家庭追踪调查数据，使用 RIF 回归方法和 RIF 分解方法来探讨互联网使用对农户收入差距的影响。研究发现，互联网使用有助于缩小农户收入差距，且结果稳健。互联网对农户收入差距的影响存在异质性，从区域角度看，互联网只在中部地区和西部地区对农户收入差距有缩小作用；从收入结构角度看，互联网对农户收入差距的影响是结构性的，其主要通过工资性收入对农户收入差距产生影响。进一步从"动态"视角并基于互联网普及率和收益率变动进行研究，发现互联网普及率变动扩大了农户收入差距，但收益率变动缩小了农户收入差距，且作用大于普及率，因此互联网使用显著地缩小了农户收入差距。

关键词： 收入差距；互联网使用；普及率变动；收益率变动

JEL 分类： M10

引　言

中国农户收入差距是一个值得长期关注的社会问题。根据西南财经大学中国家庭金融调查与研究中心发布的报告，2012 年中国农村内部的基尼系数为 0.58，这显著超过了国际警戒线 0.40。[①]农户收入差距过大会导致农村社会经济资源分配不公，从而阻碍农村经济可持续发展，抵消整体经济发展的"涓流"效应，进而使社会矛盾更加突出。

虽然影响中国农户收入差距的因素较多，但现有研究更多是关注产业差异、区域分割和国家政策等宏观（李实，2003；程名望等，2015）及人力资本、物质资本、金融资产和社会资本等微观因素（程名望等，2015）的影响。然而，农户收入问题

* 基金项目：国家自然科学基金项目"城镇化背景下劳动力转移与村庄秩序问题研究"（批准号：71773076）；江苏高校哲社重点项目"大学生消费信贷行为及监管策略研究"（批准号：2017ZDIXM106）。

① 此为中国家庭金融调查与研究中心发布的系列报告中可查询到的关于农村内部收入差距的最新数据，https：//chfs. swufe. edu. cn/thinktank/resultsreport. html。

是一个历史问题，其有着深刻而复杂的经济、历史、社会和政治等原因，且仍存在很多未知的影响因素（程名望等，2014），而互联网便是其中随社会变迁而逐渐呈现影响力的因素之一。

互联网使用对农户经济行为的影响引起了学术界的广泛关注，学者们发现互联网促进了非农就业（周冬，2016；马俊龙、宁光杰，2017），增加了农村家庭创业意愿（周洋、华语音，2017；王剑程等，2019），提升了农户创业绩效（苏岚岚、孔荣，2020），提高了农户消费水平（张永丽、徐腊梅，2019）。此外，还有学者探讨了互联网对农户收入的影响，其中较早的有高梦滔等（2008），他们的研究发现中国农村社区的信息服务利用水平对农户增收有显著的正向效应。刘晓倩和韩青（2018）基于CFPS2014年的数据进行研究，结果表明使用互联网可以显著地提高农村居民收入水平。胡伦和陆迁（2019）利用陕西省贫困县793份农户微观数据探讨互联网信息技术对农户收入影响的异质性作用，发现互联网信息技术对农户增收效果比较明显，且互联网信息技术对农户的增收效应在不同教育水平和年龄阶段具有显著的差异。可见，学术界普遍认为互联网使用有助于农户增收。然而，使用互联网的群体能够获得“红利”，这可能对收入分配产生重要影响（Forman et al.，2012；邱泽奇等，2016；Bauer，2018）。近年来，诸多研究也发现，互联网对城乡收入差距（程名望、张家平，2019；贺娅萍、徐康宁，2019）、居民工资收入差距（李雅楠、谢倩芸，2017）以及性别工资差距（毛宇飞等，2018）有显著影响。那么，互联网使用会对农户收入差距产生影响吗？

另外，目前研究互联网与收入差距的大部分文献侧重于总体收入水平差距（李雅楠、谢倩芸，2017；毛宇飞等，2018；程名望、张家平，2019；贺娅萍、徐康宁，2019），没有考虑互联网对于不同收入来源收入差距的影响，这使我们很难了解互联网对于收入差距的影响是系统性的还是结构性的，因此需要对此作进一步的深入研究。

此外，就研究方法来看，在研究互联网与收入差距的部分文献中存在计量方法上的局限性。这些文献采用传统的面板数据回归模型，可能会有以下两方面的缺陷：一方面，只能够针对收入均值进行分析；另一方面，仅分析了解释变量的“数量”变动对于被解释变量的影响。即解释变量变动一单位，被解释变量会受多大的影响，无法分析解释变量的“回报率”变动对于被解释变量的效应，更无法同时分析上述两个效应。① 例如，程名望和张家平（2019）使用两步系统GMM方法，以收入不平等指标（泰尔指数）为因变量，互联网普及率为自变量，从而检验互联网普及对于城乡收入差距的影响；贺娅萍和徐康宁（2019）使用面板数据固定效应模型实证检验了互联网对城乡收入差距的影响，模型中因变量为收入不平等的测度指标：泰尔指数，自变量为互联网普及率。事实上，收入均值只能描述收入分布的集中趋势，反映分布的一个特征，而一个组群的收入状态是一种分布，特别是在组群的收入分

① 具体来说，只能够将收入差距指标纳入模型中当作被解释变量，互联网普及率作为解释变量，这样只是分析了互联网的一个方面：普及率对于收入差距的影响。

布趋于离散的情况下，更需要对收入分布的不同区域进行针对性的逼近和刻画（郭继强等，2011）。与此同时，互联网也存在两个重要的不同方面：随着互联网的普及，互联网会发生普及率变动以及使用收益率变动①。在研究农户收入差距的文献中已经有学者对相关变量（社会资本）作了“数量”与“回报率”的区分（Lin，2001；周晔馨，2012）。Firpo 等（2009）提出的基于 RIF（Recentered Influence Function，RIF）回归的 RIF 分解方法可以很好地解决使用传统回归模型研究相关变量对收入差距的影响所带来的上述不足之处。在有关互联网与性别工资差距和居民整体工资差距的文献中通过运用 RIF 分解方法，已证实了互联网的上述两个不同方面的变化会对不同收入段人群内部或者不同收入段人群之间的收入差距产生差异化的影响。例如，毛宇飞等（2018）在研究互联网对性别工资差距的影响时区分了不同性别间上网特征差异——男女之间互联网接入比例差异，以及互联网使用回报率差异——由于不同性别间上网偏好和技能存在不同，会引致互联网回报率存在差异②，他们发现使用互联网能够缩小低收入和中高收入就业者的性别工资差距，但却加大了高收入就业者的性别工资差距。此外，李雅楠和谢倩芸（2017）也采用 RIF 分解方法分析了互联网对居民整体工资差距的影响，研究结果表明互联网使用比例的增加降低了整体工资不平等，且使用过互联网的高中学历人员比例增加有助于降低高工资与中等工资收入人群间的工资差距，互联网使用收益率的下降也有助于降低高工资与中等工资收入人群间的工资差距。基于此，本文认为 RIF 分解方法可以用来进一步深入探究互联网对收入差距的影响，因为收入均值只能刻画收入分布的一个方面。此外，互联网也存在普及率和使用收益率两方面的区别，且这两方面可能对收入差距产生不同的影响，而 RIF 分解方法刚好能够满足上述分析要求。

基于以上论述，本文的贡献主要体现在三个方面：①现有研究中国农户收入差距的文献没有充分考虑到互联网这一新技术的冲击，而本文则研究了互联网对中国农户收入差距的影响，进一步丰富了农户收入差距方面的研究。②现有研究互联网与农户收入关系的文献较多关注互联网对农户的增收效应，而本文则进一步研究了互联网对农户收入差距的影响，进一步拓展了相关研究内容。③现有有关互联网与收入差距的研究主要集中于城乡收入差距、整体工资差距以及性别工资差距等方面，且仅关注互联网对总体收入水平差距的影响，鲜有关注到互联网使用对农户收入差距的影响。本文

① 本文中互联网“普及率变动”以及“收益率变动”这两个名词是根据收入差异分解方法理论模型的具体应用来进行经济含义定义的。在基于 RIF 回归的 RIF 分解模型中，将收入差异分解为所有变量总的构成效应（Composition Effect）和工资结构效应（Wage Structure Effect）再加上误差，之后再将这两个效应分解到单一解释变量上，所以每个变量都存在对收入差距影响的两个效应。在部分收入差异分解模型中，这两个效应又被叫作特征（比如受教育年限、是否结婚等特征）变动效应和特征回报变动效应等，具体可以参考郭继强等（2011）的研究，值得注意的是这里的特征与互联网使用频率、方式等特征是不一样的，这里特指使用比例或普及率。

② 在他们的文章中是研究同一时期两个不同组群的工资差距，即将样本分为男女两组，而本文是研究同一个组群不同时期的收入差距变动，即将样本分为两个不同时期。因为涉及不同时期，所以在本文中称为“变动”，而在他们的文章中则更适于用“差异”，因为是两个不同的组群。

不仅研究了互联网对农户收入差距的影响，而且考虑到农户收入的结构性，探讨了互联网对农户收入差距的影响是系统性的还是结构性的，进而丰富了互联网使用与收入差距相关方面的文献。

1 研究方法与计量模型

1.1 研究方法

本文使用 RIF 回归方法和 RIF 分解方法来考察互联网使用对于农户收入差距的影响。

另外，我们还关注到了可能存在的内生性问题。一方面，收入可能对农户采用互联网产生反向影响。另一方面，可能存在遗漏变量问题导致的内生性。对于上述问题，在难以找到合适的工具变量进行 2SLS 回归的情况下①，我们采用如下方法尽量削弱内生性的影响：①代理变量法。参考相关文献（程名望等，2015；2016），充分考虑影响农户收入的因素，对于一些难以观察却对农户收入产生影响的变量，采用了相关代理变量，以尽量减少“遗漏变量”问题带来的内生性。②使用 RIF 固定效应模型，控制时间哑变量，以消除个体、时间固定效应，也可以减少“遗漏变量”偏误。② ③参考张永丽和徐腊梅（2019）的做法，本文从农户纯收入中扣除了“邮电通信费用”；同时参考程名望等（2015）的研究，采用前定变量法，将解释变量滞后一期③，以减轻反向因果关系导致的内生性问题。

1.2 模型设置

1.2.1 RIF 回归

RIF 回归方法最早是由 Firpo 等（2009）提出来的，其原理是利用分布统计量的再集中影响函数来进行回归。假设农户收入样本 Y④存在联合分布函数 $f_{Y|X}(y, x)$，其中 X 是影响农户收入的一系列变量。这个联合分布函数决定了被解释变量 Y 和解释变量 X 之间的线性以及非线性关系。和标准的线性模型一样，在解释变量是外生性的假设之下，我们感兴趣的是农户收入的条件分布函数 $f_{Y|X}(Y|X=x)=\dfrac{f_{Y,X}(y, x)}{f_X(x)}$，所以 $F_{Y|X}(Y|X=x)=\int_{-\infty}^{y} f_{Y|X}(Y|X=x)dz$。使用迭代期望定律，得到如下结果：

$$F_Y(y)=\int F_{Y|X}(Y|X=x)\,dF_X(x) \tag{1}$$

假设我们关注的是分析农户收入分布统计量 $v(F_Y)$。⑤ 基于 Rios-Avila（2019）描述的 IFs（Influence Functions）和 RIFs 的定义以及属性，农户收入分布统计量 v 可以被改写成如下形式：

① 在研究互联网与收入或消费之间关系的文献中（毛宇飞等，2018；张永丽、徐腊梅，2019），通常选取社区或村庄层面的互联网普及率作为工具变量进行 2SLS 回归，由于本文使用的 CFPS2018 年数据未公布村代码，所以无法使用村庄层面数据进行 2SLS 回归。

② 感谢匿名审稿人对于此处模型的建议。

③ 滞后一期时，采用了 CFPS2010 年部分对应数据。

④ $Y=[y_1, y_2, \cdots, y_n]$，其中 y_i 代表第 i 个农户的收入，样本容量为 n。

⑤ 农户收入分布统计量可以是均值、基尼系数、分位数、分位数差等。值得一提的是，当被解释变量是分位数时，RIF 回归又叫作非条件分位数回归（Unconditional Quantile Regression），它较条件分位数回归有一定的优势，这是因为 Koenker 和 Bassett（1978）提出的分位数回归考察的是解释变量对被解释变量的条件分位数的影响，这其实是条件分位数回归，在 Firpo 等（2009）看来，当分布统计量是分位数时，RIF 回归模型能够直接估计出解释变量对被解释变量的影响，更便于收入变动的分解，所以 RIF 回归更具优点（郭继强等，2011）。

$$v(F_Y(y)) = \int RIF(y;\ v(F_y))\,d\,F_Y(y) \tag{2}$$

$$v(F_Y(y)) = v(F_Y(y)) + \int IF(y;\ v(F_Y))\,d\,F_Y(y) \tag{3}$$

通过迭代期望定律表示这个方程的方法如下：

$$v(F_Y(y)) = \int E(RIF(y;\ v(F_Y) \mid X = x))\,d\,F_X(x) \tag{4}$$

其中，$v(F_Y(y))$ 代表农户收入分布统计量。式（4）被 Firpo 等（2009）用来验证与回归分析相关的 RIF 的使用。假设农户收入样本 Y 和影响农户收入的一系列变量 X 之间的关系可以使用线性方程来进行估计，那么可以使用 OLS 方法来估计一个线性模型去解释 ΔF_X 的变化如何影响 Δv_Y 的变化。与标准的 OLS 模型不同点在于此时 RIF－OLS 使用估计的 $RIF(lny_{it};\ v(F_Y))$ 来替代样本中的 lny_{it} 作为被解释变量，然后进行回归，表达式如下：

$$RIF(lny_{it};\ v(F_Y)) = \beta X_{it} + \varepsilon_{it},\ E(\varepsilon_{it}) = 0 \tag{5}$$

式（5）即为本文的 RIF 回归模型。其中 lny_{it} 代表第 i 个农户在 t 年的纯收入对数；X_{it} 代表一系列影响农户收入的变量，包括本文的核心解释变量互联网使用，我们也控制了人力资本、物质资本、金融资产和负债、社会资本、政治资本、家庭特征、就业行为等微观方面因素以及制度、所在省份的经济状况等宏观方面因素。此外，还控制了区域。区域代表了地理位置因素对市场远近、基础设施、地域文化等方面的影响（万广华等，2005）。ε_{it} 代表随机误差项。

同时，为了缓解未观察到的农户特征以及时间因素对模型估计的影响，我们设置如下 RIF 双向固定效应模型：

$$RIF(lny_{it};\ v(F_Y)) = \beta X_{it} + \gamma t + u_i + \varepsilon_{it},\quad E(\varepsilon_{it}) = 0 \tag{6}$$

式（6）中，t 为时间虚拟变量，u_i 为不可观测的农户个体效应。

1.2.2 RIF 分解

假设存在可以描述农户收入 Y、外生解释变量 X（包括互联网和其他控制变量）以及分组变量 T①之间关系的联合分布函数：$f_{Y,X,T}(ln\,y_i,\ x_i,\ T_i)$。根据分组变量 T，本文的样本可以被归类为两个不同的时期，所以 Y 基于 T 的联合概率分布函数和累积分布函数可以表述为：

$$f^k_{Y,X}(lny,\ x) = f^k_{Y|X}(Y \mid X)\,f^k_X(X) \tag{7}$$

$$F^k_Y(lny) = \int F^k_{Y|X}(Y \mid X)\,d\,F^k_X(X) \tag{8}$$

式（7）和式（8）上标 k 表明密度是以 $T=k,\ k \in [0,\ 1]$ 为条件的。对于给定的农户收入分布统计 v（可以是均值、基尼系数、分位数、分位数差等），为了分析两个不同时期（下文中上、下标 0 和 1 分别指代时期 0 和时期 1）之间的收入差异，Y 的累积条件分布可以用来计算在不同时期农户收入分布统计量 v 的差异：

$$\Delta v = v_1 - v_0 = v(F^1_Y) - v(F^0_Y) \tag{9}$$

$$\Delta v = v\left(\int F^1_{Y|X}(Y \mid X)\,d\,F^1_X(X)\right) - v\left(\int F^0_{Y|X}(Y \mid X)\,d\,F^0_X(X)\right) \tag{10}$$

从式（10）中可以看出，分布统计量差异

① 使用 RIF 分解模型时，2014 年样本被分为时期 0，2018 年样本被分为时期 1。

Δv 将会因为特征向量 X 在分布方面的差异而产生或者因为 Y 和 X 之间的关系差异（即系数差异）而产生。

为了计算出特征差异和系数差异对于分布统计量 v 的差异贡献，我们需要构建一个反事实框架。假设反事实农户收入分布统计量（下文中上、下标 c 表示反事实）为：

$$v_c = v(F_Y^c) = v\left(\int F_{Y|X}^0(Y|X)\,d\,F_X^1(X)\right) \tag{11}$$

根据上述反事实统计量，农户收入分布统计量 v 的差异可以被分解为如下两部分：

$$\Delta v = \underbrace{v_1 - v_c}_{\Delta v_s} + \underbrace{v_c - v_0}_{\Delta v_X} \tag{12}$$

其中，Δv_X 包括了互联网普及率差异导致的收入差异，而 Δv_s 则包括了互联网使用回报率差异导致的收入差异。实现上述方法的困难之处在于估计反事实农户收入分布统计量 v_c，根据 Fortin 等（2011）的建议，有以下方法可以获取反事实统计量 v_c。

我们可以通过将观察到的特征变量分布 $d\,F_X^0(X)$ 乘以一个因子 $\omega(X)$ 来获得反事实分布的估计，所以这类似于分布量 $d\,F_X^1(X)$：

$$F_Y^c = \int F_{Y|X}^0(Y|X)\,d\,F_X^1(X) \cong \int F_{Y|X}^0(Y|X)\,d\,F_X^0(X)\,\omega(X) \tag{13}$$

根据贝叶斯定律，重置权重因子 $\omega(X)$ 可以被写成如下形式：

$$\omega(X) = \frac{d\,F_X^1(X)}{d\,F_X^0(X)} = \frac{d\,F_{X|T}(X|T=1)}{d\,F_{X|T}(X|T=0)} = \frac{d\,F_{T|X}(T=1|X)}{d\,F_T(T=1)}\,\frac{d\,F_T(T=0)}{d\,F_{T|X}(T=0|X)} = \frac{1-P}{P}\,\frac{P(T=1|X)}{1-P(T=1|X)} \tag{14}$$

其中，P 是当 $T=1$ 时的农户比例，而 $P(T=1|X)$ 则是某个拥有特征 X 的农户家庭成为组 1 的条件概率。换句话说，为了识别反事实分布 $F_{Y|X}^c$，我们可以使用参数或者非参数方法去估计条件概率 $P(T=1|X)$，然后再去估计重置权重因子 $\omega(X)$。事实上，我们可以使用 Probit 或者 Logit 模型去估计这个条件概率（Firpo et al.，2018）。

一旦我们获得了重置权重因子，反事实农户收入分布统计量 v_c 可以估计为：

$$v_c = E(RIF(lny_i;\ v(F_Y^c))) = \hat{\beta}^c \bar{X}^{c'} \tag{15}$$

并且分解结果的各组成部分可以定义为：

$$\Delta v = \underbrace{\bar{X}^{1'}(\hat{\beta}_1 - \hat{\beta}_c)}_{\Delta v_s^p} + \underbrace{((\bar{X}^1 - \bar{X}^c))'\hat{\beta}_c}_{\Delta v_s^e} + \underbrace{((\bar{X}^c - \bar{X}^0))'\hat{\beta}_0}_{\Delta v_X^p} + \underbrace{\bar{X}^{c'}(\hat{\beta}_c - \hat{\beta}_0)}_{\Delta v_X^e} \tag{16}$$

其中，$\Delta v_s^p + \Delta v_s^e$ 表示总的结构效应，包括互联网使用回报率差异导致的结果，下标 s 代表结构（Structure）；$\Delta v_X^p + \Delta v_X^e$ 表示总的构成效应，包括互联网普及率差异导致的结果，其中下标 X 代表特征；Δv_s^p 表示纯结构效应，而 Δv_X^p 则表示纯构成效应，上标 p 代表 pure；Δv_s^e 是重置权重误差（Reweighting Error），用来表示重置权重方法的质量，Δv_X^e 表示设置误差（Specification Error），用来评估在模型设置中偏离线性的重要性，上标 e 代表 Error。

2 数据来源与描述性统计分析

2.1 数据来源、处理方法和变量选取

本文使用的数据来源于中国家庭追踪调查（China Family Panel Studies，CFPS）。CFPS 由北京大学中国社会科学调查中心（ISSS）实施。

其旨在通过跟踪收集个体、家庭、社区三个层次的数据，反映中国社会、经济、人口、教育和健康的变迁，CFPS 样本覆盖 25 个省、市、自治区，调查对象包含样本家庭中的全部成员。① CFPS 项目组每两年进行一次数据收集，迄今为止已经在 2010 年、2012 年、2014 年、2016 年以及 2018 年展开了五轮调查，本文选用了其中的三轮调查②：2014 年、2016 年和 2018 年。同时根据需要，本文只使用了农村居民，且年龄在 18~65 岁的样本，本文先将家庭成员数据处理为劳均数据或者人均数据，如劳均工作经验、人均土地资产等，然后再以家庭编码为标识码，将家庭成员数据与农户数据合并，之后再剔除部分缺失值数据，共获得 21902 个样本。本文选取的主要解释变量及描述性统计如表 1 所示③。

表 1　变量定义和描述性统计分析

变量设置及度量方法		全部样本		使用互联网组		未使用互联网组	
变量	度量方法或替代变量	均值	标准差	均值	标准差	均值	标准差
互联网[a]	使用互联网 = 1，否 = 0	0.39	0.49	1.00	0.00	0.00	0.00
家庭纯收入[b]	农户家庭纯收入（元/人）	12829.24	36887.30	15725.69	56419.10	10420.71	13492.01
家庭规模	家庭总人口数	3.91	1.99	4.41	1.96	3.79	1.94
受教育年限	家庭劳动力受教育年限（年/人）	5.98	4.06	7.40	3.65	5.07	4.05
健康评价均值	家庭劳动力健康自评均值	2.83	1.20	2.81	0.91	2.84	1.35
工作经验[c]	家庭劳动力工作年限（年/人）	26.66	14.82	22.29	11.01	29.45	16.20
党员户	是 = 1，否 = 0	0.10	0.30	0.14	0.34	0.07	0.26
信教户	是 = 1，否 = 0	0.27	0.44	0.32	0.47	0.24	0.43
少数民族户	是 = 1，否 = 0	0.17	0.37	0.02	0.15	0.12	0.32
非农户口百分比	非农户口家庭成员比例（%）	6.65	39.11	7.59	41.52	5.98	37.27
人口抚养比	（非劳动人口数/劳动力数）×100%	114.90	132.01	102.27	119.76	124.02	139.48
负债	家庭成员负债（元/人）	9971.14	283810.70	11460.54	42131.35	6122.39	20537.53
土地资产	家庭成员土地资产价值（元/人）	9466.87	28660.30	9908.83	33329.26	9731.75	25007.62
房屋资产	家庭成员房屋资产价值（元/人）	57952.92	177638.60	65175.88	176840.90	46622.44	126352.70
生产性固定资产	家庭成员生产性固定资产价值（元/人）	4351.88	78027.74	6914.38	117760.10	2955.21	40334.84
金融资产	家庭成员金融资产价值（元/人）	8774.41	27320.16	12016.51	34279.94	6533.98	20207.84
经济发展水平[d]	省居民可支配收入（元/人）	20946.89	7316.55	21602.72	7775.50	20062.32	6723.88
耐用消费品价值	家庭成员耐用消费品价值（元/人）	5795.70	25655.54	8542.88	21455.18	3984.36	10409.77
社会资本[e]	以家庭重大事件、人情礼代理（元）	7528.41	21513.17	10624.05	27116.55	6063.07	17955.48
从事农业	是 = 1，否 = 0	0.72	0.45	0.71	0.46	0.77	0.42

① 资料来源于 CFPS 官网，http：//www.isss.pku.edu.cn/cfps/gycfps/cfpsjj/index.htm。

② 由于 2012 年没有调查个体互联网使用情况，所以没有选用；2010 年、2012 年、2014 年、2016 年和 2018 年的调查指标（如收入、社会资本、资产等）在统计口径上有较大差异，考虑到变量的可比性，本文也没有选取 2010 年的数据。

③ 变量选取参考了程名望等（2015；2016）。

续表

变量设置及度量方法		全部样本		使用互联网组		未使用互联网组	
变量	度量方法或替代变量	均值	标准差	均值	标准差	均值	标准差
个体经营	是=1，否=0	0.08	0.27	0.12	0.33	0.06	0.23

注：a. 根据问卷中的问题，只要农户家庭中有一个成员使用互联网就代表该农户家庭使用互联网。严格来讲，这样的测量存在不足，但目前 CFPS 没有对于家庭互联网接入的相应调查指标。b. 以 2014 年为基年，使用各省农村地区消费价格指数换算为实际收入，资料来源于国家统计局。下文中涉及资产、负债等变量均换算为实际值。c. 严格来讲，此为工作经验的代理变量，具体计算方法参照程名望等（2016），工作年限=年龄-受教育年限-7。d. 资料来源于国家统计局。e. 社会资本的概念在学者中没有统一的定义，本文中社会资本的选取参考张爽等（2007）、章元等（2009），并结合调查问卷将"重大事件总支出""重大事件总收入""人情礼支出"三项合并。

从表 1 可以看出，样本中农户家庭互联网使用率为 39.00%。使用互联网组的家庭人均纯收入为 15725.69 元，这比未使用互联网组的家庭人均纯收入 10420.71 元要高出很多。从人力资本方面来看，首先，在基础教育层面，使用互联网的家庭劳动力受教育年限更多；其次，就劳动力健康评价均值来看，两者基本一样；最后，未使用互联网组的劳动力工作经验较使用互联网组的多。从政治资本来看，使用互联网的农户家庭中有更多的党员户。从家庭特征来看，使用互联网的家庭拥有更多的非农户口成员、更低的人口抚养比。此外，使用互联网组的农户在各项资产和社会资本等方面均高于未使用互联网组的农户。我们还可以发现，使用互联网组的农户家庭从事农业的比例较未使用互联网组的农户少，且有更多的农户家庭从事个体经营。

2.2　农户收入差距变化趋势

在样本观察期内，从图 1 中我们可以发现，2014~2018 年，农村 Gini 系数从 0.53 下降到 0.49，年均下降 1.94%，但仍然高于国际警戒线 0.40，这表明中国农村收入差距问题依然很突出，是个需要持续关注的问题。

从区域差异看，只有中部地区和东北地区的 Gini 系数在观察期内是低于全国平均水平的，

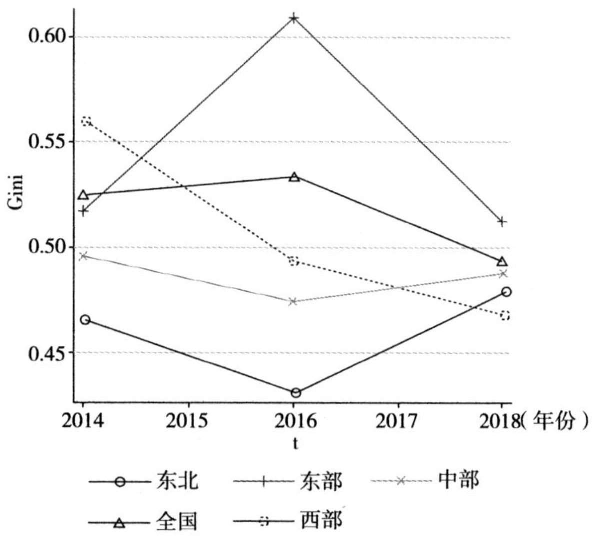

图 1　全国及分地区农户收入差距变化趋势

而西部地区只在 2014 年高于全国平均水平，东部地区只在 2014 年低于全国平均水平，这表明了中国经济发达的东部地区存在较严重的收入不平等问题。具体来看，东部地区的 Gini 系数在 2014 年为 0.52，虽然在 2016 年上升到了 0.61，但是在 2018 年却降低到了 0.51，相比 2016 年下降了 16.39%；对于中部地区来说，2016 年 Gini 系数较 2014 年下降了，但在 2018 年却重新上升了，2018 年的 Gini 系数为 0.49，稍低于 2014 年的 0.50，降低了 2%；东北地区的 Gini 系数整体要低于全国平均水平以及其他地区，和中部地区变化一样，其在 2016 年降低

了，但在2018年上升了，上升后的Gini系数为0.48，要高于2014年的0.47，高出了2.13%；西部地区的Gini系数则一直处于下降趋势，2014年为0.56，2018年为0.47，下降了16.07%，且在2018年是Gini系数最低的地区，这表明国家实施的西部大开发政策及少数民族区域发展战略对于西部地区的收入不平等起到了缩小作用。

3 实证分析与结果

互联网使用可能对农户收入分布的不平等产生显著影响。因为不同收入段农户获得的收益是不同的（刘晓倩、韩青，2018），这可能导致互联网使用对农户收入分布的不平等产生影响。接下来，我们将使用RIF回归和RIF分解方法来分析互联网使用对农户收入差距的影响。

本文也从“静态”和“动态”角度分别进行了探讨。比如，以全部年份样本来进行分析，则是从“静态”角度分析互联网对农户收入不平等水平的影响，而将样本分两个时间段，则是从“动态”角度探究互联网对农户收入差距影响的动态变化。具体在下文分析中会清楚地予以说明。①

3.1 互联网使用对农户收入差距的影响

3.1.1 互联网使用对不同收入段农户的增收效应

互联网使用对不同收入段农户的增收效应可能是不一样的，为了检验该推断，我们首先基于全部样本，并使用RIF固定效应模型，从“静态”角度探讨互联网使用对各收入段农户的增收效应。从表2中我们可以发现互联网使用对于低收入农户来说具有显著的收益。这可能是因为互联网使用可以使农户更易获取生产所需信息，可以打破时空障碍，由此提升生产效率和增进农户社会资本积累，进而改善农户收入。还可能是因为互联网的应用促进了电子商务发展，形成了许多“淘宝村”和“淘宝镇”，带动了一系列新产业发展，创造了数以千计的就业岗位，农村的先行者倡导“在外东奔西跑，不如回家淘宝”（邱泽奇等，2016），进而改善了低收入农户的收入。此外，中国政府为打赢脱贫攻坚战，大力实施网络扶贫政策，很多企业响应号召，也推出了直播助农活动，通过直播代售贫困地区农民的农产品，这些都为贫困农户提升收入创造了新途径。

通过表2我们还可以发现一个重要的结果：对于中高收入农户来说，互联网使用没有显著的收益。为了观察互联网使用对各收入段农户收入影响的变化趋势，本文接下来将样本分年份，从“动态”视角来分析以上结果背后的变化。

表2 互联网使用对分位数收入的影响

	Q10	Q50	Q90
互联网	0.21*** (0.07)	−0.01 (0.03)	−0.01 (0.03)
受教育年限	0.01 (0.04)	0.01 (0.01)	−0.01 (0.02)
健康评价均值	0.07* (0.04)	0.00 (0.01)	−0.01 (0.02)
工作经验	−0.01** (0.00)	−0.00*** (0.00)	−0.00 (0.002)
党员户	0.12 (0.17)	0.03 (0.06)	0.06 (0.08)
非农户口百分比	0.00 (0.00)	0.001** (0.00)	0.001** (0.00)

① 感谢匿名审稿人的建议。

续表

	Q10	Q50	Q90
人口抚养比	0.00 (0.00)	-0.0003*** (0.00)	-0.0002* (0.00)
信教户	0.13* (0.08)	0.001 (0.03)	0.02 (0.04)
少数民族户	-0.33* (0.19)	-0.11** (0.06)	-0.07 (0.07)
负债	-0.01 (0.01)	0.01** (0.00)	0.01** (0.00)
土地资产	0.07*** (0.01)	0.02*** (0.01)	0.01* (0.01)
房屋资产	-0.01 (0.01)	0.01*** (0.00)	0.00 (0.01)
生产性固定资产	0.02* (0.01)	0.09** (0.00)	0.01* (0.01)
金融资产	0.04*** (0.01)	0.02*** (0.00)	0.03*** (0.00)
经济发展水平	8.11*** (1.86)	1.05** (0.51)	-0.97 (1.05)
耐用消费品价值	0.02 (0.02)	0.02*** (0.01)	0.02*** (0.01)
社会资本	0.04*** (0.02)	0.01*** (0.00)	-0.00 (0.01)
教育年限平方	-0.00 (0.00)	0.00 (0.00)	0.003* (0.00)
从事农业	-0.01 (0.15)	-0.14*** (0.05)	-0.08 (0.08)
个体经营	0.34** (0.15)	0.20*** (0.05)	0.16* (0.09)
时间固定效应	YES	YES	YES
个体固定效应	YES	YES	YES
地区固定效应	YES	YES	YES
constant	-76.66*** (21.76)	-1.84 (5.35)	21.96** (9.84)
N	12725	12725	12725

续表

	Q10	Q50	Q90
R^2	0.51	0.62	0.59

注：① ***、**、* 分别表示在 1%、5%、10%水平上显著。②使用 RIF 固定效应模型，并控制时间哑变量，以消除个体、时间固定效应。③括号内为稳健标准误。④控制了地区，地区分为东部、中部、东北、西部等。

3.1.2 互联网使用对各收入段农户收入影响的变化情况

上文分析了互联网使用对不同收入段农户收入的影响，发现互联网使用对中高收入农户的收入不存在显著影响。本部分进一步从“动态”视角分析互联网使用对各收入段农户收入影响的变化情况，回归结果如表 3 所示。由回归结果我们可以发现，2014 年互联网使用的系数在各收入段农户中均为正，且在 1%水平上显著，然而到了 2018 年，这种收入影响系数已明显变小，且互联网使用对中高收入农户的收入已不存在显著的影响。这与 Cochrane（1958）提出的农业踏车理论的预测一致。因此，综合表 2 和表 3，我们可以得出：互联网使用不仅可以显著提高低收入农户的收入，而且随着时间的演进，对中高收入农户的收入影响已变得不显著，这些情况使互联网使用对缩小农户收入差距是有利的。

3.1.3 互联网使用对农户收入差距的影响

上文分析了互联网使用对低收入农户和中高收入农户收入的影响及其变化趋势，由此推测了互联网对农户收入差距的可能影响，但没有使用分位数差检验差异的显著性，其差异的显著性检验如表 4 所示。接下来我们对表 4 进行详细分析，从而考察互联网使用对农户收入差距的影响。

表 3 2014 年和 2018 年互联网使用对分位数收入影响的变化情况

	2014 年			2018 年		
	Q10	Q50	Q90	Q10	Q50	Q90
互联网	0.52***	0.52***	0.38***	0.20***	0.07*	0.06
	(0.09)	(0.05)	(0.05)	(0.07)	(0.04)	(0.05)
其他控制变量	YES	YES	YES	YES	YES	YES
个体固定效应	YES	YES	YES	YES	YES	YES
地区固定效应	YES	YES	YES	YES	YES	YES
N	5428	5428	5428	4050	4050	4050
R^2	0.11	0.23	0.12	0.12	0.19	0.10

注：① ***、**、* 分别表示在 1%、5%、10%水平上显著。②使用 RIF 固定效应模型，以消除个体固定效应。③括号内为稳健标准误。④控制了地区，地区分为东部、中部、东北、西部等。

表 4 互联网使用对农户收入差距影响的 RIF 回归结果

	Q90~Q10	Q50~Q10	Q90~Q50
互联网	−0.22***	−0.22***	−0.01*
	(0.08)	(0.07)	(0.04)
其他控制变量	YES	YES	YES
个体固定效应	YES	YES	YES
时间固定效应	YES	YES	YES
地区固定效应	YES	YES	YES
N	12725	12725	12725
R^2	0.49	0.46	0.50

注：① ***、**、* 分别表示在 1%、5%、10%水平上显著。②使用 RIF 固定效应模型，并控制时间哑变量，以消除个体、时间固定效应。③括号内为稳健标准误。④控制了地区，地区分为东部、中部、东北、西部等。

表 4 使用了全部样本进行回归，据此分析互联网使用在整个样本期间对农户收入差距的影响，第 2~4 列的被解释变量是各分位数的系数差，系数差表示各个变量对不同收入段农户收入的边际贡献差异，如果系数差变量的系数为负则表示该变量对农户收入差距起到了缩小作用，反之则是扩大作用（程名望等，2015）。

从表 4 的 RIF 回归结果可以看出在 2014~2018 年互联网使用对农户之间的收入差距有缩小作用。具体来说，互联网使用对各收入户之间的收入差距均具有缩小作用，且在统计上显著。因此，这表明政府目前在农村地区加大互联网基础设施建设投入①，深入推行“互联网+”政策，通过互联网来助力农户增收，进行网络扶贫的举措，可以缩小农户之间的收入差距。

3.2 稳健性检验

上文中使用了分位数差指标来分析互联网对各收入段农户间收入差距的影响，为了检验结果的稳健性，本文另外选取了常用的收入不平等指标：Gini 系数和方差（Variance）② 从农户收入分布的均值方面来进行检验，结果如表 5 所示。由表 5 可以发现，互联网的系数皆显著为负，表明本文结果较稳健。此外，有学者（程名望等，2015）也使用农户总收入而非纯收入对农户收入差距进行了研究，本文也选取了

① 2020 年 2 月 5 日，第 17 个指导“三农”工作的中央一号文件发布，全文把“对标全面建成小康社会加快补上农村基础设施和公共服务短板”作为全文的五部分之一。所以根据文中结果，在农村地区普及互联网基础设施将有利于“三农”问题的解决。

② 这里的 Gini 系数指标和方差（Variance）指标的计算并未涉及村和县等层面。

农户总收入来进行检验，结果表明互联网使用对各收入段农户间收入差距也是起到了缩小作用，限于篇幅这里未进行报告。

表 5　互联网使用对农户收入差距影响的稳健性检验

	Gini	Variance
互联网	−0.004**	−0.14***
	(0.002)	(0.08)
其他控制变量	YES	YES
个体固定效应	YES	YES
时间固定效应	YES	YES
地区固定效应	YES	YES
N	12725	12725
R^2	0.51	0.47

注：①***、**、*分别表示在1%、5%、10%水平上显著。②使用RIF固定效应模型，并控制时间哑变量，以消除个体、时间固定效应。③括号内为稳健标准误。④控制了地区，地区分为东部、中部、东北、西部等。⑤表5为全部样本回归。

3.3　互联网使用对农户收入差距影响的区域差异

互联网在中国各地区的发展情况并不相同，经济越发达的地区，互联网基础设施越完善，互联网发展水平越高，所以引致了互联网的地区发展不均衡，那么互联网使用对农户收入差距的影响是否也存在地区差异呢？对此，本部分将样本分为东部、中部、东北和西部[①]四个地区以检验互联网对农户收入差距影响的地区异质性。回归结果如表6所示，由表6可以发现互联网使用在东部地区和东北地区对农户收入差距没有产生显著影响，而对于中部地区和西部地区，我们可以发现，互联网使用对高收入和低收入农户、中等收入和低收入农户之间的收入差距有显著的缩小作用。以上结果表明，互联网使用对农户收入差距的影响存在区域异质性。

表 6　互联网使用对农户收入差距影响的区域差异

地区		Q90~Q10	Q50~Q10	Q90~Q50
东部	互联网	−0.06	−0.14	0.08
		(0.15)	(0.14)	(0.08)
	其他控制变量	YES	YES	YES
	个体固定效应	YES	YES	YES
	时间固定效应	YES	YES	YES
中部	互联网	−0.29**	−0.28**	−0.02
		(0.14)	(0.13)	(0.08)
	其他控制变量	YES	YES	YES
	个体固定效应	YES	YES	YES
	时间固定效应	YES	YES	YES
东北	互联网	0.27	0.11	0.16*
		(0.17)	(0.15)	(0.09)
	其他控制变量	YES	YES	YES
	个体固定效应	YES	YES	YES
	时间固定效应	YES	YES	YES
西部	互联网	−0.38***	−0.29***	−0.1
		(0.12)	(0.11)	(0.07)
	其他控制变量	YES	YES	YES
	个体固定效应	YES	YES	YES
	时间固定效应	YES	YES	YES

注：①***、**、*分别表示在1%、5%、10%水平上显著。②使用RIF固定效应模型，并控制时间哑变量，以消除个体、时间固定效应。③括号内为稳健标准误。

2019年4月，中央网信办、国家发展改革委、国务院扶贫办以及工业和信息化部联合印发了《2019年网络扶贫工作要点》，提出要充分释放数字红利，加大网络扶贫工作力度。根据中国互联网络信息中心2020年3月发布的第45次《中国互联网络发展状况统计报告》显示："23.00%的网民通过互联网购买过贫困地区农产品"。所以，互联网可能通过网络提升了

① 对区域的划分参照了程名望等（2015）。

中西部地区低收入农户的收入，缩小了他们与中高收入农户之间的收入差距。

3.4 互联网使用对农户不同来源收入差距的影响

上文分析了互联网对农户总体收入水平差距的影响，而基于农户结构性收入的进一步分析，有利于探究互联网对农户收入差距的影响是系统性的还是结构性的。本部分采用同样的模型结构，分别对农户五种主要的收入来源①：工资性收入、经营性收入、财产性收入、转移性收入和其他收入建立计量模型来进行分析，回归结果如表 7 所示。

表 7 互联网使用对农户不同来源收入差距的影响

	工资性收入	其他收入	经营性收入	财产性收入	转移性收入
互联网	-0.04*** (0.01)	0.00 (0.01)	0.00 (0.01)	-0.00 (0.00)	-0.01 (0.01)
其他控制变量	YES	YES	YES	YES	YES
个体固定效应	YES	YES	YES	YES	YES
时间固定效应	YES	YES	YES	YES	YES
地区固定效应	YES	YES	YES	YES	YES
N	13011	13005	12808	13007	12809
R^2	0.629	0.513	0.645	0.629	0.619

注：①***、**、*分别表示在 1%、5%、10%水平上显著。②使用 RIF 固定效应模型，并控制时间哑变量，以消除个体、时间固定效应。③括号内为稳健标准误。④控制了地区，地区分为东部、中部、东北、西部等。

表 7 使用了全部样本。由表 7 可以发现互联网对农户收入差距的影响是结构性的。具体来说，对于农户的工资性收入，互联网使用可以显著缩小其收入差距，而对于农户的经营性收入、财产性收入、转移性收入和其他收入，互联网使用并没有显著缩小收入差距，所以互联网使用仅通过对农户的工资性收入产生影响，进而对农户总体收入水平差距起到缩小作用。近年来，许多学者发现互联网使用可以促进农户非农就业，增加农户的工资性收入，进而使农户增收（周冬，2016；周洋、华语音，2017），这可能是互联网使用对农户之间的工资性收入差距起缩小作用的原因。

4 互联网使用对农户收入差距影响的进一步分析

4.1 互联网普及率和收益率变动对农户整体收入差距的影响

前文分析了互联网使用与农户收入差距之间的关系，得出了互联网使用有助于缩小农户收入差距的结论。然而，互联网存在普及率以及收益率两个方面，且这两个方面会随时间发生变动，由此可能会对收入差距产生不一样的效应。② 本

① 参考彭小辉等（2013），并根据调查问卷的收入分类进行整理所得。

② 这部分的分析是用两个不同时期的数据来进行对比分析的，所以涉及的是“动态分析”，即分析了互联网普及率和收益率的变化对农户收入差距的影响，得到的结果强调“缩小了”或者“扩大了”这两种动态变化。

部分从“动态”视角出发，基于互联网普及率变动与收益率变动，使用 RIF 分解模型来全面剖析互联网对农户收入差距的影响，分解结果如表 8 第 2 列所示。表 8 使用的是 2014 年和 2018 年的样本，第 2 列的被解释变量为 Gini 系数①。

表 8　互联网使用对农户收入差距影响的 RIF 分解结果

	Gini	Q90~Q10	Q90~Q50	Q50~Q10
2014 年收入差距	0.08*** (0.001)	3.09*** (0.04)	1.15*** (0.02)	1.94*** (0.04)
2018 年收入差距	0.06*** (0.001)	2.10*** (0.03)	1.01*** (0.02)	1.10*** (0.03)
收入差距变动	0.02*** (0.001)	0.98*** (0.06)	0.14*** (0.03)	0.84*** (0.05)
互联网普及率变动	0.001*** (0.0003)	0.05*** (0.01)	0.03*** (0.01)	0.02** (0.01)
互联网收益率变动	-0.002** (0.001)	-0.19*** (0.05)	-0.12*** (0.03)	-0.07** (0.01)
其他控制变量	YES	YES	YES	YES

注：① ***、**、* 分别表示在 1%、5%、10%水平上显著。②括号内为标准误。

从表 8 第 2 列中可以发现 2014 年的农户收入差距值减去 2018 年的农户收入差距值为正，且在 1%水平下显著，这表明农户的收入差距显著缩小了。此外，互联网普及率变动的系数显著为正，这表明互联网普及率变动扩大了农户收入差距。究其原因，这可能是因为虽然当前互联网在农村地区快速发展，但覆盖率还是很低。根据第 46 次《中国互联网络发展状况统计报告》，中国农村网民规模为 2.85 亿，仅占全体网民的 30.40%，这两个数据远低于城镇网民的 6.54 亿和 69.60%。

另外，从表 8 中可以发现互联网收益率变动的系数显著为负，这说明互联网收益率变动缩小了农户收入差距。这是因为随着互联网的普及，越来越多的农户使用了互联网，互联网作为一种应用技术，其收益率也会随着使用者的增加而出现递减，李雅楠和谢倩云（2017）发现互联网使用收益率的降低有助于缩小整体工资差距。此外，我们还可以发现互联网收益率变动的系数绝对值大于互联网普及率变动的系数绝对值，这表明收益率变动的缩小效应超过了普及率变动的扩大效应。

归纳以上的分析可知，互联网的两个不同方面：普及率变动和收益率变动，对于农户收入差距的影响存在区别。具体来说，互联网普及率变动扩大了农户收入差距，而互联网收益率变动则与之相反，且其影响效应超过了互联网普及率变动。综合这两个效应来看，由于收益率变动的缩小效应超过了普及率变动的扩大效应，导致两种相反的力量共同作用后，互联网收益率变动效应起主导作用，这最终使互联网“整体”缩小了农户收入差距。

4.2　互联网普及率和收益率变动对不同收入段农户收入差距的影响

上文的分解是基于农户整体收入分布均值，如果仅从农户整体收入分布均值来进行分解，我们也可以使用 Oaxaca-Blinder 均值分解，但

① 为了突出 RIF 分布分解较 Oaxaca-Blinder 均值分解有优势，这里先从收入均值差异进行分析，下文会从不同收入分布区间进行分析。

RIF 分布分解不仅可以像 Oaxaca-Blinder 均值分解一样得到互联网使用的“数量变动”效应和“回报率变动”效应，更重要的是，RIF 分布分解还可以针对收入分布的不同区域进行针对性的解析。因此，本部分将进一步分析互联网普及率和收益率变动对不同收入段农户收入差距的影响，分解结果如表 8 第 3~5 列。

由表 8 第 3~5 列可知，高收入农户和低收入农户之间、高收入农户和中等收入农户之间以及中等收入农户和低收入农户之间的收入差距自 2014 年到 2018 年显著缩小了。此外，互联网普及率变动扩大了各收入段农户之间的收入差距，而互联网收益率变动则与之相反，且互联网收益率变动效应超过了互联网普及率变动效应。综合这两个效应看，互联网缩小了各收入段农户之间的收入差距，这与前文的发现相一致。

以上两部分的分析结果表明，互联网的两个不同方面：普及率变动和收益率变动，确实会对收入差距产生不同的效应，这与李雅楠和谢倩芸（2017）、毛宇飞等（2018）的发现相一致。

5 结论与政策建议

互联网的使用为中国农户带来了增收效应，由此可能对农户收入差距产生影响。本文基于中国家庭追踪调查（CFPS）2014~2018 年数据，使用 RIF 回归方法和 RIF 分解方法探讨了互联网使用对农户收入差距的影响。

研究发现：第一，互联网使用在 2014~2018 年对于各收入段农户之间的收入差距有显著缩小作用。

第二，互联网对于农户收入差距的影响存在地区差异性，互联网使用在东部地区和东北地区对农户收入差距没有产生显著影响，而对于中部地区和西部地区来说，互联网的使用对农户之间的收入差距有显著的缩小作用。

第三，从农户结构性收入来看，互联网对农户收入差距的影响是结构性的，仅通过工资性收入对农户收入差距产生影响。

第四，互联网普及率变动和收益率变动对农户收入差距的影响存在差异。具体来说，互联网普及率变动扩大了农户间的收入差距，而互联网收益率变动则与之相反，且其影响效应超过了互联网普及率变动。综合互联网的两个不同效应看，由于收益率变动的缩小效应超过了普及率变动的扩大效应，导致两种相反的力量共同作用后，互联网收益率变动效应起主导作用，最终使互联网“整体”缩小了农户收入差距。

基于本文的实证结果，当前，在关注到互联网对农户增收效应的同时，应考虑其对农户收入差距的影响，以充分利用互联网的优势来解决农户收入分配不均问题，要注意的政策取向包括：①目前我国农村地区互联网普及率还是偏低，所以政府应该继续鼓励网络技术的创新，完善农村地区的互联网基础设施及服务，降低使用资费，深入推进、普及互联网的使用，使得“互联网+”与农户生产、生活密切结合，从而消除互联网普及率对农户收入差距的扩大作用，进而缩小农户收入差距。②政府应该对农户使用互联网进行相应的技能培训，强化其上网技能，同时推广“互联网+金融”“互联网+

政务”和“互联网+创业”等应用，从而使互联网使用显著地作用于农户财产性收入、转移性收入和经营性收入，最终缩小农村内部收入差距。③充分考虑互联网在各地区发展的差异，更加坚定地在中西部贫困地区推行网络扶贫政策，以缩小低收入农户与高收入农户之间的收入差距。

参考文献

[1] Bauer J. M. The Internet and Income Inequality: Socio-economic Challenges in a Hyperconnected Society [J]. Telecommunications Policy, 2018, 42 (4): 333-343.

[2] Cochrane W. W. Farm Prices: Myth and Reality [M]. Minneapolis: University of Minnesota Press, 1958.

[3] Firpo S., Fortin N. M., Lemiuex T. Unconditional Quantile Regressions [J]. Econometrica, 2009, 77 (3): 953-973.

[4] Fortin N., Lemiuex T., Firpo S. Decomposition Methods in Economics [J]. Handbook of Labor Economics, 2011, 4a: 1-102.

[5] Forman C., Goldfarb A., Greenstein S. The Internet and Local Wages: A Puzzle [J]. The American Economic Review, 2012, 102 (1): 556-575.

[6] Firpo S. P., Fortin N. M., Lemiuex T. De-composing Wage Distributions Using Recentered Influence Function Regressions [J]. Econometrics, 2018, 6 (2): 28.

[7] Koenker R., Bassett G. W. Regression Quantiles [J]. Econometrica, 1978, 46 (1): 211-244.

[8] Lin N. Social Capital: A Theory of Social Structure and Action [M]. New York: Cambridge University Press, 2001.

[9] Rios-Avila F. Recentered Influence Functions in Stata: Methods for Analyzing the Determinants of Poverty and Inequality [R]. Working paper, New York: Levy Economics Institute, 2019.

[10] 程名望，史清华，Jin Yanhong. 农户收入水平、结构及其影响因素——基于全国农村固定观察点微观数据的实证分析 [J]. 数量经济技术经济研究，2014，31 (5)：3-19.

[11] 程名望，史清华，Jin Yanhong，等．农户收入差距及其根源：模型与实证 [J]. 管理世界，2015，(7)：17-28.

[12] 程名望，盖庆恩，Jin Yanhong，等．人力资本积累与农户收入增长 [J]. 经济研究，2016，51 (1)：168-181+192.

[13] 程名望，张家平．互联网普及与城乡收入差距：理论与实证 [J]. 中国农村经济，2019 (2)：19-41.

[14] 高梦滔，和云，师慧丽．信息服务与农户收入：中国的经验证据 [J]. 世界经济，2008 (6)：50-58.

[15] 郭继强，姜俪，陆利丽．工资差异分解方法述评 [J]. 经济学（季刊），2011，10 (2)：363-414.

[16] 胡伦，陆迁．贫困地区农户互联网信息技术使用的增收效应 [J]. 改革，2019 (2)：74-86.

[17] 贺娅萍，徐康宁．互联网对城乡收入差距的影响：基于中国事实的检验 [J]. 经济经纬，2019，36 (2)：25-32.

[18] 李实．中国个人收入分配研究回顾与展望 [J]. 经济学（季刊），2003 (2)：106-134.

[19] 陆铭，张爽，佐藤宏．市场化进程中社会资本还能够充当保险机制吗？——中国农村家庭灾后消费的经验研究 [J]. 世界经济文汇，2010 (1)：16-38.

[20] 李雅楠，谢倩芸．互联网使用与工资收入差距——基于 CHNS 数据的经验分析 [J]. 经济理论与经济管理，2017 (7)：87-100.

[21] 刘晓倩，韩青．农村居民互联网使用对收入的影响及其机理——基于中国家庭追踪调查（CFPS）数据 [J]. 农业技术经济，2018 (9)：123-134.

［22］马俊龙，宁光杰．互联网与中国农村劳动力非农就业［J］．财经科学，2017（7）：50-63.

［23］毛宇飞，曾湘泉，胡文馨．互联网使用能否减小性别工资差距？——基于 CFPS 数据的经验分析［J］．财经研究，2018，44（7）：33-45.

［24］彭小辉，史清华，朱喜．不同收入的消费倾向一致吗？——基于全国农村固定观察点调查数据的分析［J］．中国农村经济，2013（1）：46-54.

［25］邱泽奇，张樹沁，刘世定等．从数字鸿沟到红利差异——互联网资本的视角［J］．中国社会科学，2016（10）：93-115+203-204.

［26］苏岚岚，孔荣．互联网使用促进农户创业增益了吗？——基于内生转换回归模型的实证分析［J］．中国农村经济，2020（2）：62-80.

［27］万广华，周章跃，陆迁．中国农村收入不平等：运用农户数据的回归分解［J］．中国农村经济，2005（5）：4-11.

［28］王剑程，李丁，马双．宽带建设对农户创业的影响研究——基于“宽带乡村”建设的准自然实验［J］．经济学（季刊），2020，19（1）：209-232.

［29］张爽，陆铭，章元．社会资本的作用随市场化进程减弱还是加强？——来自中国农村贫困的实证研究［J］．经济学（季刊），2007（2）：539-560.

［30］章元，陆铭．社会网络是否有助于提高农民工的工资水平？［J］．管理世界，2009（3）：45-54.

［31］周晔馨．社会资本是穷人的资本吗？——基于中国农户收入的经验证据［J］．管理世界，2012（7）：83-95.

［32］周冬．互联网覆盖驱动农村就业的效果研究［J］．世界经济文汇，2016（3）：76-90.

［33］周洋，华语音．互联网与农村家庭创业——基于 CFPS 数据的实证分析［J］．农业技术经济，2017（5）：111-119.

［34］张永丽，徐腊梅．互联网使用对西部贫困地区农户家庭生活消费的影响——基于甘肃省 1735 个农户的调查［J］．中国农村经济，2019（2）：42-59.

论文特邀执行编辑：程令国

论文接收日期：2020 年 5 月 25 日

作者简介：

彭小辉（1981—），江西抚州人，南京师范大学商学院副教授、经济学博士。主要研究领域为区域经济和农户行为。E-mail：pengxiaohui81@163.com。

王宇（1991—）（通讯作者），安徽全椒人，南京师范大学商学院硕士研究生。主要研究领域为发展经济学。E-mail：ywang0928@163.com。

The Impact of Internet Use on Farmers' Income Gap

Xiaohui Peng Yu Wang

(Nanjing Normal University, Nanjing, China)

Abstract: Based on the data of China Family Panel Studies from 2014 to 2018, this paper uses RIF regression method and RIF decomposition method to explore the impact of Internet use on farmers' income gap. The results show that Internet use helps to narrow the income gap of farmers, and the results are robust. The impact of Internet on the income gap of farmers is heterogeneous. From the regional perspective, the Internet only has a narrowing effect on the income gap of farmers in the central and western regions; from the perspective of income structure, the impact of the Internet on the income gap of farmers is structural, mainly through wage income. Further from the "dynamic" perspective and based on the change of Internet penetration rate and return rate, it is found that the change of Internet penetration rate expands the income gap of farmers, but the change of return rate narrows the income gap of farmers, and the effect is greater than the penetration rate, so the use of Internet significantly reduces the income gap of farmers.

Key Words: Income Gap; Internet Use; Change in Penetration Rate; Change in Return Rate

JEL Classification: M10

国际化速度和企业绩效关系研究：基于生命周期理论的 Meta 分析*

□ 阎海峰　王墨林　田　牧　徐嘉悦

摘　要：国际化速度与企业绩效的关系争议由来已久，产生了正相关、负相关、“倒 U 形”和不相关等结论。本文结合生命周期理论，采用 Meta 分析方法对 51 篇中外实证文献的 69 个效应值进行分析，检验了企业初次进入速度、进入后速度和绩效之间的关系。研究发现：①企业进入国际市场越快，财务绩效越差；②当企业处于生命周期中期阶段（成熟期）时，进入后速度越快，财务绩效越好，失败率越低，而处于生命周期早期阶段（诞生期或成长期）的企业则恰恰相反；③国际化速度和企业绩效之间的关系受到情境因素（母国发展程度）和测量因素（自变量和因变量）的影响，但作用机制和程度不尽相同。

关键词：国际化速度；企业绩效；生命周期理论；Meta 分析

JEL 分类：F23

引　言

对于管理者来说，国际化速度是企业制定战略决策时面临的重要挑战，它不仅关系到企业如何有效分配资源应对风险和机遇，而且对其可持续发展有着重要影响。同时，国际化速度也日益受到学术界重视，成为国际商务领域备受关注的议题（Casillas and Moreno-Menéndez，2014）。国际化速度是一个基于“时间”的多维、动态概念，对企业绩效如生存、财务和创新等都有着重要影响（Chetty et al.，2014；Sadeghi et al.，2018；Sapienza et al.，2006）。近年来，随着国际化速度相关研究的逐渐丰富，其维度划分更加细致，与企业绩效关系的争议越发显著（García-Garcíaa et al.，2017；Jain et al.，2019）。

* 基金项目：国家自然科学基金面上项目“优势还是劣势？母国专有优势对中国企业海外合法性影响研究”（71972072）；上海市哲学社会科学规划一般课题“后发企业通过跨国并购提升自主创新能力的匹配研究”（2018BGL028）。

例如，在有关初次进入速度方面的研究中，Jiang 等（2014）以跨国企业进入中国市场为例，发现越晚进入中国市场，子公司退出风险越低，但利润会下降。Carr 等（2010）发现企业越晚进入国际市场，失败的可能性越低，但短期销售业绩越差。Meschi 等（2017）发现，企业在进入国际市场前准备的时间越长，越容易导致失败。Schueffel 等（2011）则认为企业进入国际市场的时间早或晚对生存绩效无显著影响，但正向影响财务绩效。此外，Khavul 等（2010）认为初次进入速度和财务绩效呈不显著相关关系，而黄胜等（2017）则发现两者为“倒 U 形”关系。

同样地，学者们在进入后速度和企业绩效之间为何种关系的问题上也莫衷一是，且争议更甚。在财务绩效方面，Du 等（2019）指出进入后速度与财务绩效呈负相关关系。Deng 等（2018）以中国国际新创企业为研究样本，发现当其向开放程度高的国家投资时，进入后速度与财务绩效呈正相关关系，向开放程度低的国家投资时，两者则呈负相关关系。而 Hilmersson 和 Johanson（2016）则认为进入后速度与财务绩效为非线性关系。在生存绩效方面，Jiang 等（2014）依据时间压缩不经济性理论指出国外子公司的建立速度越快，失败率越高。Yang 等（2017）则认为进入后速度与子公司存续的百分比呈“倒 U 形”关系，而 Meschi 等（2017）发现国际市场扩张速度与企业失败率并不存在显著相关性。

那么，企业是否越早进入国际市场越好？进入国际市场后，扩张速度与绩效又是怎样的关系？这一问题并不清楚。Meta 分析因其独特的文献编码、统计方法，在解决争议主题方面具有很强的适用性，使其与本文的研究问题非常契合。Jain 等（2019）也提出由于缺乏适当的 Meta 分析，国际化速度和企业绩效之间的关系很难得到正确回应。虽然，Schwens 等（2018）运用 Meta 分析研究了国际化深度、广度、初次进入速度与企业绩效的关系，能够在一定程度上解答上述疑惑，但是其还存在两点不足：第一，未详细阐明初次进入速度、进入后速度和企业绩效之间的关系，及其潜在的影响因素；第二，文献搜集不够全面，且所用最新文献距今已有 6 年，有必要重新审视研究结果的稳健性。

鉴于此，本文基于生命周期理论、采用 Meta 分析对 1998~2019 年 51 篇中外实证文献，58186 个样本的 69 个效应值进行梳理、整合和分析，形成新的研究框架，探究了初次进入速度、进入后速度和企业绩效之间的关系，对上述争议问题给予解答，并探索了母国发展程度、变量测量等调节因素的影响作用。

1 理论基础与研究假设

国际化速度可分为初次进入速度和进入后速度，两者都是基于“时间”的动态构念，共同反映出企业国际化进程中的状态。初次进入速度即企业自诞生以来第一次进入国际市场的“年龄”，通常以企业的成立日期为基期，至其第一次进行国际化行为的时间间隔（Autio et al.，2000）。进入后速度即企业进入国际市场后的扩张速度，可分为国际范围速度、国际承诺速度和国际盈利速度等（Casillas and Acedo,

2013；Prashantham and Young，2011）。其中，国际范围速度（Speed of the Dispersion of International Markets）指企业进入东道国的数量、多样性和距离的速度；国际承诺速度（Speed of Increased Commitment of Resources to Foreign Activity）是指企业向国际市场投入资源的速度；国际盈利速度（Speed of International Growth）是指企业国外销售额占比增长的速度。

“时间”是管理学研究的核心内容，产生了许多重要理论，如生命周期理论（Adizes，1988）、时间压缩不经济性理论（Dierickx and Cool，1989）、新入者优势理论（Kerin et al.，1992）等。其中，生命周期理论很早便提出：企业是具有生命状态的组织，随着时间的推移，可分为诞生、成长、成熟和衰退等阶段（Adizes，1988）。自跨国企业诞生以来，不同的生命周期阶段，资源、能力以及战略决策均存在巨大差异。因此，本文接下来将结合跨国企业初次进入速度和进入后速度的“时间”特征，运用生命周期理论，尝试对初次进入速度、进入后速度和企业绩效之间的关系进行推演。

1.1 初次进入速度与企业绩效的关系

综合现有研究，初次进入速度与企业绩效（生存、财务）之间争议的焦点在于：两者是正相关、负相关还是不相关。赞同“越早越好”这一观点的学者们（Autio et al.，2000；Zhou and Wu，2014；D'Angelo and Buck，2019）通常运用的是“新入者学习优势”（Learning Advantages of Newness）的理论。认为“越晚越好”的学者们（Carr et al.，2010；Jiang et al.，2014）运用的是“新入者劣势”（Liabilities of Newness）、时间压缩不经济性（Time Compression Diseconomies）等理论。鉴于以上理论中可能存在解释的多面性，本文依据企业生命周期理论重新阐释初次进入速度与企业绩效之间的关系。

国外市场风险与利益并存，企业海外经营时常要面临来自东道国的诸多限制，只有拥有丰富的资源才可以抵御外来者劣势（Nielsen et al.，2017；吴冰等，2018）。诞生期或成长期便开始进军海外市场的企业通常既缺乏国内经营所必需的经验和关系，也缺乏足够资源应对激烈的海外市场竞争，无力改善自身所处的劣势情境，生存概率较低（Autio et al.，2000；George，2005）。虽然，新入者优势带来的“学习效应”能够使新创企业轻易获取国外市场知识，但是跨国企业内部知识的获取、吸收、转化和运用是一个逐步实现的过程，需要一定的资源和能力支持（Saliola and Zanfei，2009）。国际新创企业有限的资源和知识技能减弱了他们利用海外知识的有效性，降低了企业生存绩效和财务绩效（Zahra et al.，2000）。

反观那些较晚进入国际市场的企业，他们大多已经顺利地过渡到成熟期，在国内建立了坚实的基础，拥有完善的组织结构和丰富的关系网络，可以依靠长期的母国积累整合国外知识和构建国际化市场，并且决策方式也从个人转向群体，分权程度较高（杨忠等，2007）。因此，当这类企业选择国际市场经营时，必定是经过高层管理团队深思熟虑，共同决策的行为，大大提高了其生存绩效和财务绩效。鉴于以上推理，本文提出以下假设：

H1a：企业自成立以来至首次进入国际市场所需时间越短，失败率越高，即初次进入速度与生存绩效呈负相关关系。

H1b：企业自成立以来至首次进入国际市场所需时间越短，财务绩效越差，即初次进入速度与财务绩效呈正相关关系。

1.2 进入后速度与企业绩效的关系

进入后速度与企业绩效之间的关系比较复杂，争议的焦点不再仅限于正相关、负相关，更延伸到了线性与非线性之争（Hilmersson and Johanson，2016；Jiang et al.，2014；Sea-Jin and Jay Hyuk，2011）。Yuan 和 Pangarkar（2015）指出正是由于没有详细区分企业类型和外部环境导致了上述争议的存在。企业进入国际市场之后，可能存在两种情况：即初创期或成熟期。

根据企业生命周期理论，处于生命周期早期的企业往往缺少足够的资源、能力以及应变措施，若贸然采取激进的国际扩张策略，可能会导致企业内部结构、惯例和经验与战略决策错配的状况发生，对其生存绩效和财务绩效产生负面影响（Tamayo-Torres et al.，2016；杨忠等，2007）。另外，企业管理者都是有限理性的，尤其是对于诞生或成长期就在国际市场经营的企业，其管理者的创业冒险精神会加剧快速扩张背后带来的外部环境与企业战略的错配，从而陷入"加速陷阱"（Peng Cui et al.，2014；von Braun，1991）。鉴于以上推理，本文提出以下假设：

H2a：当企业处于生命周期的早期（诞生期或成长期）时，国际扩张速度越快，失败率越高，即进入后速度与生存绩效呈正相关关系。

H2b：当企业处于生命周期的早期（诞生期或成长期）时，国际扩张速度越快，财务绩效越差，即进入后速度与财务绩效呈负相关关系。

然而，当企业处于生命周期的中期（成熟期）时，丰富的冗余资源、完善的组织结构和成熟的关系网络不仅能够使其快速进行国际扩张，而且可以帮助企业适时改变策略，从容应对潜在风险，提高生存率和财务绩效（Mohr and Batsakis，2014）。进入国际市场后，企业快速扩张也就意味着其可能短时间内同时置身于更加多样的营商环境之中。面对这种状况，成熟期的企业不仅能够快速地与当地企业建立联系，获得资源和知识，也可以利用其丰富的经验知识，对海外市场的知识资源进行有效权衡、配置和整合，从而帮助企业进一步明确当前的技术需求，规避能力陷阱，建立竞争优势（Mohr et al.，2018）。另外，结合资源基础观，相较于处于生命周期早期的企业，成熟期企业可以更加容易地抢占大量的东道国资源，设置进入壁垒，并且能够将投资成本、政治和经济风险等不利因素分摊在不同国家（Chetty et al.，2014）。在一些产权制度不完善的东道国，可能会面临技术泄露风险，成熟期企业可以通过高资源承诺的投资模式，利用内部化优势保护企业关键知识资产，从而保障其生存状况（Berry，2017）。Sea-Jin 和 Jay Hyuk（2011）以韩国上市企业为研究样本，指出丰富的冗余资源能够起到缓冲各种风险的作用，使企业在快速国际化的过程中，适应复杂的竞争环境，克服外来者劣势。鉴于以上推理，本文提出以下假设：

H2c：当企业处于生命周期的中期（成熟期）时，国际扩张速度越快，失败率越低，即进入后速度与生存绩效呈负相关关系。

H2d：当企业处于生命周期的中期（成熟

期）时，国际扩张速度越快，财务绩效越好，即进入后速度与财务绩效呈正相关关系。

1.3 调节作用分析

1.3.1 情境因素：母国发展程度的调节作用

母国发展水平是影响企业实施国际化战略决策的重要因素之一，不同的母国制度环境对企业能力培养和绩效表现也存在一定差别（乔璐等，2020）。现有文献主要将母国发展水平分为两类：发达国家和发展中国家。

发达国家国内的技术创新水平高，政策制度较为健全，政府对企业的干预有限，企业的战略决策更多受到市场因素的影响。然而在发展中国家，由于市场机制不健全，政府对企业的管制较多，企业对外投资决策不可避免地受到母国政府影响。因此，相较于发达国家，发展中国家企业凭借背后的国家政府支持，能够在短期内获得更好的绩效（Lu et al.，2014）。Zhou 等（2012）以中国企业为研究对象，发现快速的初始进入速度对企业绩效有明显的促进作用，但 Hilmersson 和 Johanson（2016）以瑞典企业为研究对象却得到了相反的结果。

从长期来看，在进入国际市场后，以市场为导向的发达国家企业更计较盈亏，易于转变企业战略方向，一旦东道国市场规模和资源禀赋达不到企业预期，他们就会立刻转变投资方向，从而保持竞争优势。发展中国家则不然，受限于自身能力，他们很难做到在国际市场上轻易取舍，并且有些受到母国政府支持的企业，组织内部结构僵化，在国际竞争中不计得失，更易于处在劣势地位（Hitt et al.，2016）。Jain 等（2019）、Du 等（2019）分别以印度、中国等发展中国家为研究对象，发现过快的国际扩张速度对企业绩效产生负向影响，而 Sea-Jin 和 Jay Hyuk（2011）以韩国企业为例，得出正向影响作用。鉴于以上推理，本文提出以下假设：

H3：母国发展程度（发达国家 VS 发展中国家）对初次进入速度、进入后速度与企业绩效的关系有显著影响。

H3a：相较于发展中国家企业，发达国家企业初次进入速度越慢，越容易获得更好的生存绩效和财务绩效。

H3b：相较于发达国家企业，发展中国家企业进入后速度越慢，越容易获得更好的生存绩效和财务绩效。

1.3.2 测量因素：进入后速度测量方式的调节作用

进入后速度的测量方式分为国际范围速度、国际承诺速度和国际盈利速度，其中国际范围速度和国际承诺速度在实证研究中使用较多（Casillas and Acedo，2013）。不同测量方式反映出企业在快速国际扩张过程中的特征变化、战略差异（Prashantham and Young，2011；陈初昇等，2020）。因此，本文认为在研究进入后速度与绩效关系时，必须考虑进入后速度测量方式的不同，因为伴随企业国际扩张战略的差异，其绩效结果也会发生显著变化。

快速的国际范围速度即企业在一定时间内迅速进入多个不同的市场或国家，属于探索性行为（方宏、王益民，2018）。采用该种战略的企业往往会短时间暴露在多样化的正式、非正式制度环境中，这也使得它们被迫改变现有组织惯例以有效应对全球资源配置（García-Garcíaa et al.，2017）。但是，组织惯例通常具有稳定性和持续性，可能会使得组织陷入僵化的境地，企业若想实现有效变革需花费大量的时间和精力（阎海峰等，2021）。然而，面对东道国复杂多样的制度环境和有限的资源，快速的国际范围速度使它们来不及改变，从而降低生存绩效和财务绩效。另外，随着国家经营范围的增加，迥异的文化环境使企业在管理、协调和治理等方面的成本也会随之上涨，这也加剧了企业绩效下滑和失败的风险。

快速的国际承诺速度即指企业迅速在某个东道国建立多个子公司以充分利用当地资源，属于开发性行为（方宏、王益民，2018）。采用该种扩张战略有助于企业在该东道国获得范围经济和规模经济，降低交易成本，扩大竞争优势（黄胜等，2017）。同时，从组织惯例的角度出发，快速的国际承诺速度是对以往扩张经验的重复利用，容易使企业形成东道国特有的组织惯例，提高了它们对特有环境的适应能力，也能够促进资源在该国的有效配置，从而有助于其生存绩效和财务绩效的改善（Sapienza et al.，2006）。Sea-Jin 和 Jay Hyuk（2011）、Kim 等（2019）使用国际承诺速度，均得到了进入后速度正向影响绩效的结论。陈初昇等（2020）对比了国际承诺速度和国际范围速度对企业生存绩效的影响，他们认为虽然国际范围速度和国际承诺速度都负向影响生存绩效，但国际范围速度对子公司生存的负向影响要高于国际承诺速度的负向影响。因此，本文认为进入后速度测量方式（国际范围速度 VS 国际承诺速度）对进入后速度和企业绩效之间关系的影响作用是不同的。鉴于以上推理，本文提出以下假设：

H4：进入后速度的测量方式对进入后速度与企业绩效的关系有显著影响作用，且相较于使用国际范围速度，使用国际承诺速度容易获得更好的生存绩效和财务绩效。

1.3.3 测量因素：企业绩效测量方式的调节作用

企业绩效的测量方式众多，一般来说可分为主观或客观方式。在国际商务研究中，学者们普遍认为基于不同类型评价方式得到的结果存在显著差异（Marano et al.，2016；陈立敏、王小瑕，2014；杜健、丁飒飒，2019）。另外，绩效测量作为一种潜在的调节因素，在 Meta 分析的相关研究中常有涉及（Drees and Heugens，2013；卫武，2012）。

在学术研究中，主观和客观测量方式的优劣之争由来已久，我们认为两者皆有可取之处，并不能单方面判断哪种测量方式更加优良。为更好地理解这两种测量方式在国际化速度和企业绩效的研究中是否存在差异性，本文接下来对其加以区分。主观绩效主要采用的是问卷测量方式，来源于被测者对企业的主观判断；客观绩效主要来源于企业的公开数据如销售利润率（ROS）、总资产报酬率（ROA）和净资产收益率（ROE）等。当使用客观指标测量绩效时往往使用个别单一指标如 ROS、ROA 和 ROE 等，这些指标都只能在一定程度上反映企业的绩效表现，可靠性不足，而主观绩效则不受这些因素的限制，可以在很大程度上综合满足企业绩效测量的要求（谢洪明等，2014）。鉴于以上推理，本文提出以下假设：

H5：采用主观或客观的绩效测量方式对国际化速度与企业绩效的关系有显著影响，且与采用客观测量方式相比，采用主观测量方式容易获得更好的财务绩效。

图 1 为 Meta 分析研究模型。

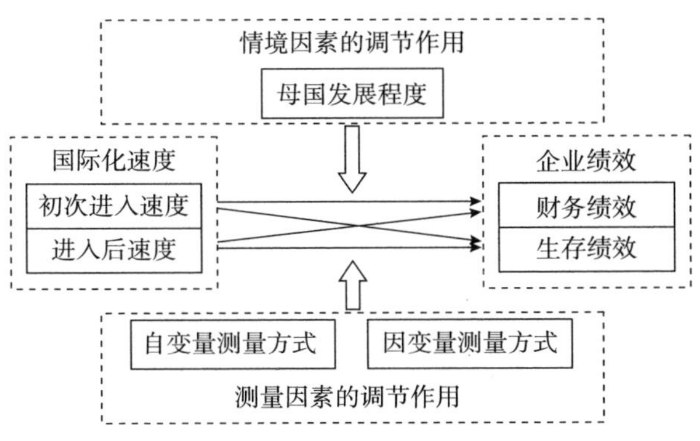

图 1　Meta 分析研究模型

2　研究设计

Meta 分析中文名为“元分析”“荟萃分析”等，是以已有研究成果为基础，对存在较大争议主题的文献进行再分析的定量综述研究方法。它能够有效克服传统文献综述主观性较强的弱点，整合形成新的理论假设和模型，被广泛应用于医学、心理学和管理学等领域。近年来，Meta 分析在国际商务研究中应用愈加频繁，用以解决如国际化与企业绩效（Yang and Driffield，2012；陈立敏、王小瑕，2014）、文化距离与企业国际化（Beugelsdijk et al.，2018）、企业绩效与高管薪酬（van Essen et al.，2012）等领域内存在较大争议的研究主题。

2.1　文献搜集与筛选

首先，为尽可能地规避发表偏倚，更全面地搜集相关文献，本文通过四种途径检索国际化速度与企业绩效相关的研究文献：①检索 Web of Science、Google Scholar、ProQuest、中国知网、万方和维普数据库等中外文献数据库。以国际化年龄（Age at Internationalization 或 Age at Entry）、早期国际化（Early Internation-alization）、国际新创企业（International new Venture）、国际化速度（Internationalization Speed 或 Pace of Internationalization）、快速国际化（Rapid Internationalization）、对外扩张速度（Outward Expansion Speed）等为关键词进行检索，文献类型涵盖期刊论文、博硕论文和会议论文等，期刊论文限定为 SSCI 和 CSSCI，时间跨度为 1998～2019 年。②对经济管理领域，尤其是国际商务领域的中外知名期刊进行重点检索，如 AMJ、AMR、ASQ 等英文期刊，以及《经济研究》《管理世界》等中文期刊。③检索长期从事该主题研究的中外学者，并尝试通过邮件等联系方式获得其未发表的相关研究结果。④检索相关研究中的参考文献以确保最大限度减少搜集遗漏。通过以上方式，初步检索到 1064 篇文献，其中中文文献 83 篇，英文文献 981 篇（包括 2 篇工作论文）。

其次，为满足 Meta 分析的基本要求，我们对初步搜集所得的文献进行了再筛选，主要剔除了案例、理论研究和综述类等文章，保留了实证研究中汇报能够纳入分析的文章。同时，当出现同一作者撰写的不同文章或一篇文献中同一构念相关系数汇报多次时，酌情选取一组效应值。最终，经过此次筛选，共有 51 篇文献，69 个效应值，涵盖中国、美国、法国、瑞典等国家的 58186 个样本，纳入本文的 Meta 分析中①。

① 为减少研究者在文献搜集和筛选过程中可能存在的主观臆断，每个过程首先由两位研究生独立完成，而后经交叉核对，确定最终的入选文献。

2.2 文献编码与数据处理

本文结合 Lipsey 和 Wilson（2001）的编码建议，并在借鉴他人研究的基础上，编制了“Meta 分析编码表”。具体的编码过程为：首先，由研究者共同商定编码内容，制定基本的编码规则。其次，交由两位研究生独立完成编码，首轮编码一致性比例达 87.3%。经商讨发现，不一致主要来源于对未报告 r 值的研究进行效应值转化及个别转录失误。最后，两位研究生对于不一致编码进行修正，达成统一意见，行成最终的一致性编码。此外，编码的内容主要包括：①r、N、样本特征等有关效应值的统计信息；②文献名称、作者、发表年份、期刊名称等有关文献特征的统计信息；③变量维度和测量方式、数据来源、企业规模、行业特征等有关研究设计的统计信息。

本文使用相关系数 r 作为研究国际化速度和企业绩效之间关系的原始效应值指标，对于未经信度测量误差修正的 r 值，我们采取以下方法进行转化或修正：

$$r = \frac{r_i}{\sqrt{\alpha_{xx} \cdot \alpha_{yy}}} \quad (1)$$

其中，r_i为未经信度修正的相关系数，α_{xx}和α_{yy}则分别是国际化速度、企业绩效变量的信度系数。同时，参照 Hedges 和 Olkin（1985）提出的方法，本文首先对纳入分析的 r 值进行费雪（Fisher's Z）转换。其次，根据其对应的样本量大小，计算每个 r 值的权重。最后，计算加权平均效应值（$\overline{ES}$），并在接下来的研究中利用该值进行 Meta 分析。具体的计算式如下所示：

Fisher's Z 转换公式 $ES_{z_i} = 0.5\ln\left[\frac{1 + r_i}{1 - r_i}\right]$ (2)

权重计算公式 $W_i = \frac{1}{SE_i^2} \quad SE_i = \frac{1}{\sqrt{n_i - 3}}$ (3)

式（2）和式（3）中，ES_{z_i}为第 i 个 r 值经过 Fisher's Z 转换后的取值，W_i为第 i 个效应值的权重，n 为样本量，SE 为标准误。

2.3 变量设置

初次进入速度即企业初次进入国际市场日期减去企业成立日期（Autio et al.，2000）。进入后速度主要有两种测量方式：①国际化范围速度（企业进入东道国的数量、多样性和距离随时间变化的速度），在实证研究中多使用企业进入东道国数量除以国际化年数（Hilmersson，2014）；②国际化承诺速度（企业向国际市场投入资源随时间变化的速度），在实证研究中多使用企业海外建立子公司、海外资产比重、海外雇员比重等除以国际化年数（Mohr and Batsakis，2014；黄胜等，2017）。生存绩效即企业在特定时间段内是否退出某国市场，退出为 1。财务绩效主要分为客观和主观，判别依据为数据来源于问卷，还是二手数据。

潜在调节变量。母国特征，根据联合国开发计划署发布的人类发展指数划分为发达国家和发展中国家。企业生命周期，国际新创企业或天生全球化企业指的是从成立的早期阶段就在国际市场经营的中小型企业，这些企业一般都处于生命周期的诞生期或成长期（Patel et al.，2018；Zhou and Wu，2014；杨忠等，2007）。因此，本文将在文献中明确指出样本为国际新创企业或天生全球化企业的赋值为 1，成熟期企业赋值为 2。

2.4 偏倚检验与异质性检验

为解决 Meta 分析中的出版偏倚问题，学者们提出了多种方案如漏斗图法、森林图法、Begg's 检验、Egger's 检验、失安全系数法等（Geyskens et al.，2009）。为确保研究结论的可靠性，本文使用 Stata 15.0，结合 Begg's 检验和失安全系数法检验本文是否存在发表偏倚问题及其严重程度（卫旭华等，2018）。失安全系数是指对于当下这组 Meta 分析而言，还需要多少个未发表的研究才能改变结论的显著性，使其变为不显著。失安全系数数值越大，则表明研究结论越稳定，当该数值大于 5K+10 时，即可认定该组 Meta 分析不存在发表偏倚问题。如表 1 所示，Begg's 检验结果显示各主效应均未达到显著水平，表明本文并不存在严重的发表偏倚问题。各主效应的失安全系数数值均大于已有研究样本数，再次证明本文的各主效应并不存在发表偏倚问题。

表 1 发表偏倚检验

主效应	Begg's 检验	Fail-safe *N*	5*K*+10
初次进入速度与企业绩效/生存绩效/财务绩效	0.746/ 1.000 / 0.566	187/44/266	165/25/150
进入后速度与企业绩效/生存绩效/财务绩效	0.666/ 0.230/ 0.353	239/93/ 669	230/45/195

注：K 为各主效应的独立效应值数量。

在 Meta 分析过程中，主要存在两种异质性检验标准即组间异质性检验统计量（Q_B）和组内异质性检验统计量（Q_w）。组间异质性检验统计量（Q_B）是判断调节效应成立的标准，若其显著则表明该调节变量成立，反之则不成立（卫旭华等，2018）。组内异质性检验统计量（Q_w）和 I^2 是评估组内异质性标准的工具，当 $I^2>0.6$ 和 $Q_w>K-1$ 且显著时，纳入的样本被认为是异质的，需使用随机效应模型，反之则使用固定效应模型（苏涛等，2017）。另外，在 Meta 分析模型选择方面，相较于固定效应模型，随机效应模型更能够解释效应值分布的潜在异质性，更加贴近现实（卫旭华等，2018）。因此综合上述理由，本文在后续分析中采用随机效应模型。

此外，Meta 分析对纳入研究的效应值数量有一定的要求（$K\geqslant 2$），小于该标准则会导致较大误差，结果不稳定。因此，本文在实证分析中不再报告效应值数量不符合 Meta 分析标准的研究关系。

3 实证结果与分析

3.1 主效应分析

初次进入速度与企业绩效的关系如表 2 所示。从表 2 中可以看出，初次进入速度与企业绩效、生存绩效和财务绩效之间的效应值分别为 $\rho=0.051$（$p>0.1$）、$\rho=-0.077$（$p>0.1$）和 $\rho=0.066$（$p<0.1$）。从效应值得分来看，企业越晚进入国际市场，其整体绩效和财务绩效越好，失败率越低，但只有初次进入速度与财务绩效的关系通过了显著性检验，即企业进入国际市场越快，财务绩效越差。初次进入速度与生存绩效没有通过显著性检验，究其原因可能是因为可纳入研究的文献数量较少（$K=3$）。因

此，H1b得到验证。另外，从组内异质性检验可知，初次进入速度与生存绩效（Q_w = 50.26，p<0.001，I^2=96.0）、财务绩效（Q_w = 297.66，p<0.001，I^2=90.9）之间均存在调节变量。

表2　初次进入速度与企业绩效的关系检验

主效应关系		K	N	效应值（ρ）	95%置信区间		异质性检验		
					下限	上限	Q_w	Df（Q）	I^2
初次进入	企业绩效	31	12547	0.051	-0.017	0.118	391.86***	30	92.3
	生存绩效	3	1750	-0.077	-0.323	0.168	50.26***	2	96.0
	财务绩效	28	10797	0.066*	-0.002	0.134	297.66***	27	90.9

注：*表示p<0.10；***表示p<0.01。

在不同生命周期情况下，进入后速度与企业绩效的关系如表3所示。首先，从组间异质性检验可知，进入后速度与生存绩效、财务绩效的关系的确受到了企业所处生命周期的呈显著影响（Q_B = 42.21，p < 0.001；Q_B = 29.33，p < 0.001）。其次，从企业所处不同生命周期来看，在早期阶段，进入后速度与生存绩效（失败率）效应值得分为ρ=0.092（p<0.001），呈显著正相关；与财务绩效效应值得分为ρ=-0.034（p<0.001）显著负相关，即处于生命周期早期（诞生期或成长期）的企业，国际扩张速度越快，生存绩效和财务绩效越差。在中期阶段，进入后速度与生存绩效（失败率）效应值得分为ρ=-0.033（p<0.001），呈显著负相关；与财务绩效效应值得分为ρ=0.020（p<0.001），呈显著正相关，即处于生命周期中期（成熟期）的企业，国际扩张越快，失败率越低，财务绩效越好。因此，H2a、H2b、H2c、H2d均得到验证。

表3　不同生命周期情况下进入后速度与企业绩效的关系检验

主效应关系	企业生命周期	K	N	效应值（ρ）	95%置信区间		异质性检验			
					下限	上限	Q_w	Q_B	df（Q）	I^2
进入后生存绩效	早期阶段	3	3230	0.092***	0.058	0.126	5.99**	42.21***	2	66.6
	中期阶段	3	14657	-0.033***	-0.049	-0.017	14.09***		2	85.8
进入后财务绩效	早期阶段	5	19407	-0.034***	-0.048	-0.020	33.81***	29.33***	4	88.2
	中期阶段	12	21792	0.020***	0.006	0.033	38.92***		11	71.7

注：**表示p<0.05；***表示p<0.01。

3.2　调节作用分析

本文分别从母国特征、自变量测量方式、因变量测量方式和研究方法等多个方面，分析了初次进入速度、进入后速度和企业绩效之间可能存在的调节因素。

表4展示了母国特征的调节作用。从表4中可以看出，初次进入速度与生存绩效、财务绩效（Q_B = 16.90，p < 0.001；Q_B = 53.69，p < 0.001），以及进入后速度与财务绩效（Q_B = 2.81，p<0.1）均受到了母国发展程度的显著影响。但是，可能由于纳入分析的文献数量太少，母国特征对进入后速度与生存绩效的关系并没有显著影响（Q_B = 2.66，p>0.1）。因此，H3部分得到验证。

表 4　母国特征的调节作用

主效应关系	母国发展程度	K	N	效应值（ρ）	95%置信区间		异质性检验			
					下限	上限	Q_w	Q_B	df（Q）	I^2
初次进入生存绩效	发达	2	1428	−0.149	−0.457	0.160	33.35***	16.90***	1	97.0
	发展中	1	322	0.070	−0.040	0.180	—		0	—
初次进入财务绩效	发达	14	3688	0.110*	−0.005	0.226	155.53***	53.69***	13	91.6
	发展中	13	6446	0.029	−0.044	0.103	77.69***		12	84.6
进入后生存绩效	发达	5	17890	−0.010	−0.025	0.005	60.82***	2.66	4	93.4
	发展中	3	800	0.049	−0.020	0.119	5.17*		2	61.3
进入后财务绩效	发达	14	20595	0.003	−0.011	0.017	109.35	2.81*	13	88.1
	发展中	11	31613	−0.012**	−0.023	−0.001	59.75		10	83.3

注：* 表示 p<0.10；** 表示 p<0.05；*** 表示 p<0.01。

具体来说，虽然，母国发展程度对初次进入速度、进入后速度与生存绩效的调节作用得到了验证，但无论是发达国家企业（ρ=−0.149，p>0.1；ρ=−0.010，p>0.1），还是发展中国家企业（ρ=0.070，p>0.1；ρ=0.049，p>0.1）的效应值得分均无显著影响。究其原因，可能是由于纳入研究地文献数量太少（K=2，K=1，K=5，K=3）。

从初次进入速度与财务绩效的关系来看，发达国家企业对两者关系有显著正向影响（ρ=0.110，p<0.1），发展中国家企业无显著影响（ρ=0.029，p>0.1），即发达国家企业越晚进入国际市场，其财务绩效越好。从进入后速度与财务绩效的关系来看，发达国家企业对两者关系有正向影响，但并不显著（ρ=0.003，p>0.1），而发展中国家企业则有显著负向影响（ρ=−0.012，p<0.05），即进入国际市场后，发展中国家企业扩张速度越快，财务绩效越差。因此，H3a、H3b 部分得证。

表 5 展示了自变量、因变量测量方式的调节作用。从表 5 中可以看出，自变量测量方式（范围速度 VS 承诺速度）在进入后速度与生存绩效、财务绩效之间的调节作用成立（Q_B=48.18，p<0.001；Q_B=104.50，p<0.001）。具体来看，研究进入后速度与生存绩效时，使用国际范围速度或国际承诺速度得出的结果截然相反，国际范围速度与生存绩效（失败率）呈显著正相关，效应值得分为 ρ=0.094（p<0.001）；国际承诺速度与生存绩效（失败率）呈显著负相关，效应值得分为 ρ=−0.023（p<0.001）。研究进入后速度与财务绩效时，使用两种测量方式得出的结果系数方向一致，但并不显著，国际范围速度与财务绩效效应值得分为 ρ=0.011（p>0.1），国际承诺速度与财务绩效效应值得分为 ρ=0.013（p>0.1）。因此，自变量测量方式的多样性也是导致进入后速度与企业绩效关系繁杂的原因之一，在研究两者关系时要注意自变量测量方式与理论推导、因变量类型相契合。因此，H4 部分得证。

表 5　变量测量方式的调节作用

主效应关系	变量测量	*K*	*N*	效应值（ρ）	95%置信区间		异质性检验			
					下限	上限	Q_w	Q_B	df（Q）	I^2
进入后速度与生存绩效	范围	2	3233	0.094***	0.059	0.128	4.56**	48.18***	1	78.1
	承诺	3	13932	-0.023***	-0.039	-0.006	8.17**		2	75.5
进入后速度与财务绩效	范围	7	4023	0.011	-0.077	0.100	37.65***	104.50***	6	84.1
	承诺	16	19498	0.013	-0.017	0.043	58.61***		15	74.4
初次进入速度与财务绩效	客观	21	9038	0.018*	-0.003	0.038	176.07***	13.67***	20	88.6
	主观	7	1759	0.115***	0.068	0.162	107.92***		6	94.4
进入后速度与财务绩效	客观	25	55108	-0.004	-0.012	0.004	150.15***	0.06	24	84.0
	主观	5	1133	0.004	-0.055	0.062	33.75***		4	88.1

注：* 表示 $p<0.10$；** 表示 $p<0.05$；*** 表示 $p<0.01$。

财务绩效测量方式（主观 VS 客观）在初次进入速度与财务绩效之间的调节作用成立（$Q_B=13.67$，$p<0.001$），在进入后速度与财务绩效之间的调节作用没有成立（$Q_B=0.06$，$p>0.1$）。使用主观或客观指标测量财务绩效时，初次进入速度与财务绩效的关系都呈正相关，但主观指标的影响作用要强于客观指标（主观：$\rho=0.115$，$p<0.001$；客观：$\rho=0.018$，$p<0.1$）。进入后速度与财务绩效之间的调节作用没有得到显著验证（主观：$\rho=0.004$，$p>0.1$；客观：$\rho=-0.004$，$p>0.1$）。因此，H5 部分得证。

4　结论与讨论

4.1　结论

国际商务领域对初次进入速度、进入后速度与企业绩效之间关系的争议由来已久，研究结论也大相径庭。因此，本文结合生命周期理论，采用 Meta 分析方法，对 1998~2019 年中外 51 篇中外实证文献，58186 个样本的 69 个效应值进行研究，并从情境因素和测量因素方面深入探讨影响三者关系的边界条件，对企业制定国际化战略有一定的指导意义。具体得出以下结论：

第一，本文验证了企业越快进入国际市场，财务绩效越差，即初次进入速度与财务绩效呈显著负相关。这也说明国际新创企业激进的国际化行为往往伴随着巨大的风险，一不小心就有可能导致绩效下滑、失败的情况发生。另外，区分不同生命周期研究企业进入后速度与绩效时，也得到了成熟期企业在快速国际扩张过程中，更易获得良好绩效表现的结论。

第二，母国发展程度、变量测量方式显著调节了初次进入速度、进入后速度与企业绩效之间的关系。进入后速度与企业绩效关系复杂，不同的企业生命周期和自变量测量方法（范围速度或承诺速度），得出的结论截然相反。因此，后续的相关研究，学者们不仅必须清楚地了解进入后速度的定义和界限，使用恰当的测量方法，谨慎选择研究对象，而且还应做到研究主题、理论推导与研究设计相匹配，切勿出现肆意乱用的现象。

4.2　讨论

本文主要的研究贡献在于：从理论上而言，

①尽管现有文献采用Meta分析研究了初次进入速度与企业绩效的关系，但未详细阐明初次进入速度、进入后速度和不同企业绩效之间的关系及潜在影响因素，且缺少对最新文献的分析与解释，这限制了Meta研究结果的稳健性。因而，本文结合企业生命周期理论，运用Meta分析方法，阐释、检验了国际化速度与企业绩效之间的关系。经验证，企业生命周期理论对解释两者之间的关系具有良好的契合作用。同时，本文对企业生命周期理论的应用使研究该领域的学者有了更丰富的理论工具选择，为探究除这两者关系外的其他国际化问题提供了理论铺垫与可行性。②本文发现了影响两者关系的调节因素，如母国发展程度、变量测量方式等，给未来的实证研究提供了些许借鉴。③本文整合了近二十年来所有关于初次进入速度、进入后速度和企业绩效的文献资料，并严格遵守Meta分析的一般流程，相较于单一实证研究，本文的结论更加稳定、可靠。从实践上而言，本文有关初次进入速度、进入后速度和企业绩效关系的探讨对处于全球化时代的企业开展国际化行为具有良好的启迪。具体而言，不管是何种类型的企业，稳健的扩张行为会给予企业更多的反应机会，往往能够带来良好的结果，这也与Uppsala模型的思想不谋而合。国际新创企业凭借自身优势较早地进入国际市场，短期内或许能够取得一定成果，但从长远来看，适时驻足反思，才能更好地砥砺前行。换而言之，企业可以根据自身所处的生命周期阶段适时调整走向国际市场的战略。比如，处于成熟期的企业，除了审慎选择所要进入的国际市场外，也可适当采取积极、主动的态度加快国际扩张速度，逐步推进国际化进程对企业绩效的增长具有良好的促进作用。

本文的不足之处在于：①主效应方面。初次进入速度与生存绩效之间的关系可纳入研究的效应值数量太少（K=3），可能导致结果不稳定。②调节作用方面。本文依次研究了母国特征、变量测量方式等调节作用，但也不排除还有其他更为重要的影响因素。因此，未来可在文献数量充足的情况下，结合其他分析方法如Meta回归、Meta-SEM，进一步挖掘国际化速度与企业绩效的关系。

参考文献

［1］ Adizes I. Corporate Life Cycles: How and Why Corporations Grow and Die and What to Do about It ［M］. New Jersey: Prentice-Hall, Englewood Cliffs, 1988.

［2］ Autio E., Sapienza H. J., Almeida, J. G. Effects of Age at Entry, Knowledge Intensity, and Imitability on International Growth ［J］. Academy of Management Journal, 2000, 43 (5): 909-924.

［3］ Berry H. ManagingValuable Knowledge in Weak IP Protection Countries ［J］. Journal of International Business Studies, 2017, 48 (7): 787-807.

［4］ Beugelsdijk S., Kostova T., Kunst V. E., et al. Cultural Distance and Firm Internationalization: A Meta-Analytical Review and Theoretical Implications ［J］. Journal of Management, 2018, 44 (1): 89-130.

［5］ Carr J. C., Haggard K. S., Hmieleski K. M., et al. AStudy of the Moderating Effects of Firm Age at Internationalization on Firm Survival and Short-Term Growth ［J］. Strategic Entrepreneurship Journal, 2010, 4 (2): 183-192.

［6］ Casillas J. C., Acedo F. J. Speed in the Internationalization Process of the Firm [J]. International Journal of Management Reviews, 2013, 15 (1): 15-29.

[7] Casillas J. C., Moreno - Menéndez A. M. Speed ofthe Internationalization Process: The Role of Diversity and Depth in Experiential Learning [J]. Journal of International Business Studies, 2014, 45 (1): 85-101.

[8] Chetty S., Johanson M., Martin O. Sp-eed ofIn-ternationalization: Conceptualization, Measurement and Va-lidation [J]. Journal of World Business, 2014, 49 (4): 633-650.

[9] D' Angelo A., Buck T. The Earliness of Ex-porting and Creeping Sclerosis? The Moderating Effects of Firm Age, Size and Centralization [J]. International Business Review, 2019, 28 (3): 428-437.

[10] Deng Z., Jean, R. -J. B., Sinkovics R. R. Rapid Expansion of International New Ventures Across Insti-tutional Distance [J]. Journal of International Business Studies, 2018, 49 (8): 1010-1032.

[11] Dierickx I., Cool K. Asset Stock Accumulation and the Sustainability of Competitive Advantage: Reply [J]. Management Science, 1989, 35 (12): 1514.

[12] Drees, J. M., Heugens P. P. M. A. R. Synthe-sizing and Extending Resource Dependence Theory: A Meta- Analysis [J]. Journal of Management, 2013, 39 (6): 1666-1698.

[13] Du, J., Chang X., Wu X. The Strategic Fit of International Expansion Between Temporal and Spatial Di-mensions: Evidence from Chinese MNEs [J]. Emerging Markets Finance & Trade, 2019, 55 (4): 743-758.

[14] García - Garcíaa, R., García - Canalb E., Guillén M. F. RapidInternationalization and Long-Term Per-formance: The Knowledge Link [J]. Journal of World Busi-ness, 2017, 52 (1): 1-14.

[15] George G. Slack Resources and the Performance of Privately Held Firms [J]. Academy of Management Jour-nal, 2005, 48 (4): 661-676.

[16] Geyskens I., Krishnan R., Steenkamp J. - B. E. M., et al. A Review and Evaluation of Meta-Analysis Practices in Management Research [J]. Journal of Manage-ment, 2009, 35 (2): 393-419.

[17] Hedges L. V., Olkin I. Statistical Methods for Meta-Analysis [M]. Orlando, FL: Academic Pre-ss, 1985.

[18] Hilmersson M. Small andMedium - Sized Enter-prise Internationalisation Strategy and Performance in Times of Market Turbulence [J]. International Small Business Journal: Researching Entrepreneurship, 2014, 32 (4): 386-400.

[19] Hilmersson M., Johanson M. Speed of SME In-ternationalization and Performance [J]. Management Inter-national Review, 2016, 56 (1): 67-94.

[20] Hitt M. A., Li D., Xu K. International Strategy: From Local to Global and Beyond [J]. Journal of World Business, 2016, 51 (1): 58-73.

[21] Jain N. K., Celo S., Kumar V. Interna-tional-ization Speed, Resources and Performance: Evidence from Indian Software Industry [J]. Journal of Business Research, 2019, 95: 26-37.

[22] Jiang R. J., Beamish P. W., Makino S. Time-Compression Diseconomies in Foreign Expansion [J]. Journal of World Business, 2014, 49 (1): 114-121.

[23] Kerin R. A., Varadarajan P. R., Peterson R. A. First - Mover Advantage: A Synthesis, Conceptual Framework, and Research Propositions [J]. Journal of Marketing, 1992, 56 (4): 33-52.

[24] Khavul S., Pérez-Nordtvedt L., Wood E. Or-ganizational Entrainment and International New Ventures from Emerging Markets [J]. Journal of Business Venturing, 2010, 25 (1): 104-119.

[25] Kim H., Wu, J., Schuler D. A., Hoskisson R. E. Chinese Multinationals' Fast Internationalization: Financial Performance Advantage in One Region, Disadvantage in Another [J]. Journal of International Business Studies, 2019, 51 (4): 1076-1106.

[26] Lipsey M. W., Wilson D. B. Practical Meta-analysis [M]. Thousand Oaks, CA: Sage, 2001.

[27] Lu J., Liu X., Wright M., Filatotchev I. International Experience and FDI Location Choices of Chinese Firms: The Moderating Effects of Home Country Government Support and Host Country Institutions [J]. Journal of International Business Studies, 2014, 45 (4): 428-449.

[28] Marano V., Arregle, J.-L., Hitt M. A., et al. Home Country Institutions and the Internationalization-Performance Relationship [J]. Journal of Management, 2016, 42 (5): 1075-1110.

[29] Meschi P.-X., Ricard A., Tapia Moore E. Fast and Furious or Slow and Cautious? The Joint Impact of Age at Internationalization, Speed, and Risk Diversity on the Survival of Exporting Firms [J]. Journal of International Management, 2017, 23 (3): 279-291.

[30] Mohr A., Batsakis G. Intangible Assets, International Experience and the Internationalisation Speed of Retailers [J]. International Marketing Review, 2014, 31 (6): 601-620.

[31] Mohr A., Batsakis G., Stone Z. Explaining the Effect of Rapid Internationalization on Horizontal Foreign Divestment in the Retail Sector: An Extended Penrosean Perspective [J]. Journal of International Business Studies, 2018, 49 (7): 779-808.

[32] Nielsen B. B., Asmussen C. G., Weatherall C. D. The Location Choice of Foreign Direct Investments: Empirical Evidence and Methodological Challenges [J]. Journal of World Business, 2017, 52 (1): 62-82.

[33] Patel P. C., Criaco G., Naldi L. Geographic Diversification and the Survival of Born-Globals [J]. Journal of Management, 2018, 44 (5): 2008-2036.

[34] Peng Cui A., Walsh M. F., Shaoming Z. The Importance of Strategic Fit Between Host-Home Country Similarity and Exploration Exploitation Strategies on Small and Medium-Sized Enterprises' Performance: A Contingency Perspective [J]. Journal of International Marketing, 2014, 22 (4): 67-85.

[35] Prashantham S., Young S. Post-Entry Speed of International New Ventures [J]. Entrepreneurship: Theory Practice, 2011, 35 (2): 275-292.

[36] Sadeghi A., Rose E. L., Chetty S. Disentangling the Effects of Post-Entry Speed of Interna-tionalisation on Export Performance of INVs [J]. Interna-tional Small Business Journal: Researching Entrepre-neurship, 2018, 36 (7): 780-806.

[37] Saliola F., Zanfei A. MultinationalFirms, Global Value Chains and the Organization of Knowledge Transfer [J]. Research Policy, 2009, 38 (2): 369-381.

[38] Sapienza H. J., Autio E., George G., Zahra S. A. A Capabilities Perspective on the Effects of Early Internationalization on Firm Survival and Growth [J]. Academy of Management Review, 2006, 31 (4): 914-933.

[39] Schueffel P., Amann W., Herbolzheimer E. Internationalization of New Ventures: Tests of Growth and Survival [J]. Multinational Business Review, 2011, 19 (4): 376-403.

[40] Schwens C., Zapkau F. B., Bierwerth M., Isidor R., Knight G., Kabst R. International Entrepreneurship: A Meta-Analysis on the Internationalization and Performance Relationship [J]. Entrepreneurship: Theory Practice, 2018, 42 (5): 734-768.

[41] Sea-Jin C., Jay Hyuk R. Rapid FDIExpansion

and Firm Performance [J]. Journal of International Business Studies, 2011, 42 (8): 979-994.

[42] Tamayo-Torres I., Gutiérrez-Gutiérrez L. J., Llorens-Montes F. J., et al. OrganizationalLearning and Innovation as Sources of Strategic Fit [J]. Industrial Management Data Systems, 2016, 116 (8): 1445-1467.

[43] van Essen M., Heugens P. P., Otten, J., et al. AnInstitution-Based View of Executive Compensation: A Multilevel Meta-Analytic Test [J]. Journal of International Business Studies, 2012, 43 (4): 396-423.

[44] von Braun C.-F. The Acceleration Trap in the Real World [J]. Sloan Management Review, 1991, 32 (4): 43-52.

[45] Yang J. Y., Lu J., Jiang R. Too Slow or Too Fast? Speed of FDI Expansions, Industry Globalization, and Firm Performance [J]. Long Range Planning, 2017, 50 (1): 74-92.

[46] Yang Y., Driffield N. Multinationality-Performance Relationship [J]. Management International Review, 2012, 52 (1): 23-47.

[47] Yuan L., Pangarkar N. PerformanceImplications of Internationalization Strategies for Chinese MNCs [J]. International Journal of Emerging Markets, 2015, 10 (2): 272-292.

[48] Zahra S. A., Ireland R. D., Hitt M. A. International Expansion by New Venture Firms: International Diversity, Mode of Market Entry, Technological Learning, and Performance [J]. Academy of Management Journal, 2000, 43 (5): 925-950.

[49] Zhou L., Wu A. Earliness of Internationalization and Performance Outcomes: Exploring the Moderating Effects of Venture Age and International Commitment [J]. Journal of World Business, 2014, 49 (1): 132-142.

[50] Zhou L., Wu A., Barnes B. R. The Effects of Early Internationalization on Performance Outcomes in Young International Ventures: The Mediating Role of Marketing Capabilities [J]. Journal of International Marketing, 2012, 20 (4): 25-45.

[51] 陈初昇，燕晓娟，衣长军等．国际化速度、营商环境距离与海外子公司生存 [J]. 世界经济研究，2020 (9): 89-103+137.

[52] 陈立敏，王小瑕．国际化战略是否有助于企业提高绩效——基于回归技术的多重误设定偏倚分析 [J]. 中国工业经济，2014 (11): 102-115.

[53] 杜健，丁飒飒．国际多元化与企业绩效关系之元分析 [J]. 国际贸易问题，2019 (10): 146-162.

[54] 方宏，王益民．基于深度与广度的国际化速度：过度自信与政治网络的作用 [J]. 山东大学学报 (哲学社会科学版), 2018 (1): 111-119.

[55] 黄胜，叶广宇，丁振阔．国际化速度、学习导向与国际新创企业的国际绩效 [J]. 科学学与科学技术管理，2017, 38 (7): 141-154.

[56] 乔璐，赵广庆，吴剑峰．距离产生美感还是隔阂？国家间距离与跨国并购绩效的元分析 [J]. 外国经济与管理，2020, 42 (12): 119-133.

[57] 苏涛，陈春花，崔小雨等．信任之下，其效何如——来自 Meta 分析的证据 [J]. 南开管理评论，2017, 20 (4): 179-192.

[58] 卫武．基于“Meta 分析”视角的企业社会绩效与企业财务绩效之间的关系研究 [J]. 管理评论，2012, 24 (4): 141-149.

[59] 卫旭华，王傲晨，江楠．团队断层前因及其对团队过程与结果影响的元分析 [J]. 南开管理评论，2018, 21 (5): 139-149+187.

[60] 吴冰，阎海峰，杜子琳．外来者劣势：理论拓展与实证分析 [J]. 管理世界，2018, 34 (6): 110-126+187-188.

[61] 谢洪明，陈盈，程聪．市场导向与组织绩效

关系——基于 Meta 分析的研究［J］. 科学学与科学技术管理，2014，35（12）：80-88.

［62］阎海峰，王墨林，苏聪. 知识产权制度距离对中国企业跨国技术并购的影响分析［J］. 中国科技论坛，2021（3）：123-132.

［63］杨忠，张骁，陈扬等. "天生全球化" 企业持续成长驱动力研究——企业生命周期不同阶段差异性跨案例分析［J］. 管理世界，2007（6）：122-136.

论文执行编辑：张 骁

论文接收日期：2020 年 11 月 5 日

作者简介：

阎海峰（1969—），山东招远人，华东理工大学商学院教授、博士生导师。研究方向为企业国际化。E-mail：haifengy@ 163. com。

王墨林（1990—）（通讯作者），河南南阳人，华东理工大学商学院博士研究生。研究方向为企业国际化。E-mail：120922363@ qq. com。

田牧（1987—），山东济宁人，华东理工大学商学院博士后。研究方向为创新和跨文化管理。E-mail：timothy0809@ outlook. com。

徐嘉悦（1996— ），辽宁抚顺人，华东理工大学商学院硕士研究生。研究方向为企业国际化。E-mail：babiskye@ 163. com。

Research on The Relationship between Internationalization Speed and Firm Performance: A Meta-Analysis Based on Life Cycle Theory

Haifeng Yan　Molin Wang　Mu Tian　Jiayue Xu

(School of Business, East China University of Science and Technology, Shanghai)

Abstract: The relationship between speed of internationalization and firm performance has been controversial for a long time, and there are positive, negative, inverted U-shaped and uncorrelated conclusions. Based on life cycle theory, this paper conducts a meta-analysis of 69 effect values of 51 domestic and foreign empirical literature, and explains the relationship among time to internationalization, speed of international expansion, and firm performance. The study found that: ①the earlier a firm enters the international market, the worse its financial performance; ②when it is in the mid-life cycle (mature stage), the faster a firm expands after entering the international market, the better its financial performance, and, at this stage, the firm's failure rate is lower. However, firms in the early stage of their life cycle (birth or growth stage) may face the opposite result after entering the international market; ③the relationship between internationalization speed and firm performance is affected by contextual factors (the development degree of home country) and measurement factors (independent variable and dependent variable), but the mechanism and degree of effect are different.

Key Words: Speed of Internationalization; Firm Performance; Life Cycle Theory; Meta-Analysis

JEL Classification: F23

商业模式适应研究述评：概念、前因与过程*

□ 孙新波　秦佳慧　张庆强　钱　雨

摘　要：VUCA 时代，企业何以实现商业模式适应，是一个兼具理论价值和现实意义的重要问题。文章在对国内外相关研究进行系统梳理的基础上，首先，概述了商业模式适应的内涵；其次，从 RCOV 模型（Resources-Competences-Organization-Value Proposition）的资源与能力、组织系统和价值主张三个核心维度出发，归纳了商业模式适应的驱动因素；最后，与三个维度相对应，从动态能力、复杂适应系统和价值共创三个理论视角出发诠释了商业模式适应的过程机制，进而构建出一个整合的商业模式适应路径框架，以期为企业商业模式适应实践提供指导，也为商业模式适应领域的进一步研究提供借鉴。

关键词：商业模式适应；RCOV 模型；动态能力；复杂适应系统；价值共创

JEL 分类：F272

引　言

进入 VUCA 时代，企业所处的商业环境面临更大的不确定性、不稳定性、复杂性和不可预测性，2020 年初新冠肺炎疫情的暴发和持续蔓延，导致全球大批知名企业宣告破产或倒闭，其中包括中国华晨集团、美国切萨皮克能源公司和加拿大太阳马戏团等。然而，值得关注的是，也有一些企业在疫情大考中通过商业模式变革成功逆袭，视频会议软件公司 Zoom 凭借限时免费和极致产品策略吸引了大量个人用户，用 To C 思维占领 To B 市场；拼多多采用 C2M 拼工厂模式，通过行为算法实现

* 基金项目：国家自然科学基金面上项目“互联网效应下基于众包模式的协同激励机制研究”(71672029)、辽宁省社科基金重点资助项目“辽宁省制造业关键技术缺失、成因及创新突破路径研究”(L19AGL002)。

“货找人”等。由此可知，在当前时代背景下，适时进行商业模式变革，对企业的生存和发展至关重要。

商业模式变革是指企业逐渐深化对自身商业逻辑的认识，并在此基础上不断完善和调整自己的商业模式（Morris et al.，2005）。国内外现有商业模式变革领域的研究多从商业模式创新或商业模式演进两个方面展开，而商业模式变革既可能是对现有商业模式的主动激进式颠覆（重构型变革），或在外部环境压力下对现有商业模式的被动微调（完善型变革），还可能是企业主动渐进地调整现有商业模式以适应不断变化的内外部环境（改变型变革）（原磊，2007），即商业模式创新和商业模式演进并不能解释商业模式变革的所有情况，不同的商业模式变革类型在变革情境、变革主动性和预期变革结果等方面存在差异。此外，伴随着数据资源和数字技术与各行业的深度融合，一方面，企业可以充分挖掘产品和服务之外的利润，更加主动地设计和选择商业模式（Dyer et al.，2018）；另一方面，数字技术的应用，使得组织的信息达到类似DNA结构所需的及时、连续和完整的特征，组织的运行越来越类似于生命体的运行，组织与利益相关者间的关系也由相对割裂演变为开放合作（肖静华，2020），这意味着企业出于自身商业模式的延续性和与其他主体共赢的考虑，将更倾向于做出变革风险、变革成本适中的选择（Saebi，2014）。即具有主动、连续和增量特征的改变型变革——商业模式适应，在现在和未来一段时期内成为多数企业的普遍选择。

虽然在实践中商业模式适应早已存在，但在学术界围绕这一领域展开的研究尚显不足。一方面，这一概念于2014年由Saebi正式提出以来，仍未形成一个为学术界普遍接受的定义；另一方面，与商业模式适应相关的研究存在将其与上位概念（商业模式变革）或同位概念（商业模式创新、商业模式演进）混淆使用的问题。Saebi（2014）将商业模式适应定义为企业对商业模式的构成要素做出有目的的调整以适应内外部环境的不断变化。Dopfer等（2017）进一步提出，商业模式适应是一个不断选择和改进，并逐步细化以创建内部一致性的过程。然而，究竟是哪些因素驱动企业进行商业模式适应、商业模式适应的过程如何依然不够清晰。基于此，文章通过系统梳理国内外商业模式适应的相关研究，围绕以下三个问题展开综述：何谓商业模式适应？商业模式适应受哪些因素驱动？商业模式适应的过程机制为何？

本文的贡献和价值在于：商业模式适应将商业模式变革视为一个受限生成过程（陈禹，2001），反映在一定环境、资源约束条件下，商业模式“活”的、具有生长和发展前途的进化过程，对企业实践有更强的解释力；以RCOV模型为研究框架，整合了商业模式适应研究的过程和结果视角，比较清晰、连贯和系统地研究了商业模式适应的内涵、驱动因素和过程三个基本方面，是对商业模式变革研究的关键补充；从资源和能力、组织系统和价值主张三个维度归纳商业模式适应的驱动因素和过程路径，勾勒了商业模式适应的不同路径轨迹和系统图景，对企业培育不同驱动因素以权变设计适应路径具有指导意义。

1　商业模式适应的内涵

1.1　商业模式适应的起源与内涵

商业模式发展的历史记载了商业模式适应发展的轨迹。商业模式概念最早由 Bellman 在 1957 年提出，其本质是管理层关于顾客想要什么以及企业如何组织起来以创造、交付和获取价值的假设（Doz and Kosonen，2010；Teece，2010）。2011 年之前，学者们大多从静态视角出发对商业模式进行概念化、特征化，探究商业模式的构成要素及其相互作用，以此来解释商业模式与绩效间的关系（Amit and Zott，2001；Baden-Fuller and Morgan，2010）；之后，随着外部环境动荡加剧、技术升级和组织复杂性的增加，学者们开始转向动态视角，研究商业模式创新的前因及作用机制、商业模式演进中各构成要素如何交互进而产生动态能力等（Demil and Lecocq，2011；吴晓波、赵子溢，2017）。由于动态视角强调商业模式与组织内外部环境的互动，因此反映出商业模式天然隐含适应属性。

"适应"原本是一个生物学概念，指的是个体或系统通过改善遗传或行为特征从而更好地适应变化，并保留相应的适应特征（Futuyama，1979）。目前，学者们对商业模式适应进行的研究主要集中在两方面。一些学者从过程视角出发，认为企业在感知到当下商业模式与外部环境不适配时，有目的地调整商业模式构成要素自身及要素之间的关系，从而有效地应对环境变化的过程为商业模式适应（Saebi，2014；Dopfer et al.，2017）；另一些学者从结果视角出发，认为企业不断调整运营能力和资源，以达到一种相对稳定，与组织内部相一致、与外部环境相匹配的状态，这种状态为商业模式适应（Mezger，2014）。与组织内部相一致主要是指商业模式与组织的价值主张、目标市场、竞争定位和决策者的风险偏好等相适应，与外部环境相匹配主要是指商业模式的变革需考虑与客户、合作伙伴的关系，以及所在价值网络中其他相关者的利益（Morris et al.，2005）。

本文试图整合上述两种视角来分析商业模式适应，因为一个企业的商业模式总是随着时间推移在动态变化和相对稳定的状态间流动，作为过程和结果的商业模式适应概念不过是对同一个商业模式不同发展阶段的本质属性抽象。研究中为克服局限于某一视角而忽视另一视角的不足，引入 RCOV 模型作为研究框架，该模型既解释了商业模式的核心构成要素之间如何动态交互的适应过程，又解释了商业模式与组织内外部环境相匹配的适应结果。

1.2　相近概念辨析

由于现有关于商业模式适应的研究主要存在与其他概念混淆使用、概念本身界定不清等问题，本文希望借助与相近概念比较分析的方法抽象出商业模式适应的本质属性。已知与商业模式适应相关但又相互区别的两个概念是商业模式演进和商业模式创新，已有文献从预期结果、变革范围、激进程度、变革频率和新颖度五个方面对这一组概念进行了辨析（Robertson et al.，1993）。

商业模式演进是指企业对现有活动和关系进行增量和持续调整，具体表现为对现有商业模式进行标准化、复制、实施和维护（Demil and Lecocq，2011），调整范围一次仅限于几个领域，不会显著改变企业原有的核心流程，是一种完善型变革。商业模式适应是指企业积极变革组织惯例、过程和激励措施等，促进内外部活动系统持续适应不断变化的外部环境（Doz and Kosonen，2010）。与演进或创新相比，商业模式适应是周期性发生的，并且多个维度会同时受到不同程度的激进性影响，是一种改变型变革，新颖性可能是适应的一种结果，但并不是必然要求。商业模式创新是指管理层主动创新商业模式的内外部维度以扰乱外部环境，重塑市场或行业是商业模式创新的主要动机（Chesbrough et al.，2010），商业模式创新通常会同时影响商业模式的所有构成要素，并需要重建核心业务和流程，是一种重构型变革。

在前述研究基础上，为了方便学术界细粒度地探究商业模式变革类型这一变量与其他变量之间的关系，文章进一步整合现有研究，补充提出三者在变革情境、变革主动性及变革能力准备三方面存在差异。

首先，不同类型的环境变化会促使组织的商业模式发生不同的变化（Saebi，2014）。具体而言，当外部环境呈现低强度、渐进变化、相对稳定特征时，企业很可能允许商业模式自然演进（Suarez and Oliva，2005）；当外部市场环境趋向竞争饱和时，受创新资源匮乏掣肘，企业无法持续对既有商业模式进行创新，此时一般选择调整商业模式的非核心维度，对新市场需求做出快速反应（Jansen et al.，2006）；当外部环境出现戏剧性且非连续的变化时，如破坏性技术出现，完善型或改变型商业模式变革无法使企业在竞争中领先，企业必须通过对商业模式进行彻底重构，才有可能渡过危机（Tushman and Romanelli，1985）。

其次，依据生物进化理论，可以将现有关于商业模式变革的研究分为主动变革和被动变革两个派别（Walters and Holling，1990）。被动变革强调外部环境推动商业模式变异、选择、保留与繁衍及为生存而奋斗的过程；主动变革强调商业模式与环境之间无休止的动态博弈，并采取新对策来主动适应环境的变化（刘意等，2020）。依据商业模式演进、适应和创新在变革过程中与外部环境的互动方式，可以推知，在商业模式创新过程中，变革的主动性最强，商业模式适应和商业模式演进过程中变革的主动性依次渐弱。商业模式适应是一个综合主动适应和被动适应的过程（吕鸿江等，2007）。

最后，不同类型的商业模式变革需要企业培育不同的能力（Collis，1994）。完善型变革多为渐进持续型调整，范围较小，如改善提供给客户的活动，或提高价值交付和获取方式的效率，因而需要企业提高执行方面的能力（Helfat and Peteraf，2003）；改变型变革需要企业提高权变管理方面的能力以不断发展其竞争优势，如提高组织敏捷性，快速响应客户需求的变化（Helfat and Peteraf，2007）；重构型变革面临剧烈变化的外部环境，企业为克服管理层认知路径依赖和组织变革阻力，需要强化与探索性学习相关的知识积累和内部化等创新变革方面的能力（Winter，2003）。商业模式演进、商业模式适应和商业模式创新的区别如表1所示：

表 1 商业模式演进、商业模式适应和商业模式创新概念辨析

	商业模式演进	商业模式适应	商业模式创新
变革范围	小	中	大
激进程度	低	中	高
变革频率	高	中	低
新颖度	低	中	高
预期结果	被动适应外部环境	主动适应外部环境	扰乱外部环境
环境特征	稳定的环境	竞争的环境	巨变的环境
变革主动性	弱	中	强
变革能力	执行能力	权变管理能力	创新变革能力

究其本质，商业模式适应以维持组织在动态环境中的竞争优势为目的，把商业模式看作一个生命体，通过周期性地主动调整商业模式的多个构成要素及要素之间的关系，改善遗传特征等适应行为，达到与外部环境相匹配、与组织内部相一致的适应结果。作为商业模式变革类型之一，商业模式适应多发生在资源受限的竞争环境下，与商业模式创新和商业模式演进的区别主要体现在变革情境、变革激进程度和预期变革结果方面，更强调商业模式的生长和发展的进化特征。需要澄清的是，在具体实践中，它们可能混同发生，例如，商业模式创新和商业模式演进均可能是商业模式适应的一种结果（Saebi，2014）。

2 商业模式适应的驱动因素

Long Range Planning 杂志在 2010 年刊发的商业模式专题研究中对商业模式的定义、方法和变革类型等基础问题进行了系统梳理和讨论，并呼吁对商业模式变革过程及驱动因素作进一步研究（Baden-Fuller，2010）。此后至今的十余年间，中外学者们对商业模式变革领域展开有益探索，并取得长足进步，但这些研究多关注商业模式的某个构成要素的变化，如价值创造逻辑的变革，忽视各要素在变化过程中的交互影响；较多关注商业模式创新的驱动因素，对商业模式适应的驱动因素关注较少；对不同变革类型的驱动因素，缺少清晰的界定和系统的整合。

Penrose（1959）研究了商业模式对企业绩效的调节作用，提出绩效增长主要来自商业模式的三个核心维度，资源和能力、组织系统和价值主张之间的动态交互。Demil 和 Lecocq（2011）基于上述观点提出了诠释商业模式适应过程机制的 RCOV 模型，其中，资源是指以盈利为目的，从外部购买或内部开发的有形或无形资源；能力是指改进或重组资源所能提供的服务，从而更好地从资源中提取有价值的知识；组织系统是指围绕资源开发而开展的组织活动及其与外部利益相关者创建的关系网络；价值主张是指企业向多边市场提供产品和服务的形式（黄国群、孟娜，2017）。

该模型重点描述了三个核心维度自身适应性成长和它们之间动态交互促进商业模式持续适应能力生成的过程。在此过程中，资源的产

生依赖于管理者从中提取价值或创造新组合的能力，即管理者的经营能力和创业能力；组织积累的资源将不断和其他维度进行交互，形成独一无二的能力组合；资源或能力的发展可能导致组织系统的变革，如外部合作网络的扩张；“资源利用”知识的增长可能导致新的价值主张的适应性成长；而价值网络或价值链的变化将导致可用资源和能力的变化，如品牌管理能力的提升（Demil and Lecocq，2011）。

基于对各个维度自身适应性成长和维度间动态交互过程的理解和认同，本文以 RCOV 模型为研究框架，归纳资源和能力、组织系统和价值主张三个核心维度适应性成长的影响因素，作为商业模式适应的驱动因素。

2.1 资源和能力维度的驱动因素

商业模式的资源和能力维度的适应性成长主要表现为：资源成本降低、资源使用效率提高；资源吸引、重组、价值转化能力提高；对外部机会与威胁的感知和反应能力增强（Lecocq and Demil，2006；Siggelkow，2007）。梳理已有文献发现，驱动资源和能力适应性成长的因素主要包括技术创新、高层管理者的认知和战略柔性。

首先，技术创新一方面通过满足消费者的潜在需求，促进资源向资源服务转化，进而为企业获取价值（朴庆秀等，2020）；另一方面，技术创新可提高资源使用效率，使部分资源得以释放，用以发展新项目，创造新收益（Penrose，1959）。在数字化转型背景下，李飞和乔晗（2019）通过案例研究表明，数字技术以集成化、平台化和量化优势，助力传统企业改善业务碎片化、服务过程不可控等问题，从而大大提升业务效率，提高企业资源利用能力。

其次，企业对外部机会与威胁的感知和反应能力多受高层管理者对潜在机会的主观想法驱动，更依赖于环境中的偶发事件而非深思熟虑后的选择（Penrose，1959）。Saebi 等（2017）的研究也表明，拥有不同认知的管理者，在面临外部机会或威胁时，会采取截然相反的应对措施，支持前景理论的管理者在面对外部威胁时倾向采取冒险行为，而支持威胁刚性理论的管理者在面对机会时倾向采取冒险行为。

最后，企业所处的环境是动态变化的，适应当下环境的商业模式，在一定程度上限制了企业组织现有资源和能力适应未来环境变化（Wirtz et al.，2010），这意味着制定具有柔性和前瞻性的战略至关重要。吕鸿江和刘洪（2011）在研究中进一步指出，企业通过商业模式和战略的匹配式变革，可以建立起一种新的资源与能力组合，把各项生产要素引向新的价值创造，促进商业模式适应。

2.2 组织系统维度的驱动因素

商业模式的组织系统维度的适应性成长主要表现为：拥有充满活力的内部机制、与外部利益相关者（客户、供应商、合作伙伴、监管机构、竞争对手）建立起良性关系网络（Ricciardi et al.，2016；Morris et al.，2005）。归纳已有文献中驱动组织系统适应性成长的因素，主要包括利益相关者的需要、商业模式设计和组织变革。

首先，一个可持续的商业模式必须经过外部利益相关者的验证，Saebi（2017）等提出，适应外部利益相关者的需要、竞争环境的变化以及新信息和通信技术带来的机遇是商业模式适应的主要驱动因素。平台型商业模式取得成功的关键就在于将目标定位为通过为相关各方创造价值来利用商业机会，既满足客户需求、为客户创造价值，同时也为自身及其合作伙伴创造利润（Sosna et al.，2010）。

其次，企业已经认识到，先前成功的商业模式会在组织内部形成路径依赖，束缚员工的创新思维，对新市场环境中的机会与风险反应滞后，阻碍商业模式适应（吴晓波、赵子溢，2017）。此外，吕鸿江（2016）等通过实证研究指出，不同的商业模式设计影响组织系统适应环境的路径。具体而言，效率型商业模式设计会形成组织系统对环境的简单适应，创新型商业模式设计会形成组织系统对环境的复杂适应。

最后，一些学者认为，组织变革是商业模式适应的一部分（Foss et al.，2011），Colombo等（2015）的研究表明，商业模式适应需要调整其关键绩效指标、沟通方式和权力分配方式，为了支持这种变革，组织结构、决策权和人力资源管理实践必须做出调整以全面激发员工的工作动力。另一些学者认为，组织变革是商业模式适应的前因变量（Dunford et al.，2010），因为组织结构规定了工作角色分配和管理机制，授权程度不同的组织对外部环境变化的敏感度有显著差异，进而影响商业模式适应进程（Foss and Saebi，2015）。

2.3　价值主张维度的驱动因素

商业模式的价值主张维度的适应性成长主要表现为：企业在价值链中的位势提升、开发新的价值主张（Achtenhagen，2013）。归纳已有文献中驱动价值主张适应性成长的因素，主要聚焦于价值网络中其他参与者的价值主张、创新文化和驱动市场导向三方面。

首先，企业总是处在特定的价值网络当中，当价值网络中其他参与者的价值主张或参与者之间的关系发生变化时，企业也需要做出相应调整，以适应整个价值创造网络，维持其在价值链中的地位（Bohnsack et al.，2014）。在激烈竞争的环境面前，企业用于创新的资源较少，创新结果也将迅速扩散到竞争者群体中，因此，当价值网络中竞争对手的价值主张发生改变时，企业倾向于对竞争对手的商业模式经验进行学习和模仿（Dunford et al.，2010）。

其次，允许试错学习的文化的作用不仅体现在改进价值，更重要的是发现和创造新的价值（冯雪飞、董大海，2015）。Sosna（2010）以自然之家为案例，发现其独特的价值增值逻辑源自允许员工在较长时间里（五年以上）开展试错学习的文化，组织内部奖励创新和鼓励冒险的文化使得组织成员敢于挑战权威，为捕捉客户个性化需求而努力，追求产品和服务质量的持续改进和提高。

最后，驱动市场导向是指企业采取主动的方式重塑、教育和引导市场参与者的偏好及行为（Hills and Sarin，2003）。Narver等（2010）指出，主张驱动市场导向的组织认为顾客的需求是隐形的，他们通常鼓励顾客参与到新产品的开发活动中，并引导顾客提出可行性建议，从而发掘顾客潜在需求，形成独特的顾客价值主张。综上，商业模式三个维度的适应表现及驱动因素如表2所示：

表 2 商业模式适应的表现及驱动因素

核心要素维度	资源与能力	组织系统	价值主张
适应表现	资源成本下降、使用效率提高 资源吸引、重组、价值转化能力提高 对外部机会与威胁的感知和反应能力增强	拥有充满活力的内部机制 与外部利益相关者建立起良性关系网络	企业在价值链中的位势提升 开发新价值主张
驱动因素	技术创新 高层管理者的认知 战略柔性	利益相关者的需要 商业模式设计 组织变革	价值网络中其他参与者的价值主张 创新文化 驱动市场导向

需要补充的是，在商业模式适应过程中，资源与能力、组织系统和价值主张三个核心维度在自身适应性成长的同时，还处于持续动态交互之中，故而从三个维度梳理的驱动因素偶有重叠，或某一因素在直接驱动某一维度的同时，间接驱动其他维度也发生改变。例如，高层管理者的认知关系着组织对外部机会与威胁的感知与反应，同时对组织结构和商业模式设计也产生影响。技术创新不仅加速新的资源和能力组合产生，而且这种组合也可以作为新的价值主张的基础。

3 商业模式适应的过程

在审视了国内外相关文献后，发现已有研究从动态能力、复杂适应系统（Complex Adaptive Systems，CAS）和价值共创三个理论视角出发，较好地解释了商业模式的资源与能力、组织系统和价值主张三个核心维度的适应性成长过程和交互机制，以下展开对三种适应过程的评介与整合。

3.1 动态能力理论视角下的商业模式适应过程

在动态能力理论视角的研究者看来，企业的动态能力对商业模式适应具有重要影响。首先，商业模式适应建立在企业既有能力的基础上，通过对能力的整合、重构以适应动态环境的变化，该过程本质上是追求企业动态能力与商业模式相匹配（罗珉、刘永俊；2009）。其次，动态能力的提升对商业模式适应产生正向影响，例如，市场机会识别能力的提升会对商业模式的价值主张进行强化，驱动企业提供满足顾客深层次需求的产品，促使商业模式持续适应（Najmaei，2011）。

吕本波（2015）将动态能力驱动商业模式适应的过程分为三个步骤。首先，能力定位为商业模式适应提供方向，当企业对目标顾客群、产品经营范围、资源的流向和速度等有了明确定位后，其商业模式中的资源配型也会做出相应调适，从而向消费者传递独一无二的价值主张（沈建文，2013）；其次，能力的培育为商业模式适应提供“催化剂”，企业受所处的技术环境、外部利益相关者的需求等影响，通过技术发明或创新，提升对内外部资源的利用效率，发现新的市场机会，开发新产品和服务，为价值主张的适应性成长提供动力（张媛，2012）；最后，能力反馈使企业避免路径依赖，为商业模式与环境变化动态匹配提供保障（郭毅夫，2012）。

从动态能力理论视角出发，企业动态能力

的提升直观地反映了商业模式适应的过程，通过对企业内部资源的整合和利用，驱动商业模式的资源和能力主动、连续发展，促使企业发现新的市场机会，并形成新的价值主张。该视角下商业模式适应是一个由内源主导驱动、良性循环的过程。

3.2 CAS 理论视角下的商业模式适应过程

从复杂适应系统理论视角出发的研究者将商业模式视为一个复杂适应系统（霍兰，2001），借此来阐述商业模式适应是如何发生的（Velu，2017）。顾客、供应商、股东等利益相关者构成了商业模式的主体，这些主体为了保持目标或追求自我保护，改变自己的行为方式和结构，以达到适应环境的合理状态（陈禹，2001）。Liu 等（2020）进一步提出弹性复杂适应系统理论（Resilient Complexity Adaptive System，RCAS），认为商业模式随时间纵向变化的过程具有弹性、复杂和适应特征。

根据商业模式与外部环境的匹配状态（Bar-Yam，2002），将商业模式适应过程分为简单适应、初步复杂适应和复杂适应三个阶段（Gell-Mann，2002）。当外部环境简单且稳定时，企业不需要改变商业模式的交易结构，通过与合作伙伴之间信息共享降低交易成本、提高效率以获取价值，形成对环境的简单适应，此时商业模式系统处于“有序”状态（吕鸿江，2015）；当企业所处的外部环境复杂性和动态性提升时，简单而有序的商业模式结构难以迅速适应，企业需要改变交易机制和价值分配规则，以形成对外部环境的初步复杂适应，此时商业模式系统处于“混沌边缘”，该状态下系统不至于因为过度稳定而陷入僵化，也不会完全处于极端混乱状态（吕鸿江，2016）；当外部环境高度复杂且出现戏剧性变化时，如出现破坏性技术、新竞争对手等，企业必须彻底颠覆原有交易模式，设计更多复杂的商业模式活动，激发自学习等创新适应行为，扩大市场空间，才能形成对外部环境的复杂适应，此时商业模式系统在经历了最具创造力的“崩溃的混沌”状态之后，迈向更高水平的“有序”状态（Amit and Zott，2015）。

从复杂适应系统理论视角出发，外部环境变化是商业模式适应的诱因，企业通过权变地调整组织系统内部的资源配置及与外部利益相关者之间的关系，力求达到与外部环境相匹配的有序状态，以免受冲击。组织结构、权力分配机制、人力资源等管理要素也需要相应地做出调整，为商业模式适应提供保障。该视角下商业模式适应是一个由外源主导驱动、间断平衡的过程。

3.3 价值共创理论视角下的商业模式适应过程

在价值共创理论视角的研究者眼里，价值共创逻辑是商业模式适应的基础（Dopfer et al.，2017），服务生态系统中各主体基于各自的价值主张，通过制度、技术和语言的交互形成以共创价值为导向的新商业模式，成为企业差异化的主要来源（Vargo and Lusch，2010）。

钱雨等（2018）基于 Chesbrough（2010）对商业模式进化过程的研究，以沈阳机床为案例，将商业模式适应过程分为三个阶段：在被动适应阶段，受国外技术封锁的影响，企业只能选择技术并购和模仿学习等方式化解技术困境，形成以资源扩张为发展重点的商业模式，设定关注产品种类及功能完善的功能型价值主张（张晓玲、赵毅，2012），此阶段尚未形成价值共创网络；在主动适应阶段，企业原有的中低端产品优势逐渐流失，迫切需要企业形成以高端产品为核心的商业模式，设定以服务与产品深度融合为价值来源的价值主张（令狐克睿、简兆权，2017），企业处于价值共创的初期；主动创造阶段，信息技术的发展和制度环境的改善，企业开始基于现有成熟技术主动创造客户需求，形成涌现型价值主张（Amit and Zott，2016）和以资源互动为基础的价值共创模式。

从价值共创理论视角出发，强调商业模式中价值主张的适应性成长，既包括价值主张根据外部环境做出调整的外源主导驱动适应，又包括企业主动创造价值主张重塑外部环境的内源主导驱动适应，该视角下商业模式适应是一个由内外源交互驱动、层层递进的过程。

以上从动态能力、复杂适应系统和价值共创三个理论视角出发解释了商业模式适应的过程，如图 1 所示。动态能力理论视角强调对资源和能力的运用和培育，以形成内部动态能力主动驱动商业模式适应；CAS 理论视角强调将商业模式作为一个复杂适应系统，系统中的主体如何行动起来以避免外部环境的冲击，即在外源环境刺激下商业模式的被动适应；价值共创理论视角将价值共创逻辑作为商业模式适应的基础，价值主张的适应性成长过程即为商业模式适应的过程，价值主张同时受到外部环境和组织内部管理要素的交互驱动。虽然从三个理论视角出发，变革的侧重点、动力来源和路径轨迹有所不同，如图 2 所示，但它们之间不是相互竞争和替代的关系。因为在组织实践中，资源和能力、组织系统和价值主张往往不是独立发生变化的，而是处于持续的动态交互中，唯有把内源主导驱动、外源主导驱动及内外源交互驱动的适应路径联系起来，利用它们之间的互补性才能更好地解释商业模式适应的形成、演化与发展。

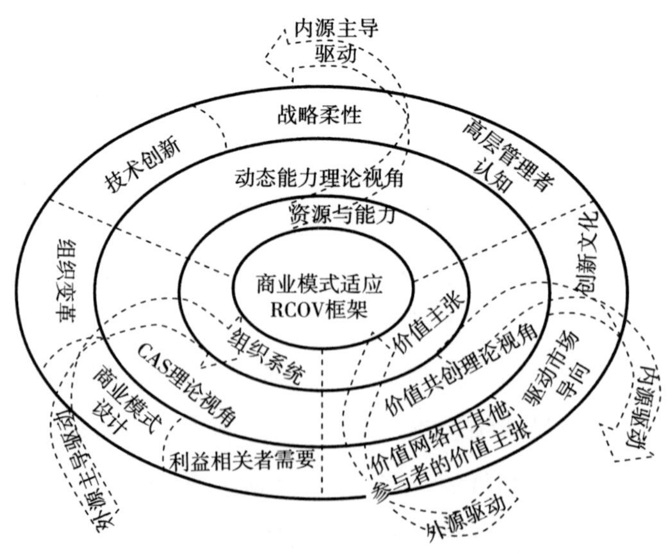

图 1　不同理论视角下的商业模式适应过程

4 结语与展望

本文在前人研究的基础上，进一步得出如下结论：①在变革范围、激进程度、发生频率、新颖度、预期成果、变革情境、变革主动性及变革能力准备八个方面区别于商业模式创新和商业模式演进，商业模式适应是指组织为应对激烈竞争的外部环境，运用创新变革能力，周期性地调整商业模式的构成要素及要素间的关系，以达到与组织内部相一致、与外部环境相匹配的适应效果。②基于阐释商业模式适应过程机制的 RCOV 框架，文章梳理了商业模式三个核心维度的适应表现和驱动因素。其中，商业模式的资源和能力维度的适应性成长主要受技术创新、战略柔性和高层管理者认知驱动；商业模式的组织系统维度的适应性成长主要受组织变革、商业模式设计和利益相关者的需要驱动；商业模式的价值主张维度的适应性成长主要受创新文化、驱动市场导向和价值网络中其他参与者的价值主张驱动。③从动态能力理论、复杂适应系统理论和价值共创理论视角出发凝练出不同的商业模式适应过程，分别对应内源主导驱动、外源主导驱动和内外源交互驱动三种适应路径，共同构成商业模式适应的整合路径。

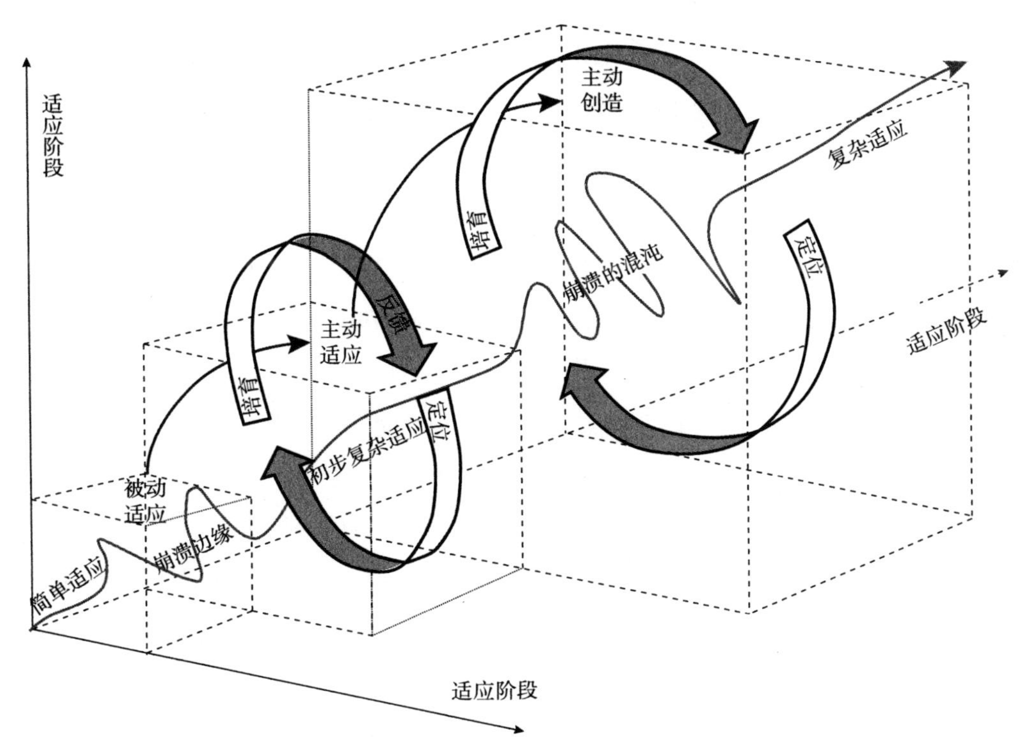

图 2　不同理论视角下的商业模式适应整合路径

文章抛砖引玉地回答了商业模式适应是什么、影响因素有哪些以及形成过程如何三大问题，然而对商业模式适应的全面阐释还需要大量研究予以深化。本文认为以下几个方面值得关注：①探索商业模式演进、适应和创新三者之间存在何种内在关联以及是否存在相互转化机制，以有效区别不同变革类型的概念边界和独特情境，具体可借鉴组织适应性、生物适应性等相关领域的成熟研究进行映射、吸纳和整合；②对影响商业模式演进、适应和创新的前因变量、中介变量、调节变量等进行系统梳理和实证检验，为现有理论划出限制条件和适用范围，使理论对变量间关系的解释更为精准；③融合不同的研究方法对商业模式适应的过程机制进行深度挖掘，例如，可以运用案例和实证相结合的方法，诠释和论证商业模式与组织内部的契合度会增强还是削弱其与外部环境的匹配度，或尝试从适应对象（如环境、商业模式原型、利益相关者的商业模式）的视角展开对商业模式适应过程机制的挖掘；④基于文中提出的商业模式适应表现，进一步开发商业模式适应度量表，为更多企业进行商业模式适应提供评价依据和改进方向。

参考文献

[1] Achtenhagen L., Melin L., Naldi L. Dynamics of Business Models - strategizing, Critical Capabilities and Activities for Sustained Value Creation [J]. Long Range Planning, 2013, 46 (6): 427-442.

[2] Amit R., Zott C. Value Creation in E - business [J]. Strategic Management Journal, 2001, 22 (6-7): 493-520.

[3] Amit R., Zott C. Crafting Business Architecture: The Antecedents of Business Model Design [J]. Strategic Entrepreneurship Journal, 2016, 9 (4): 331-350.

[4] Baden-Fuller C., Morgan M. S. Business Models as Models [J]. Long Range Planning, 2010, 43 (2-3): 156-171.

[5] Baden-Fuller C. Editorial [J]. Long Range Planning, 2010 (43): 143-145.

[6] Bar - Yam Y. Complexity Rising: From Human Beings to Human Civilization, a Complexity Profile, inEncyclopedia of Life Support Systems [M]. Oxford, UK: Eolss Unesco Publishers, 2002.

[7] Bohnsack R., Pinkse J., Kolk A. Business Models for Sustainable Technologies: Exploring Business Model Evolution in the Case of Electric Vehicles [J]. Research Policy, 2014, 43 (2): 284-300.

[8] Chesbrough H. Business Model Innovation: Opportunities and Barriers [J]. Long Range Planning, 2010, 43 (2-3): 354-363.

[9] Colombo M. G., Mohammadi A., Rossi-Lamastra C, et al. Innovative Business Models for High - Tech Entrepreneurial Ventures: The Organizational Design Challenges [A]//Nicolai J Foss, Tina saebi. Business Model Innovation: The Organizational Dimension [M]. Oxford: Oxford University Press, 2014.

[10] Collis D. J. Research note: How Valuable Are Organizational Capabilities? [J]. Strategic Management Journal, 2010, 15 (S1): 143-152.

[11] Demil B., Lecocq X. Business Model Evolution: In Search of Dynamic Consistency [J]. Long Range Planning, 2011, 43 (2-3): 227-246.

[12] Dopfer M., Fallahi S., Kirchberger M., et al. Adapt and Strive: How Ventures Under Resource Constraints Create Value Through Business Model Adaptations [J]. Creativity and Innovation Management, 2017, 26 (3): 233-246.

[13] Doz Y. L., Kosonen M. Embedding Strategic Agility: A Leadership Agenda for Accelerating Business Model Renewal [J]. Long Range Planning, 2010, 43 (2-3): 370-382.

[14] Dunford R., Palmer I., Benveniste J. Business

Model Replication for Early and Rapid Internationalisation: The ING Direct Experience [J]. Long Range Planning, 2010, 43 (5-6): 655-674.

[15] Dyer J. H., Singh H., Hesterly W. S. The Relational View Revisited: A Dynamic Perspective on Value Creation and Value Capture [J]. Strategic Management Journal, 2018, 39 (12): 3140-3162.

[16] Foss N. J., Laursen K., Pedersen T. Linking Customer Interaction and Innovation: The Mediating Role of New Organizational Practices [J]. Organization Ence, 2011, 22 (4): 980-999.

[17] Foss N. J., Saebi T. Business Model and Business Model Innovation [M]. London: Oxford University Press, 2015.

[18] Futuyama D. J. Evolutionary Biology [M]. Sunderland: Sinauer Press, 1979.

[19] Gell-Mann M. What Is Complexity? [J]. Complexity, 2002, 1 (1): 16-19.

[20] Helfat C. E., Peteraf M. A. The Dynamic Resource-Based View: Capability Lifecycles [J]. Strategic Management Journal, 2003, 24 (10): 997-1010.

[21] Helfat C. E., Finkelstein S., Mitchell W., et al. Dynamic Capabilities: Understanding Strategic Change in Organizations [J]. Academy of Management Review, 2007, 30 (1): 203-207.

[22] Hills S. B., Sarin S. From Market Driven to Market Driving: An Alternate Paradigm for Marketing in High Technology Industries [J]. Journal of Marketing Theory & Practice, 2003, 11 (3): 13-24.

[23] Jansen J. J. P., Vand B. F. A. J., Volberda H. W. Exploratory Innovation, Exploitative Innovation, and Performance: Effects of Organizational Antecedents and Environmental Moderators [J]. Management Ence, 2006, 52 (11): 1661-1674.

[24] Lecocq X., Demil B., Warnier V. Le Business Model, un Outil d'Analyse Stratégique [J]. L'Expansion Management Review, 2006 (4): 96-109.

[25] Liu J., Tong T. W., Sinfield J. V. Toward a Resilient Complex Adaptive System View of Business Models [J]. Long Range Planning, 2020.

[26] Mezger F. Toward a Capability-Based Conceptualization of Business Model Innovation: Insights from an Explorative Study [J]. R&D Management, 2014, 44 (5): 429-449.

[27] Michael Morris, Minet Schindehutte, Jeffrey Allen. The Entrepreneur's Business Model: Toward a Unified Perspective [J]. Journal of Business Research, 2005, 58 (1): 726-735.

[28] Narver J. C., Slater S. F., Maclachlan D. L. Responsive and Proactive Market Orientation and New Product Success [J]. Journal of Product Innovation Management, 2010, 21 (5): 334-347.

[29] Najmaei A. Dynamic Business Model Innovation: An Analytical Archetype [J]. Internafional Proceedings of Economics Development and Research, 2011 (12): 165-171.

[30] Penrose E. Theory of the Growth of the Firm [J]. Journal of the Operational Research Society, 1959, 23 (2): 240-241.

[31] Ricciardi F., Zardini A., Rossignoli C. Organizational Dynamism and Adaptive Business Model Innovation: The Triple Paradox Configuration [J]. Journal of Business Research, 2016, 69 (11): 5487-5493.

[32] Robertson P. J., Roberts D. R., Porras J. I. Dyn-amics of Planned Organizational Change: Assessing Empirical Support for a Theoretical Model [J]. Academy of Management Journal, 1993, 36 (3): 619-634.

[33] Saebi T., Lien L., Foss N. J. What Drives Busi-

ness Model Adaptation? The Impact of Opportunities, Threats and Strategic Orientation [J]. Long Range Planning, 2017, 50 (5): 567-581.

[34] Saebi T. Business Model Evolution, Adaptation or Innovation? A Contingency Framework on Business Model Dynamics, Environmental Change and Dynamic Capabilities [A]//Nicolai J Foss, Tina Saebi. Business Model Innovation: The Organizational Dimension [M]. Oxford: Oxford University Press, 2014.

[35] Siggelkow N. Persuasion with Case Studies [J]. Academy of Management Journal, 2007, 50 (1): 20-24.

[36] Sosna M., Rosa Nelly Trevinyo-Rodríguez, Velamuri S. R. Business Model Innovation Through Trial-And-Error Learning: The Naturhouse Case [J]. Long Range Planning, 2010, 43 (2-3): 383-407.

[37] Suarez F. F., Rogelio O. Environmental Change and Organizational Transformation [J]. Industrial & Corporate Change, 2005, 14 (6): 1017-1041.

[38] Teece D. J. Business Models, Business Strategy and Innovation [J]. Long Range Planning, 2010, 43 (2): 172-194.

[39] Tushman M. L., Romanelli E. Organizational Evolution: A Metamorphosis Model of Convergence and Reorientation [J]. Research in Organizational Behavior, 1985 (7): 171-222.

[40] Vargo S. L., Lusch R. F. From Repeat Patronage to Value Co-Creation in Service Ecosystems: A Transcending Conceptualization of Relationship [J]. Journal of Business Market Management, 2010, 4 (4): 169-179.

[41] Velu C. A Systems Perspective on Business Model Evolution: The Case of an Agricultural Information Service Provider in India [J]. Long Range Planning, 2016, 50 (5): 603-620.

[42] Walters C. J., Holling C. S. Large-scale Management Experiments and Learning by Doing [J]. Ecology, 1990, 71 (6): 2060-2068.

[43] Winter S. G. Understanding Dynamic Capabilities [J]. Strategic Management Journal, 2003, 24(10): 1-9.

[44] Wirtz B. W., Schilke O., Ullrich S. Strategic Development of Business Models: Implications of the Web 2.0 for Creating Value on the Internet [J]. Long Range Planning, 2010, 43 (2-3): 272-290.

[45] 陈禹. 复杂适应系统（CAS）理论及其应用——由来、内容与启示 [J]. 系统辩证学学报, 2001 (4): 35-39.

[46] 冯雪飞, 董大海. 商业模式创新中顾客价值主张影响因素的三棱锥模型——基于传统企业的多案例探索研究 [J]. 科学学与科学技术管理, 2015, 36 (9): 138-147.

[47] 郭毅夫. 商业模式转型影响因素的实证研究 [J]. 中国管理科学, 2012, 20 (S2): 594-599.

[48] 黄国群, 孟娜. 我国数字音乐商业模式特点及创新路径研究——以 RCOV 框架为视角 [J]. 哈尔滨商业大学学报（社会科学版）, 2017 (4): 49-58.

[49] 霍兰. 涌现 [M]. 陈禹等, 译. 上海: 上海科学出版社, 2001.

[50] 李飞, 乔晗. 数字技术驱动的工业品服务商业模式演进研究——以金风科技为例 [J]. 管理评论, 2019, 31 (8): 295-304.

[51] 令狐克睿, 简兆权. 制造业服务化价值共创模式研究: 基于服务生态系统视角 [J]. 华东经济管理, 2017, 31 (6): 84-92.

[52] 刘意, 谢康, 邓弘林. 数据驱动的产品研发转型: 组织惯例适应性变革视角的案例研究 [J]. 管理世界, 2020, 36 (3): 164-183.

[53] 罗珉, 刘永俊. 企业动态能力的理论架构与构成要素 [J]. 中国工业经济, 2009 (1): 75-86.

[54] 吕本波. 互联网企业商业模式适应性演进机

理研究［D］. 乌鲁木齐：新疆财经大学，2015.

［55］吕鸿江. 企业如何设计商业模式适应环境？——CAS 视角的理论框架［J］. 外国经济与管理，2015，37（12）：16-29，43.

［56］吕鸿江，程明，吴利华. CAS 视角下的商业模式设计与组织适应性［J］. 管理科学学报，2016，19（9）：94-108.

［57］吕鸿江，程明，周应堂，等. 商业模式设计的适应性进化机理研究［J］. 中国软科学，2016（2）：126-144.

［58］吕鸿江，刘洪. 基于匹配视角的商业模式与战略关系分析［J］. 东南大学学报（哲学社会科学版），2011，13（2）：46-52，127.

［59］吕鸿江，刘洪，程明. 多重理论视角下的组织适应性分析［J］. 外国经济与管理，2007（12）：56-64.

［60］朴庆秀，孙新波，钱雨，等. 服务化转型视角下技术创新与商业模式创新的互动机制研究——以沈阳机床集团为案例［J］. 科学学与科学技术管理，2020，41（2）：94-115.

［61］钱雨，张大鹏，孙新波，等. 基于价值共创理论的智能制造型企业商业模式演化机制案例研究［J］. 科学学与科学技术管理，2018，39(12)：123-141.

［62］沈建文. 基于认知视角的新疆乳品企业经营定位力演进管理研究［J］. 新疆财经，2013（3）：18-24.

［63］吴晓波，赵子溢. 商业模式创新的前因问题：研究综述与展望［J］. 外国经济与管理，2017，39（1）：114-127.

［64］肖静华. 企业跨体系数字化转型与管理适应性变革［J］. 改革，2020（4）：37-49.

［65］原磊. 国外商业模式理论研究评介［J］. 外国经济与管理，2007（10）：17-25.

［66］张晓玲，赵毅. 功能型客户价值主张与企业竞争性绩效的关系研究：基于创业板及中小企业板企业的实证分析［J］. 软科学，2012，26（9）：120-126.

［67］张媛. 基于商业模式创新的互联网企业动态能力培育研究［D］. 济南：山东大学，2012.

论文执行编辑：张　骁

论文接收日期：2020 年 10 月 21 日

作者简介：

孙新波（1971—），山东招远人，教授、博士生导师，东北大学工商管理学院副院长。主要研究领域为战略与管理、数据赋能和管理哲学。E-mail：xbsun@mail. neu. edu. cn。

秦佳慧（1996—）（通讯作者），山西长治人，东北大学工商管理学院，硕士研究生。研究领域为商业模式创新、协同激励。E-mail：m13780357760@163. com。

张庆强（1996—），山东泰安人，东北大学工商管理学院，博士研究生。研究领域为协同激励。E-mail：zl521553@163. com。

钱雨（1994—），黑龙江哈尔滨人，东北大学工商管理学院，博士研究生。研究领域为商业模式创新。E-mail：neuqiangu@163. com。

Review of Business Model Adaptation: Concept, Antecedent and Process

Xinbo Sun Jiahui Qin Qingqiang Zhang Yu Qian

(School of Business Administration, Northeastern University, Shenyang, China)

Abstract: In the era of VUCA, how to achieve business model adaptation is an essential issue for enterprises with both theoretical value and practical significance. Based on the systematic review of relevant research at home and abroad, this paper summarizes the connotation of business model adaptation firstly. Secondly, the driving factors of business model adaptation are summarized from the three core dimensions of RCOV model: resources and capabilities, organizational system, and value proposition. Finally, corresponding to the dimensions above, this paper uses dynamic capabilities, complex adaptive systems, and value co-creation, the three theoretical perspectives, to explain business model adaptation's process mechanism. It can also construct an integrated framework of different business model adaption paths to guide the practice of enterprise business model adaption and provide a reference for further research in the field of business model adaption.

Key Words: Business Model Adaptation; RCOV Model; Dynamic Capability; Complex Adaptive System; Value Co-creation

JEL Classification: F272

双向视角的顾客心理契约对顾客契合的影响研究*

□ 范广伟　刘汝萍　马钦海

摘　要：基于社会交换理论探究双向视角的顾客心理契约对顾客契合的影响机制。研究了交易心理契约履行和关系心理契约履行对顾客契合的影响、互动公平的中介作用和顾客对企业的心理契约的调节作用。以社会药房为调查背景，采用问卷调查法共获得249份有效数据。数据分析结果表明，交易心理契约履行和关系心理契约履行均显著正向影响顾客契合，且关系心理契约履行的影响更大；互动公平的中介作用显著；顾客对企业的心理契约调节交易心理契约履行和关系心理契约履行与顾客契合的关系，但未调节交易心理契约履行和关系心理契约履行与互动公平的关系。

关键词：顾客心理契约；顾客契合；互动公平

JEL 分类：D12

引　言

顾客契合被证明是发展和加强顾客关系的重要工具（Jaakkola and Alexander, 2014），于2009年被美国波多里奇国家质量奖《卓越绩效准则》采用作为评价品牌与顾客关系质量的标准。顾客在服务消费中与其他利益相关者互动、共同创造顾客体验（Brodie et al., 2011），继而由于某些激发要素的驱动对企业或品牌表现出的非交易行为被称为顾客契合，如口碑传播、帮助其他顾客、撰写博客、提出建议或发表评论等（van Doorn et al., 2010）。顾客契合有助于提高顾客对企业的情感联系、信任和承诺等（Brodie et al., 2013）；给企业带来外部的知识、技术和理念，在产品和服务创新过程中为企业带来经济价值、社会价值和功能价值（Piligrimienė et al., 2015）。

* 基金项目：辽宁省教育厅基本科研项目“‘互联网+’背景下医药消费者价值共创研究”（2017WQN02）。

与顾客忠诚相比，顾客契合是更高水平的概念，更关注顾客的互动体验和价值共创（荆宁宁、李德峰，2015）。目前已有很多企业重视顾客契合，例如，苹果公司鼓励顾客参与其新款手机的设计；阿里巴巴举办各种活动邀请顾客参与；星巴克的虚拟社区通过调动顾客的兴趣为其提供产品的创意和思路。美国营销科学研究院 2010~2012 年将顾客契合作为理解顾客体验和行为的重要方向，2016~2018 年将其列为优先研究主题；2017 年国际期刊 *Journal of the Academy of Marketing Science* 将顾客契合作为特刊。顾客契合在学术界和产业界日益得到重视（Hollebeek et al.，2019），已成为近年来发展最快的研究领域之一（Moliner-Tena et al.，2019）。

已有顾客契合前因的研究主要有两个视角：其一侧重顾客对企业提供的服务感知，例如，顾客对电子服务质量的感知（王高山等，2019）、顾客体验（Zhang et al.，2017）以及品牌心理所有权（张辉、刘文德，2016）等对顾客契合的影响；另一个视角关注顾客自身的心理和行为，例如，顾客投入（韩小芸、余策政，2013）与顾客学习行为（肖淑兰等，2018）等对顾客契合的影响。在一项消费中顾客对企业提供的服务感知与顾客对自己的责任感知是同时存在的，而已有研究几乎都是从其中一个视角展开的，对顾客契合的形成机制难以有更全面的认识，因此从双向视角研究顾客契合的形成机制是非常重要的。

在消费过程中，顾客一方面存在对企业责任履行的感知，同时也存在对自身责任的感知（赵鑫、马钦海，2013），即双向视角的顾客心理契约。企业责任履行得好，顾客可能会产生各种积极的行为，如参与新产品开发、反馈、分享体验等。以小米公司为例，“因为米粉，所以小米”体现了小米手机的问世离不开顾客的参与。小米手机的顾客也期望公司研发新产品时征求他们的意见和建议。因而当小米公司为顾客提供了参与新产品研发、发布、预订销售、售后服务等活动的平台——小米社区，顾客会认为小米公司履行了责任。基于互惠原则，顾客愿意采取行动回报小米公司。顾客在小米社区以发帖的形式参与产品的开发与测试、提供反馈与建议、分享体验等（冯进展、蔡淑琴，2020）。恰恰是小米公司的举措激发了顾客帮助企业成长的责任感从而更好地实现了价值创造。

公平性判断是员工感知到心理契约未履行之后产生违背的情绪体验的解释因素之一（Morrison and Robinson，1997）。在三类组织公平中，互动公平对组织公平的解释力度超过了结果公平和程序公平（Jones and Martens，2009）。在服务消费领域，服务公平是顾客对服务企业是否履行了其义务、提供其承诺的结果和利益的评价（Bowen et al.，1999）。其中，互动公平体现的是顾客对服务接触中所受对待质量的认知。在与服务企业的互动过程中，顾客感知企业责任履行的程度越高，互动公平的感知也可能越高。互动公平又会影响顾客满意度（Tur et al.，2006），进一步影响顾客契合（Pansari and Kumar，2017）。因此本文关注互动公平在顾客感知企业责任履行和顾客契合关系中的中介作用。

营销学者大多只关注顾客感知企业责任履行或违背对顾客忠诚（罗海成，2006）、顾客价值创造（贾薇等，2010）等态度和行为的影响，顾客自身责任感知对顾客态度及行为影响的研究甚少。刘汝萍等（2019）从员工责任和顾客责任双向视角探讨了顾客心理契约与顾客不文明行为的关系，研究结果显示员工责任和顾客责任都负向影响顾客不文明行为，满意发挥显著的中介作用。赵鑫和马钦海（2015）发现顾客对自身责任的感知调节顾客心理契约违背与顾客抱怨行为的关系。可见，顾客自身责任感知会影响顾客的态度和行为。在考虑顾客自身责任感知的情况下，顾客感知企业责任履行对顾客契合的影响会发生怎样的变化？比如有两位自身责任感知不同的顾客，一位顾客认为自己在享受服务的同时也应履行自身责任，另一位则认为"顾客就是上帝"，自己付费购买产品理应享受贵宾级服务而不需要履行义务。在顾客感知到企业履行了所许诺责任的情况下，前者可能形成更高程度的互动公平，也更愿意回报企业；而后者可能对互动公平的感知较低，回报企业的意愿也较低。

因此，本文从双向视角的顾客心理契约出发，将顾客感知的企业责任履行分为交易心理契约履行和关系心理契约履行两个方面，考察两者对顾客契合的影响，检验互动公平的中介作用，分析顾客对企业的心理契约在两者与顾客契合和互动公平关系中的调节作用。研究结论不仅可以深化顾客心理契约对顾客契合的作用机制，丰富顾客心理契约的研究内容，而且可以为服务企业支持顾客契合提供一定的借鉴和启示。

1　文献综述

1.1　顾客契合

顾客契合的概念最早出现在盖洛普商业杂志《永恒的顾客》中（Gallup Consulting，2001）。学术界对于顾客契合的定义可以分为三类：①顾客契合是顾客心理和行为的共同表现，既包括对企业具有高度的满意、信任、情感联系、承诺等心理上的契合，也包括积极向他人推荐、主动参与新产品开发等行为上的契合（Brodie et al.，2013）。②顾客契合是顾客基于认知和情感的心理反应，是顾客在服务消费中与其他利益相关者互动、共同创造顾客体验时产生的心理状态（Brodie et al.，2011）。心理上的顾客契合可能会升级为顾客契合行为（Beckers et al.，2014）。③顾客契合是一系列行为，包括两种观点，一种观点认为顾客契合包括交易行为和非交易行为（Kumar et al.，2010），另一种观点认为顾客契合是顾客受某些激发要素的驱动而对企业或品牌表现出的非交易行为（van Doorn et al.，2010）。

顾客可以通过许多不同的方式为企业创造价值（Kumar et al.，2010）。交易行为能够为企业带来直接利益，非交易行为（如口碑、推荐、帮助其他顾客、发表产品评论等）对品牌和企业价值也会产生很大的影响（Bijmolt et al.,2010）。企业越来越努力地刺激顾客参与非交易行为（Beckers et al.，2018），致力于通过顾客关系和互动建立长期关系（Islam et al.，2019）。因此，本文将顾客契合界定为顾客在消费过程中与其他利益相关者互动、共创顾客体验的基础上表现出的为企业创造价值的非交易行为。

顾客契合的形成是从认知阶段（连接、交互）到情感阶段（满意、保留、承诺）再到行为阶段（宣传）的螺旋上升的过程（Sashi, 2012）。邵景波等（2017）采用扎根理论提出了顾客契合行为形成机理模型，其中质量、满意、信任、社交需求和自我提升都会驱动顾客的契合行为，外部环境和个人特征具有调节作用。顾客契合的前因研究中，学者们探讨了电子服务质量（王高山等，2019）、品牌互动性（France et al.，2016）、顾客体验（Zhang et al.，2017）、顾客投入（韩小芸和余策政，2013）、品牌心理所有权（张辉、刘文德，2016）、顾客学习行为（肖淑兰等，2018）、满意（van Doorn et al.，2010）、信任（Dessart et al.，2015）等因素。在顾客契合的后果研究中，学者们探讨了价值共创（简兆权、令狐克睿，2018）、企业绩效（Harmeling et al.，2017）、口碑（Hollebeek and Chen，2014）、满意（Fehrer et al.，2018）、信任（Brodie et al.，2013）等因素。顾客契合过程的动态性和迭代性特点使得顾客契合的结果也可能成为顾客契合的前因（Brodie et al.，2011）。

1.2 顾客心理契约

组织心理学家 Argyris（1960）提出"心理工作契约"的概念，用于描述雇员与工头之间的关系。Levinson 等（1962）认为心理契约是组织与员工之间隐含的、未公开说明的相互期望的总和。Rousseau（1990）提出狭义的心理契约概念，指的是雇员对相互义务的感知。自此心理契约分为"古典学派"和"Rousseau 学派"。Roehling（1996）认为心理契约的概念可以扩展到组织之外的企业与顾客关系中。服务消费中顾客心理契约指的是顾客对自己和企业双方互惠的责任与义务的感知和信念（Guo et al.，2017）。本文采用这一概念，从企业对顾客的心理契约和顾客对企业的心理契约两方面开展研究。

Rousseau（1990）将雇员心理契约分为交易心理契约和关系心理契约，分别关注短期的、具体的、经济的交互关系和长期的、广泛的、社会情感的交互关系。我国学者罗海成（2006）从顾客感知企业责任的视角开发了营销情境中的顾客心理契约量表，包括交易心理契约与关系心理契约两个维度。阳林（2010）以银行业为背景开发了双向视角的顾客心理契约量表，研究发现服务企业对顾客心理契约和顾客对服务企业心理契约都是由交易心理契约与关系心理契约构成的二维结构。营销学者大多只关注顾客感知企业责任履行或违背对顾客忠诚（罗海成，2006）、顾客价值创造（贾薇等，2010）等态度和行为的影响，对心理契约中顾客自身责任感知对顾客态度及行为影响的研究甚少，且没有探讨双向视角的顾客心理契约对顾客契合的影响。例如，刘汝萍等（2019）从员工责任和顾客责任双向视角检验了心理契约与顾客不文明行为的关系。该文献中顾客对自身责任感知采用单一维度进行测量。因此，本文将企业对顾客的心理契约分为交易心理契约和关系心理契约，而顾客对企业的心理契约未作细分。

1.3 互动公平

互动公平（Interactional Justice）源于组织行为领域中的公平理论。组织公平包括结果公平（决策结果的公平性）、程序公平（决策过程的公平性）和互动公平（在决策实施过程中受到的人际对待的公平性）三个方面。公平理论也适用于服务企业和顾客之间的交往（Clemmer，1988）。在服务传递过程中，结果公平考虑的是服务的成本、服务量和卓越性；程序公平包括回应不寻常的请求、高效的服务、较短的等待时间和乐于助人的服务员工；互动公平涉及员工以友好、客观、诚实、礼貌和真诚的态度对待顾客的程度（Bowen et al.，1999）。

互动公平在组织内部沟通中至关重要，80%的管理问题源于沟通不良（朱其权、龙立荣，2012）。互动公平对组织公平的解释力度超过了结果公平和程序公平（Jones and Martens，2009）。一些学者将互动公平单独提了出来，探讨其对员工心理和行为的影响。例如，何轩（2009）探讨了中国情景下互动公平与员工沉默行为的关系，郑晓明和刘鑫（2016）分析了互动公平对员工幸福感的影响，Dang 和 Pham（2020）解释了互动公平促进银行前台员工的顾客导向的作用。在服务消费情境下，互动公平也会影响顾客的情绪和行为（Yi and Gong，2008）。因此本文聚焦的互动公平，指的是顾客对服务接触中所受对待质量的认知。

2 研究假设

2.1 企业对顾客的心理契约履行与顾客契合

顾客心理契约是顾客对自己和企业双方互惠的责任与义务的感知和信念（Guo et al.，2017）。互惠会带来个人幸福感，给人发展和维持关系的动力，被认为是营销关系中重要的人际规范（Pervan et al.，2009）。根据社会交换理论的互惠原则，顾客在与企业的关系中获得利益后，期望对企业产生积极的想法、感受和行为。

交易心理契约基于短期的回报和利益，强调特定时期内的具体的、可货币化的交换（Rousseau，1990）。交易心理契约可以令顾客从心理上获得未来与企业交换的保证，从而坚定与企业的交易信念（罗海成，2006）。如果顾客感知到企业履行了责任，则顾客的期望得到满足，会呈现满意的心理状态，不仅乐于将自己愉快的消费经历和体验告知亲友，也会放心地将企业推荐给他人。由此提出如下假设：

H1：交易心理契约履行对顾客契合有正向影响。

关系心理契约是基于信任的情感承诺，对交换伙伴有更高程度的认同（Rousseau，1995）。基于互惠原则，在交易过程中顾客感知到获得尊重、友谊和关心，会与企业建立社会、情感的纽带，并为回报企业表现出积极向他人推荐、主动参与新产品开发等非交易行为。由此提出如下假设：

H2：关系心理契约履行对顾客契合有正向影响。

2.2 互动公平的中介作用

互动公平是顾客对服务接触中所受对待质量的认知。根据服务接触理论，服务传递系统中互动过程的“真实瞬间”是影响顾客对服务感知的直接来源。互动过程的真实瞬间主要在于顾客与服务供应者之间的人际接触。服务人员是连接服务组织与顾客的桥梁，是服务组织与顾客之间的关键接触点。在服务接触中，与顾客接触频繁的重要服务人员在为顾客提供服务的同时，又可以通过互动为顾客带来良好的体验（Prahalad and Ramaswamy，2000）。

交易心理契约关注短期的、具体的、经济的交互关系（Rousseau，1990）。公平启发理论认为，当个体不能准确判断所在组织的公平程度时，会根据一些易于识别和判断的线索来借以评判组织是否公平（Lind，2001）。服务企业提供方便快捷的服务、舒适的服务环境、免费的服务设备会成为顾客判断服务公平的有利线索，提升顾客的互动公平感知。服务人员在提供服务的过程中耐心解答疑问、为顾客保密体现了礼貌、真诚的态度，也会促使顾客形成互动公平的感知。由此推断交易心理契约履行正向影响互动公平。

关系心理契约关注长期的、广泛的、社会情感的交互关系（Rousseau，1990）。服务人员尊重顾客、关心顾客、不向顾客推荐不需要的商品、出现服务失误时主动承担责任等行为体现了礼貌、友好、客观、真诚的态度。服务人员在关系心理契约方面履行程度越高，顾客的互动公平感知越高。由此推断关系心理契约履行正向影响互动公平。

Kumar和Pansari（2016）将顾客契合过程解释为员工与顾客关系建立、保持和互动的全过程。已有研究表明，顾客感知的互动公平影响顾客行为（Yi and Gong，2008）。更具体地说，顾客的互动公平感知影响顾客满意（Tur et al.，2006），顾客满意驱动顾客契合（Pansari and Kumar，2017；Santini et al.，2020）。

基于以上分析，提出如下假设：

H3：互动公平在交易心理契约履行与顾客契合的关系中起中介作用。

H4：互动公平在关系心理契约履行与顾客契合的关系中起中介作用。

2.3 顾客对企业的心理契约的调节作用

顾客对企业的心理契约是顾客对自身责任的感知，其实质是顾客对服务消费过程中的规范的感知与认同。社会规范理论认为人们将规范内化为自身的信念从而遵守规范，如果违背规范信念会感到羞耻和内疚（Campbell，1964）。根据该理论，感知自身责任强的顾客，更容易因为没有履行责任而产生羞耻和内疚的心理。因此，为减少羞耻和内疚心理的产生，当他们感知交易心理契约履行和关系心理契约履行程度越高时，契合的程度也越高。相反，有些顾客认为自己是“上帝”，对服务企业有高要求，但对自身责任的感知较低。对这类顾客而言，自身没有履行责任时羞耻和内疚的感受也较低，交易心理契约履行和关系心理契约履行对顾客契合的影响被削弱。由此提出如下假设：

H5：顾客对企业的心理契约在交易心理契约履行与顾客契合的关系中起正向调节作用。

H6：顾客对企业的心理契约在关系心理契约履行与顾客契合的关系中起正向调节作用。

顾客对自身责任感知包括尊重服务人员的劳动、自觉维护服务秩序等方面（阳林，2010）。感知自身责任强的顾客在希望企业履行责任的同时也会以高标准要求自己（赵鑫、马钦海，2015）。基于资源交换理论，人们的社会活动实际上是在追求能够满足生活的社会资源，如爱、地位、信息、金钱、货物、服务等（Foa and Foa，2012）。如果服务人员在耐心解答疑问、尊重和关心顾客等方面履行责任越高，感知自身责任强的顾客越能关注到服务人员所传递的社会资源，从而形成更强的互动公平感知。相反，感知自身责任弱的顾客可能以“上帝”自居，认为服务人员再热情的服务都是理所应当的，忽视了服务人员的付出和努力，以至于对互动公平的感知较低。由此提出如下假设：

H7：顾客对企业的心理契约在交易心理契约履行与互动公平的关系中起正向调节作用。

H8：顾客对企业的心理契约在关系心理契约履行与互动公平的关系中起正向调节作用。

综合以上研究假设，提出本文的概念模型，见图 1。

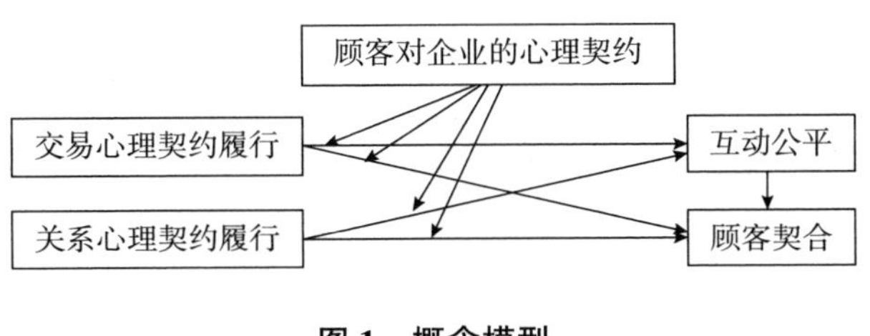

图 1　概念模型

3　研究方法

3.1　问卷设计及变量测量

本文选取社会药房为调查背景。主要基于以下原因：一方面，医药商品与人的身心健康息息相关，顾客购买医药商品的主要目的是预防和治疗疾病，在消费过程中会产生心理契约。比如，顾客为了能够买到适合的医药商品会真实表述自己的症状和需求，也期望服务人员能够关心自己、不泄露个人隐私等。另一方面，社会药房数量众多、竞争激烈、顾客忠诚度低，带量采购和网售处方药更是给实体药店带来双重打击，社会药房更应关注顾客容错、推荐、反馈、帮助其他顾客等非交易行为。

本文采用的研究方法是问卷调查法。调查问卷分为两个部分：第一部分测量双向视角的顾客心理契约、互动公平和顾客契合。企业对顾客的心理契约和顾客对企业的心理契约参考阳林（2010）的研究分别选取 11 个和 10 个测量题项，互动公平参考 Judge 和 Colquitt（2004）的研究采用 3 个题项来测量，顾客契合借鉴杨学成和涂科（2018）的研究采用 4 个题项来测量。研究人员结合研究目的和医药行业的特点对题项的措辞进行了适当的修改。本文采用 5 点 Likert 量表，“1”为非常不同意，“5”为非常同意。为检验被试是否认真作答，设置反向题，在数据分析时对反向题得分进行转换。第二部分是被试基本信息，包括性别、年龄、职业、受教育程度、可支配月收入和购买频率。

3.2　数据收集

为减少记忆偏差，研究人员在药房门口对从药房走出的被试发放调查问卷。共发放问卷 300 份，收回 291 份。其中，信息不完整的问卷 16 份，全部选择相同选项或作答具有明显规律性的问卷 21 份，答案前后矛盾的问卷 5 份。剔除无效问卷后，最终得到有效问卷 249 份。样本的基本信息如表 1 所示。

表1　样本基本信息

变量	选项	频次	比例（%）	变量	选项	频次	比例（%）
性别	男	126	50.6	购买频率	以前没有购买过	55	22.09
					偶尔购买	136	54.62
	女	123	49.4		经常购买	58	23.29
年龄	18岁以下	6	2.41	职业	公司职员	37	14.86
	18~24岁	70	28.11		公务员	21	8.43
	25~30岁	34	13.66		教师	31	12.45
	31~40岁	47	18.88		学生	75	30.12
	41~50岁	52	20.88		工人	28	11.25
	51~60岁	28	11.24		个体经营者	30	12.05
	60岁以上	12	4.82		其他	27	10.84
受教育程度	初中及以下	11	4.42	可支配月收入	2000元以下	95	38.15
	高中/中专	47	18.88		2000~3000元	44	17.67
	大专	74	29.72		3000~5000元	65	26.11
	本科	96	38.55		5000~8000元	38	15.26
	研究生	21	8.43		8000元以上	7	2.81

4　数据分析与结果

4.1　共同方法偏差检验

本文采用程序控制和统计控制两种方式控制共同方法偏差。在程序控制上，采取了匿名自愿填写、设置反向题等方法。在统计控制上，根据Harman单因素检验方法对全部测量题项进行了探索性因子分析，未旋转的第1个因子的方差解释率为40.752%（低于50%的判断标准）。本文进一步采用偏相关分析法（Podsakoff et al.，2003）检验共同方法偏差。该方法的基本思路是，通过控制探索性因子分析中未旋转的第1个因子，比较控制前的相关系数与控制后的偏相关系数，如果原本显著的相关系数依然显著，即可忽略共同方法偏差的影响。本文中控制前的相关系数都显著，控制后的偏相关系数依然显著，可见共同方法偏差问题并不严重。

4.2　信度和效度分析

本文进行探索性因子分析后，删除了交易心理契约履行的一个题项（反向题“药房人员向您推荐您不需要的商品”数值转换后没有与其他题项在一个因子上）。SPSS 24.0分析结果（见表2）表明，各变量的Cronbach's α和组合信度系数（CR值）都高于0.8，表明变量具有较好的信度。各题项在其所测量的潜变量上的因子载荷系数都大于0.7，潜变量的AVE值都超过0.6，表明变量具有较高的收敛效度。

表2 信度和收敛效度检验

变量	题项	因子载荷系数	Cronbach's α	AVE	CR
交易心理契约履行	耐心解答您的疑问	0.837	0.891	0.698	0.920
	为您保密	0.850			
	向您提供方便快捷的服务，不浪费您的时间	0.771			
	为您提供舒适的服务环境	0.871			
	提供免费的服务设备	0.845			
关系心理契约履行	重视与您的个人友谊	0.813	0.846	0.620	0.891
	关心您的工作和生活	0.819			
	尊重您，没有敷衍	0.776			
	为您提供稳定、有保障的服务	0.771			
	出现服务失误时主动承担责任	0.757			
顾客对企业的心理契约	尊重药房人员的劳动	0.790	0.944	0.673	0.953
	自觉维护服务秩序	0.873			
	自觉维护药房的整洁	0.846			
	不损坏免费服务设备	0.891			
	不浪费资源	0.841			
	言谈举止不损害药房形象	0.893			
	认同药房的文化	0.719			
	接受服务程序的调整安排	0.791			
	不提出额外的服务要求	0.745			
	自觉遵守药房的服务规程	0.796			
互动公平	药房人员和您的沟通是适当的	0.893	0.891	0.821	0.932
	药房人员尽量满足您的需求	0.917			
	药房人员积极为您解决问题	0.909			
顾客契合	您可以接受交易过程中该药房的某些小失误	0.767	0.805	0.633	0.873
	您会向身边的人推荐该药房	0.782			
	您会给他人做参谋，帮助他人选择该药房	0.811			
	您会向该药房提供有益的反馈	0.821			

在表3中的区别效度检验结果中，潜变量的AVE平方根（对角线数据）均大于该潜变量与其他潜变量的相关系数，即该潜变量因子解释与之对应的测量项目的变异量大于其对其他测量项目变异量的解释，表明各潜变量之间具有较好的区分效度。潜变量的方差膨胀因子（VIF）均小于3，远小于警戒值10，因此多重共线性问题不严重。

表 3　区别效度检验

变量	均值	标准差	交易心理契约履行	关系心理契约履行	顾客对企业的心理契约	互动公平	顾客契合
交易心理契约履行	3.583	0.821	0.835	—	—	—	—
关系心理契约履行	3.451	0.810	0.622 ***	0.787	—	—	—
顾客对企业的心理契约	4.140	0.691	0.433 ***	0.422 ***	0.820	—	—
互动公平	3.926	0.792	0.578 ***	0.533 ***	0.614 ***	0.906	—
顾客契合	3.558	0.730	0.472 ***	0.518 ***	0.287 ***	0.541 ***	0.796
潜变量 VIF	—	—	2.695	2.674	1.667	2.309	1.605

注：* 表示 $p<0.05$；** 表示 $p<0.01$；*** 表示 $p<0.001$，下同。

4.3　假设检验

采用回归分析法检验 H1 和 H2。回归分析结果显示，在控制人口统计变量后，交易心理契约履行（$\beta=0.163$，$p<0.05$）和关系心理契约履行（$\beta=0.347$，$p<0.001$）均对顾客契合产生显著正向影响，因此 H1 和 H2 得到数据的支持。由未标准化回归系数和显著性可以看出，关系心理契约履行对顾客契合的影响更大。

基于 Preacher 和 Hayes（2007）提出的研究方法，采用 SPSS 24.0 的 PROCESS 插件检验互动公平的中介效应（H3 和 H4）。首先检验互动公平在交易心理契约履行与顾客契合关系中的中介作用。选择中介作用检验的模型，因变量为顾客契合，自变量为交易心理契约履行，中介变量为互动公平，控制变量为关系心理契约履行和人口统计变量，Bootstrap 取样方法选择偏差校正的非参数百分位法，样本量为 5000，置信区间的置信度设置为 95%。其次采用同样的方法检验互动公平在关系心理契约履行与顾客契合关系中的中介作用。中介效应检验的回归分析结果和间接效应检验结果分别如表 4 和表 5 所示。根据数据分析结果，人口统计变量在所有模型中只有性别对互动公平产生显著影响（$\beta=0.192$，$p=0.020<0.05$），故表 4 未列出人口统计变量。

表 4　中介效应检验回归分析结果

变量		系数	t 值	显著性	下限	上限
中介变量：互动公平						
自变量	交易心理契约履行	0.379 ***	4.910	0.000	0.227	0.531
	关系心理契约履行	0.212 **	2.734	0.007	0.059	0.365
因变量：顾客契合						
中介变量	互动公平	0.355 ***	5.984	0.000	0.238	0.472
自变量	交易心理契约履行	0.028	0.379	0.705	-0.119	0.175
	关系心理契约履行	0.272 ***	3.741	0.000	0.129	0.415

表 5　间接效应检验结果

路径	Sobel 检验		Bootstrap 检验			
	Z 值	显著性	间接效应	标准误	Boot 下限	Boot 上限
交易心理契约履行→互动公平→顾客契合	3.764	0.000	0.135	0.041	0.070	0.236
关系心理契约履行→互动公平→顾客契合	2.458	0.014	0.075	0.037	0.017	0.171

表 4 和表 5 数据显示，①交易心理契约履行（β=0.379，p<0.001）对互动公平产生显著的正向影响。当同时考虑交易心理契约履行、互动公平和控制变量对顾客契合的影响时，互动公平对顾客契合具有显著的正向影响（β=0.355，p<0.001），交易心理契约履行对顾客契合的影响不显著（β = 0.028，p > 0.05）。Sobel 检验和 Bootstrap 检验的结果表明，互动公平在交易心理契约履行和顾客契合之间起到中介作用（Z = 3.764，p < 0.001；间接效应值为 0.135，95%的置信区间为［0.070，0.236］），因此 H3 得到数据的支持。②关系心理契约履行（β=0.212，p<0.01）对互动公平的正向影响显著。当同时考虑关系心理契约履行、互动公平和控制变量对顾客契合的影响时，互动公平对顾客契合具有显著的正向影响（β=0.355，p<0.001），关系心理契约履行对顾客契合的影响减弱（β = 0.272，p < 0.001）。Sobel 检验和 Bootstrap 检验的结果表明，互动公平在关系心理契约履行和顾客契合之间发挥中介作用（Z= 2.458，p<0.05；间接效应值为 0.075，95%的置信区间为［0.017，0.171］），因此 H4 得到数据的支持。

采用 SPSS 24.0 的 PROCESS 插件检验顾客对企业的心理契约的调节效应（H5 ~ H8）。首先检验在交易心理契约履行和顾客契合关系中的调节作用。选择调节作用检验的模型，因变量为顾客契合，自变量为交易心理契约履行，调节变量为顾客对企业的心理契约，控制变量为人口统计变量和关系心理契约履行，Bootstrap 取样方法选择偏差校正的非参数百分位法，样本量为 5000，置信区间的置信度设置为 95%。之后采用同样的方法检验顾客对企业的心理契约在关系心理契约履行和顾客契合、交易心理契约履行和互动公平、关系心理契约履行和互动公平关系中的调节作用。顾客对企业的心理契约的低、中、高三种水平分别为均值-1 标准差（3.449）、均值（4.140）、均值+1 标准差（4.831）。调节效应分析结果如表 6 所示。

表 6　顾客对企业的心理契约调节效应分析结果

路径	调节变量	交互作用下的 R^2 增加		不同条件下的直接效应			
		R^2 改变量	p	效应	p	Boot 下限	Boot 上限
交易心理契约履行→顾客契合	低	0.032	0.001	-0.006	0.947	-0.180	0.168
	中			0.126	0.099	-0.024	0.276
	高			0.258	0.002	0.095	0.421

续表

路径	调节变量	交互作用下的 R^2 增加		不同条件下的直接效应			
		R^2 改变量	p	效应	p	Boot 下限	Boot 上限
关系心理契约履行→顾客契合	低	0.015	0.022	0.237	0.007	0.065	0.409
	中			0.326	0.000	0.175	0.477
	高			0.415	0.000	0.248	0.582
交易心理契约履行→互动公平	低	0.001	0.544	0.340	0.000	0.214	0.467
	中			0.363	0.000	0.264	0.462
	高			0.385	0.000	0.266	0.505
关系心理契约履行→互动公平	低	0.001	0.525	0.186	0.014	0.038	0.333
	中			0.208	0.001	0.085	0.332
	高			0.231	0.001	0.095	0.367

从表 6 可以看出，①顾客对企业的心理契约在交易心理契约履行和顾客契合关系中的调节作用显著（R^2改变量 = 0.032，$p<0.01$）。在顾客对企业的心理契约的低、中两种水平下，交易心理契约履行对顾客契合的影响不显著；当顾客对企业的心理契约高时，交易心理契约履行对顾客契合产生显著的正向影响。顾客对企业的心理契约越强，交易心理契约履行对顾客契合的影响越大，H5 得到数据的支持。②顾客对企业的心理契约在关系心理契约履行和顾客契合关系中的调节作用显著（R^2 改变量 = 0.015，$p<0.05$）。在顾客对企业的心理契约的低、中、高三种水平下，关系心理契约履行对顾客契合的影响均显著。顾客对企业的心理契约越强，关系心理契约履行对顾客契合的影响越大，H6 得到数据的支持。③顾客对企业的心理契约在交易心理契约履行和互动公平关系中的调节作用不显著（R^2 改变量 = 0.001，$p>0.05$）。在顾客对企业的心理契约的低、中、高三种水平下，交易心理契约履行对互动公平的影响均显著。尽管顾客对企业的心理契约越强，交易心理契约履行对互动公平的影响越大，但效应的差异未达到显著水平，因此 H7 未得到数据的支持。④顾客对企业的心理契约在关系心理契约履行和互动公平关系中的调节作用不显著（R^2改变量 = 0.001，$p>0.05$）。在顾客对企业的心理契约的低、中、高三种水平下，关系心理契约履行对互动公平的影响均显著。虽然顾客对企业的心理契约越强，关系心理契约履行对互动公平的影响越大，但由于效应的差异未达到显著水平，因此 H8 未得到数据的支持。

5 结论与启示

5.1 研究结论

本文基于社会交换理论探究了双向视角的顾客心理契约对顾客契合的影响机制。具体内容包括：考察了交易心理契约履行和关系心理契约履行对顾客契合的影响，检验了互动公平在交易心理契约履行和关系心理契约履行与顾客契合关系中的中介作用，分析了顾客对企业的心理契约在交易心理契约履行和关系心理契约履行与顾客契合和互动公平关系中的调节作用。主要得出以下结论：

（1）交易心理契约履行和关系心理契约履行对顾客契合的影响存在差异。交易心理契约履行和关系心理契约履行对顾客契合都有显著的正向影响，而关系心理契约履行对顾客契合的影响更大。可能的原因是顾客契合建立在顾客关系的基础之上（Kumar and Pansari，2016），关系心理契约侧重于长期合作关系的建设和维护（阳林，2010）。

（2）互动公平在交易心理契约履行和关系心理契约履行与顾客契合的关系中发挥中介作用。在顾客与企业互动过程中，交易心理契约履行和关系心理契约履行不仅直接影响顾客契合，也会通过互动公平对顾客契合产生正向影响。在顾客契合前因研究的现有文献中，学者们分析了顾客心理所有权（韩小芸、余策政，2013）、顾客感知价值（王高山等，2019）等中介变量，本文从公平视角解释了交易心理契约履行和关系心理契约履行对顾客契合的作用机制。

（3）顾客对企业的心理契约正向调节交易心理契约履行和顾客契合、关系心理契约履行和顾客契合的关系。与感知自身责任弱的顾客相比，对感知自身责任强的顾客来说，交易心理契约履行和关系心理契约履行对顾客契合的影响更大。尽管已有研究同时考虑了顾客的双向心理契约（赵鑫、马钦海，2015；刘汝萍等，2019），但没有探讨双向视角的顾客心理契约对顾客契合的影响，本文深化了顾客心理契约对顾客契合的作用机制，丰富了服务消费中顾客心理契约的研究内容。

（4）顾客对企业的心理契约在交易心理契约履行和互动公平、关系心理契约履行和互动公平关系中的调节作用未得到验证。可能的原因是对感知自身责任强度不同的顾客来说，如果他们感知到企业履行了交易心理契约和关系心理契约，他们都能感受到企业所传递的社会资源，如礼貌、友好、尊敬等，从而形成互动公平感知，在影响程度上差异不显著。

5.2 管理启示

本文的研究结论为服务企业从顾客和企业双向视角支持顾客契合提供了一定的借鉴和启示，具体分析如下：

（1）关注顾客对企业的心理契约。与顾客接触时，服务人员应耐心、礼貌地引导顾客准确地表达需求，委婉地提醒顾客履行应尽的责任，给予顾客充分的尊重。顾客不仅可以意识到自身的责任，配合服务人员顺利完成交易，尊重服务人员的劳动，而且能够感知到企业履行了责任，从而表现出向他人推荐、为企业提供有益的反馈等对企业有利的非交易行为。

（2）促进服务人员对顾客所感知的企业责任的理解与履行。从顾客视角了解企业对顾客的交易心理契约和关系心理契约，通过培训、模拟服务过程等方式提升服务人员履行责任的能力。服务人员在与顾客的互动过程中应认真履行企业对顾客的心理契约尤其是关系心理契约以促进顾客契合，例如，尊重顾客、重视与顾客的个人友谊、关心顾客的工作和生活等。

（3）重视服务接触中的互动公平。服务企业要树立并严格实施“以顾客为中心”的服务理念，引导服务人员意识到在服务接触中与顾客友好沟通的重要性。在提供服务的过程中，服务人员应公正对待每一位顾客，对于顾客的需求及时响应，热心、耐心地为顾客解决困难，让顾客感受到公平和尊重，促使顾客表现出为企业创造价值的非交易行为。

（4）服务企业要为交易的顺利进行提供保障。一方面，服务企业提供有形的设施（如舒适的服务环境、免费的服务设备）和无形的制度体系（如要求服务人员耐心地解答顾客的疑问、出现服务失误时主动承担责任）以履行企业的责任。另一方面，服务企业可以通过设置社会规范标识、海报等表明顾客责任的内容，增强顾客对自身责任的感知。

5.3 研究局限与展望

（1）所选行业单一，样本来源于社会药房的顾客。顾客契合在不同行业中的内涵有所差异，未来研究可以扩展到其他行业。

（2）中介变量仅考虑互动公平，没有探讨公平理论中的结果公平、程序公平等概念的作用。未来研究可以继续挖掘顾客心理，分析其他变量的中介作用。

（3）以顾客对企业的心理契约作为调节变量，探究企业对顾客的心理契约履行对顾客契合的影响，未来研究可以从顾客特征、行业特点等方面进一步研究变量间关系。

参考文献

［1］ Argyris C. Understanding Organizational Behavior [M]. London：Tavistock Publications，1960.

［2］ Beckers S. F. M.，Risselada H.，Verhoef P. C. Customer Engagement：A New Frontier in Customer Value Management [J]. Handbook of Service Marketing Research，2014，2（6）：97- 120.

［3］ Beckers S. F. M.，van Doorn J.，Verhoef P. C. Good，Better，Engaged? The Effect of Company-initiated Customer Engagement Behavior on Shareholder Value [J]. Journal of the Academy of Marketing Science，2018，46（3）：366-383.

［4］ Bijmolt T. H. A.，Leeflang P. S. H.，Block F.，et al. Analytics for Customer Engagement [J]. Journal of Service Research，2010，13（3）：341-356.

［5］ Bowen D. E.，Gilliland S. W.，Folger R. HRM and Service Fairness：How being Fair with Employees Spills over to Customers [J]. Organizational Dynamics，1999，27（3）：7-23.

［6］ Brodie R. J.，Hollebeek L. D.，Juric B.，et al. Customer Engagement：Conceptual Domain，Fundamental Propositions，and Implications for Research [J]. Journal of Service Research，2011，14（3）：252-271.

［7］ Brodie R. J.，Ilic A.，Juric B.，et al. Consumer Engagement in a Virtual Brand Community：An Exploratory Analysis [J]. Journal of Business Research，2013，66（1）：105-114.

［8］ Campbell E. Q. The Internalization of Moral Norms [J]. American Sociological Association，1964，27（4）：391-412.

［9］ Clemmer E. C. The Role of Fairness in Customer Satisfaction with Services [D]. Maryland：University of Maryland，1988.

［10］ Dang T. T.，Pham A. D. What Make Banks' Front-line Staff more Customer Oriented? The Role of Interactional Justice [J]. International Journal of Bank Marketing，2020，38（4）：777-798.

［11］ Dessart L.，Veloutsou C.，Morgan-Thomas A. Consumer Engagement in Online Brand Communities：A Social Media Perspective [J]. Journal of Product and Brand Management，2015，24（1）：28-42.

［12］ Fehrer J. A.，Woratschek H.，Germelmann C.

C. , et al. Dynamics and Drivers of Customer Engagement: Within the Dyad and Beyond [J]. Journal of Service Management, 2018, 29 (3): 443-467.

[13] Foa E. B. , Foa U. G. Resource Theory of Social Exchange [A] // Törnblom K, Kazemi A. Handbook of Social Resource Theory Critical Issues in Social Justice [M]. New York: Springer, 2012: 15-32.

[14] France C. , Merrilees B. , Miller D. An Inte-grated Model of Customer-brand Engagement: Drivers and Consequences [J]. Journal of Brand Management, 2016, 23 (2): 119-136.

[15] Gallup Consulting. The Constant Customer [EB/OL]. http: //www. gllup. com/businessjourmal/ 745/ comstant-customer. aspx. 2001.

[16] Guo L. , Gruen T. W. , Tang C. Seeing Relationships through the Lens of Psychological Contracts: The Structure of Consumer Service Relationships [J]. Journal of the Academy of Marketing Science, 2017, 45 (3): 357-376.

[17] Harmeling C. M. , Moffett J. W. , Arnold M. J. , et al. Toward a Theory of Customer Engagement Marketing [J]. Journal of the Academy of Marketing Science, 2017, 45 (3): 312-335.

[18] Hollebeek L. D. , Chen T. Exploring Positively-versus Negatively-Valenced Brand Engagement: A Conceptual Model [J]. Journal of Product and Brand Management, 2014, 23 (1): 62-74.

[19] Hollebeek L. D. , Sprott D. E. , Andreassen T. W. , et al. Customer Engagement in Evolving Technological Environments: Synopsis and Guiding Propositions [J]. European Journal of Marketing, 2019, 53 (9): 2018-2023.

[20] Islam J. U. , Hollebeek L. D. , Rahman Z. , et al. Customer Engagement in the Service Context: An Empirical Investigation of the Construct, Its Antecedents and Consequences [J]. Journal of Retailing and Consumer Services, 2019 (50): 277-285.

[21] Jaakkola E. , Alexander M. The Role of Customer Engagement Behavior in Value Co-creation a Service System Perspective [J]. Journal of Service Research, 2014, 17 (3): 247-261.

[22] Jones D. A. , Martens M. L. The Mediating Role of Overall Fairness and the Moderating Role of Trust Certainty in Justice-criteria Relationships: The Formation and Use of Fairness Heuristics in the Workplace [J]. Journal of Organizational Behavior, 2009, 30 (8): 1025-1051.

[23] Judge T. A. , Colquitt J. A. Organizational Justice and Stress: The Mediating Role of Work-family Conflict [J]. Journal of Applied Psychology, 2004, 89 (3): 395-404.

[24] Kumar V. , Aksoy L. , Donkers B. , et al. Undervalued or Overvalued Customers: Capturing Total Customer Engagement Value [J]. Journal of Service Research, 2010, 13 (3): 297-310.

[25] Kumar V. , Pansari A. Competitive Advantage Through Engagement [J]. Journal of Marketing Research, 2016, 53 (4): 497-514.

[26] Levinson H. , Price C. R. , Munden K. J. , et al. Men, Management, and Mental Health [M]. Cambridge: Harvard University Press, 1962.

[27] Lind E. A. Fairness Heuristic Theory: Justice Judgments as Pivotal Cognitions in Organizational Relations [A] //Greenberg J, Cropanzano R. (eds) . Advances in Organizational Justice [M]. California: Stanford University Press, 2001: 56-88.

[28] Moliner-Tena M. A. , Monferrer-Tirado D. , Estrada-Guillén M. Customer Engagement, Non-tran-sactional Behaviors and Experience in services: A Study in the Bank Sector [J]. International Journal of Bank Marketing,

2019, 37 (3): 730-754.

[29] Morrison E. W., Robinson S. L. When Employees Feel Betrayed: A Model of How Psychological Contract Violation Develops [J]. Academy of Management Review, 1997, 22 (1): 226-256.

[30] Pansari A., Kumar V. Customer Engagement: The Construct, Antecedents, and Consequences [J]. Journal of the Academy of Marketing Science, 2017, 45 (3): 294-311.

[31] Pervan S. J., Bove L. L., Johnson L. W. Reciprocity as a Key Stabilizing Norm of Interpersonal Marketing Relationships: Scale Development and Validation [J]. Industrial Marketing Management, 2009, 38(1): 60-70.

[32] Piligrimienė Ž, Dovalienė A, Virvilaitė R. Consumer Engagement in Value Co-creation: What Kind of Value it Creates for Company? [J]. Engineering Economics, 2015, 26 (4): 452-460.

[33] Podsakoff P. M., Mackenzie S. B., Lee J. Y., et al. Common Method Biases in Behavioral Research: A Critical Review of the Literature and Recommended Remedies [J]. Journal of Applied Psychology, 2003, 88 (5): 879-903.

[34] Prahalad C. K., Ramaswamy V. Co-opting Customer Competence [J]. Harvard Business Review, 2000, 25 (1): 79-87.

[35] Preacher K. J., Rucker D. D., Hayes A. F. Add-ressing Moderated Mediation Hypotheses: Theory, Meth-ods, and Prescriptions [J]. Multivariate Behavioral Research, 2007, 42 (1): 185-227.

[36] Roehling M. V. The Origins and Early Deve-lopment of the Psychological Contract Construct [J]. Academy of Management Proceedings, 1996, 3 (2): 202-206.

[37] Rousseau D. M. New Hire Perception of Their Own and Their Employers Obligations: A Study of Psychological Contracts [J]. Journal of Organizational Behavior, 1990, 11 (5): 389-400.

[38] Rousseau D. M. Psychological Contracts in Organizations: Understanding Written and Unwritten Ag-reements [M]. London: Sage Publications, 1995.

[39] Santini F. D. O., Ladeira W. J., Pinto D. C., et al. Customer Engagement in Social Media: A Framework and Meta-analysis [J]. Journal of the Academy of Marketing Science, 2020, 48 (1): 1211-1228.

[40] Sashi C. M. Customer Engagement, Buyer-seller Relationship, and Social Media [J]. Management Decision, 2012, 50 (2): 253-272.

[41] Tur V. M., Peiró J. M., Ramos J., et al. Justice Perceptions as Predictors of Customer Satisfaction: The Impact of Distributive, Procedural, and Interactional Justice [J]. Journal of Applied Social Psychology, 2006, 36 (1): 100-119.

[42] van Doorn J., Lemon K. N., Mittal V., et al. Customer Engagement Behavior: Theoretical Foundations and Research Directions [J]. Journal of Service Research, 2010, 13 (3): 247-252.

[43] Yi Y., Gong T. The Effects of Customer Justice Perception and Affect on Customer Citizenship Behavior and Customer Dysfunctional Behavior [J]. Industrial Marketing Management, 2008, 37 (7): 767-783.

[44] Zhang M., Hu M., Guo L., et al. Understanding Relationships among Customer Experience, Engagement, and Word-of-mouth Intention on Online Brand Com-munities: The Perspective of Service Ecosystem [J]. Internet Research, 2017, 27 (4): 839-857.

[45] 冯进展，蔡淑琴. 虚拟品牌社区中契合顾客识别模型及实例研究 [J]. 管理学报, 2020, 17 (9): 1364-1372.

[46] 韩小芸，余策政. 顾客契合：个人心理影响因素及对顾客忠诚感的影响 [J]. 营销科学学报,

2013，9（2）：99-110.

［47］何轩．互动公平真的就能治疗“沉默”病吗？——以中庸思维作为调节变量的本土实证研究［J］．管理世界，2009（4）：128-134.

［48］贾薇，张明立，李东．顾客参与的心理契约对顾客价值创造的影响［J］．管理工程学报，2010，24（4）：20-28.

［49］简兆权，令狐克睿．虚拟品牌社区顾客契合对价值共创的影响机制［J］．管理学报，2018，15（3）：326-334，344.

［50］荆宁宁，李德峰．顾客契合研究综述［J］．外国经济与管理，2015，37（7）：33-45.

［51］刘汝萍，范广伟，赵鑫，等．探究心理契约与顾客不文明行为关系的新视角：员工责任与顾客责任双向视角［J］．管理评论，2019，31（8）：169-180.

［52］罗海成．顾客忠诚的心理契约机制实证研究［J］．管理评论，2006，18（1）：57-62.

［53］邵景波，张君慧，蔺晓东．什么驱动了顾客契合行为？——形成机理分析与实证研究［J］．管理评论，2017，29（1）：155-165.

［54］王高山，张新，徐峰，等．电子服务质量对顾客契合的影响：顾客感知价值的中介效应［J］．大连理工大学学报（社会科学版），2019，40（2）：67-76.

［55］肖淑兰，陈剑，林红菱．基于自我导向学习理论的顾客学习行为及其对顾客契合影响研究［J］．预测，2018，37（3）：35-41.

［56］阳林．服务企业与顾客心理契约结构研究——一项基于银行业的实证研究［J］．南开管理评论，2010，13（1）：59-68.

［57］杨学成，涂科．信任氛围对用户契合的影响——基于共享经济背景下的价值共创视角［J］．管理评论，2018，30（12）：164-174.

［58］张辉，刘文德．品牌心理所有权、顾客契合及自我—品牌联结的关系研究——以旅游品牌为例［J］．品牌研究，2016（6）：25-38.

［59］赵鑫，马钦海．顾客心理契约违背效应研究——基于对顾客抱怨行为影响的实证分析［J］．技术经济与管理研究，2015（8）：71-75.

［60］赵鑫，马钦海．营销领域中心理契约研究综述［J］．南大商学评论，2013，10（4）：157-170.

［61］郑晓明，刘鑫．互动公平对员工幸福感的影响：心理授权的中介作用与权力距离的调节作用［J］．心理学报，2016，48（6）：693-709.

［62］朱其权，龙立荣．互动公平研究评述［J］．管理评论，2012，24（4）：101-106.

论文执行编辑：张　骁

论文接收日期：2020 年 11 月 16 日

作者简介：

范广伟（1985— ），辽宁绥中人，沈阳药科大学工商管理学院讲师、博士。研究方向为服务营销和消费者行为。E-mail：105000306@ syphu. edu. cn。

刘汝萍（1975— ），辽宁营口人，东北大学工商管理学院副教授、博士。研究方向为服务营销、消费者行为等。E-mail：rpliu@ mail. neu. edu. cn。

马钦海（1963—），山东鱼台人，东北大学工商管理学院教授、博士生导师。研究方向为服务与营销管理等。E-mail：qhma@ mail. neu. edu. cn。

The Impact of Two-way Perspective of Customer Psychological Contract on Customer Engagement

Guangwei Fan[1], Ruping Liu[2], Qinhai Ma[2]

(1. School of Business Administration, Shenyang Pharmaceutical University, Shenyang, China

2. School of Business Administration, Northeastern University, Shenyang, China)

Abstract: This paper explores the impact mechanism of two-way perspective of customer psychological contract on customer engagement based on Social Exchange Theory. It studies the impact of transactional psychological contract fulfillment and relational psychological contract fulfillment on customer engagement, the mediating role of interactional justice and the moderating role of psychological contract by customers to firm. 249 valid data were obtained by questionnaire survey in the context of social pharmacy. The results show that both transactional psychological contract fulfillment and relational psychological contract fulfillment have a significant positive impact on customer engagement, and the effect of relational psychological contract fulfillment is stronger; the mediating role of interactional justice is significant; psychological contract by customers to firm moderates the relationship between transactional psychological contract fulfillment and customer engagement as well as the relationship between relational psychological contract fulfillment and customer engagement, but does not moderate the relationship between transactional psychological contract fulfillment and interactional justice or the relationship between relational psychological contract fulfillment and interactional justice.

Key Words: Customer Psychological Contract; Customer Engagement; Interactional Justice

JEL Classification: D12

创业教育可以提高创业意愿吗？
——基于56100份数据的元分析*

□ 李海燕　刘海建

摘　要：本文采用元分析方法，通过文献筛查和甄选收集到70篇符合分析标准的论文，包括72个研究，56100份数据，结果发现创业教育能够有效推动大学生的创业意愿。特别地，相对于课堂理论教育，创业实践教育与创业意愿之间的关系更显著。此外，从创业教育与创业意愿之间的关系强度来看，女学生比男学生更强、经管专业学生比非经管专业学生更强、农村的学生比城市的学生更强。而且，测量工具和论文发表的时间也会影响这一关系。结论说明我国高校创业教育应该因地制宜，并根据学生的特点采用不同的方式，以推动我国大学生的创业实践。

关键词：创业教育；创业意愿；元分析；调节效应

JEL分类：J24，M13

引　言

就业是最大的民生。在就业形势越发严峻的当下，我国高校功能已从人才培养转换为就业创业导向，实现该转变的抓手是创业教育。这不仅是推进高等教育综合改革，提高人才培养质量的重要举措，还是实现高质量就业创业的保障。创业教育强调知识的外在价值，即通过对创业知识的应用，激发大学生的创业意愿，以引导最终的创业行为。在“双创”的呼声下，高校大力推行的创业教育是否达到了提高大学生创业意愿的效果？这一问题有必要置于我国创业教育情境中深入探讨。目前已涌现出大量相关的实证研究，然而却呈现出不同的结论。一些文献证明高校创业教育对创业意愿具有正向显著影响（周冬梅等，2020；王心焕等，2016），而有的研究则认为高校创业教育对创业意愿的作用不显著　（郭晶，2019；乐国安等，2012）。

---

* 基金项目：国家自然科学基金面上项目“行善亦须真心向善：负溢出情境下企业社会责任真诚性解读研究”（71972099）、西藏文化传承发展协同创新中心课题“乡村振兴视角下西藏乡村创业研究”　（XT-ZB202014）。

由此可见，对两者关系的验证仍需更加充分且无偏差的证据。

元分析作为一种根植于系统性证据的方法，可以保证研究结果的稳健性和有效性。其主要思路是在系统评价的基础上，对众多研究的数据进行筛选定位，综合分析和评价，避免了单一研究可能存在的偏差。不同于叙述性的文献回顾，元分析摒弃了评价者的主观臆测，制定文献筛选标准，利用计量方法赋予不同研究样本以科学权重，对相关问题的研究提供了透明、客观以及可重复的研究框架（Borenstein et al.，2009）。这也正是本文利用元分析方法的初衷。在目前已有的创业教育和创业意愿关系的元分析研究中，杨洁（2016）对 19 篇文章进行元分析，发现创业教育同大学生创业意愿的效应值为 0.29，呈中等相关关系，然而样本过少的元分析会让结论的稳健性遭到质疑；黄登良等（2017）则只对影响两者回归系数显著性结果的因素进行了一般意义上的回归，并未计算创业教育同大学生创业意愿的效应值，对主效应的影响缺乏解释。

本文使用元分析方法检验创业教育与创业意愿的关系，贡献体现在两个方面：一是理论方面。首先，检验了高校创业教育同大学生创业意愿之间的关系强度。特别地，将创业教育划分为创业课程教育和创业实践教育两大类，分别检验其对大学生创业意愿的影响，比较了两种不同类型的创业教育的效果差异。其次，引入多项潜在调节变量，包括个体因素变量如性别、专业等，环境调节变量如家庭所在地，样本地域等，探讨在这些变量调节下创业教育与创业意愿之间关系的变动。最后，Heuer 和 Liñán（2013）对大量文献开展研究发现，当测量创业教育和创业意愿的方法存在差异时，两者关系也会受到波及。因此有必要将测量方法作为调节变量纳入研究模型，既可以探索不同测量方法的异质性，还能弥补原始研究中无法检验的调节效应。二是实践方面。本文对创业教育课程体系、培养机制、实践训练、专创融合示范课程等关键环节改革提供了理论依据，为带动全国高校创新创业教育改革向纵深迈进、谋划“十四五”创新创业教育改革新思路奠定了理论与实践基础。同时，本文认为，创业教育资源的科学使用和合理规划的确有利于培育一批双创人才，以实现毕业生高质量就业的目标。

1　相关概念界定

1.1　创业意愿

作为心理活动的过程，意愿是一种引导个人注意力以达成既定目标的心理状态，或是为了完成某项具体任务所必经之阶段。社会心理学一直在寻找解释和影响行为的变量，大量研究证实意愿是行为的预测变量，而非态度、信念、人格或地域因素。由于创业行为较为罕见、难以观测且具有无法预测的滞后性，创业意愿是其最佳预测变量（Bird，1988）。创业意愿即个体希望拥有自己的企业或准备成立新企业的愿望，其形成过程较为复杂，是在个体因素和社会情境共同作用下，受不同思考方式交互影响而产生的。目前有关创业意愿的实证研究运用最多的模型是 Ajzen 在 1991 年提出的计划行为理论及 Shapero 和 Sokol 于 1982 年提出的创业事件模型。作为创业态度的影响变量和一类置换事件，创业教育对创业意愿的影响成为近年来研究的焦点。

1.2 创业教育

高校创业教育最早可追溯至1947年哈佛商学院开设的创业课程，之后飞速发展并广泛普及。步入21世纪，传统工作的内容和形式发生了翻天覆地的变化，变得更加灵活且富有弹性，同时技术的不断更迭进一步加快了工作演化的进程，创新精神成为经济世界的必备能力。为了激发大学生的创业意识，提升创新能力，教育部在2012年出台了《教育部关于全面提高高等教育质量的若干意见》，要求各高校开发创新创业类课程，纳入学分管理。目前，学术界对创业教育的研究可分为以下两个层面。宏观层面上，政策制定者关注创业教育对经济发展的实际促进作用，Acs等（2018）证实创业课程和项目能显著提升新企业创建的可能性，鼓励创业者的实际创业行为，从而推动当地经济发展和技术创新。微观层面上，学者们对创业教育与创业态度、意愿、行为之间的关系进行了论证，但相关证据仍然不足，甚至出现相反的结论。Graevenitz等（2010）将此归咎于研究方法上的原因，Bae等（2014）认为情境和文化因素的差异影响了最终结果，Nabi等（2016）则关注到不同类型的创业教育教学方法会产生不同的效果。

2 研究假设

2.1 创业教育对创业意愿影响的主效应

根据计划行为理论的观点，创业是一种典型的计划行为，拥有创业意愿即意味着创业者承诺开创新的事业。正是由于计划行为的特点，创业态度可能会受到教育方法的影响，主观规范会随着创业教育普及而得到正向强化，知觉行为控制也会随着创业知识的增加而得到提升。然而创业教育对创业意愿的影响力仍尚待挖掘。Lüthje和Franke（2003）的实证研究表明，学生的行为很容易被一系列个体和环境因素影响，创业教育和企业家的正面形象都是学生们选择创业的重要激励因素。参与和未参与创业课程的学生之间存在着显著差别，创业意愿的水平与学生参加管理课程的数量之间呈现显著相关关系。

我们需要确定的是，创业教育究竟是不是创业意愿和行为的直接影响因素？一些研究尝试比较来自不同群体的学生意愿和行为，Rideout和Gray（2013）在对多篇实证研究文章进行整合分析后，发现高校对创业指导和培训投入得越多，学生创业比例越高。Noel（2002）开展了一项针对不同专业学生样本的研究，结果发现创业管理专业的学生相对于其他两个专业，更倾向于建立新企业，有更高的创业意愿和更成熟的自我效能。Bae等（2014）针对73份研究进行元分析，发现创业教育与创业意愿之间存在显著但较低的相关性。在中国情境下，张秀娥等（2018）运用计划行为理论对八省大学生进行问卷调查，调查结果证明创业教育对创业意愿有积极影响，创业态度、主观规范和知觉行为控制起到部分中介作用。谭力文等（2015）发现创业教育能够增加大学生的创业知识、提升创业能力和培养积极的创业态度，而且创业教育直接会对大学生创业意愿产生积极的正向影响。以上研究均支持提出以下假设。

H1：高校创业教育与大学生创业意愿存在显著正相关关系。

2.2 调节效应

2.2.1 创业教育类型的调节效应

根据《普通本科学校创业教育教学基本要求（试行）》，高校创业教育的教学方法包括两大类：一类包括常规的课堂教学，以及创业讲座、创业训练、创业模拟、创业大赛、创业协会等课外活动；另一类为开展学习参观、市场调查、项目设计、成果转化、企业创办等创业实践活动。那么课堂教育和实践教育作为截然不同的两种方式，对大学生创业意愿的影响是否也有所不同？Fayolle和Gailly（2015）提出创业教育要素包括课程内容、教学方式、教学时长、教师履历资质、教学资源的可获得性等，但有关创业教育要素的异质性对创业意愿影响的研究甚少。乐国安等（2012）对全国30所高校的5000多名大学生进行调查，发现只有模拟训练和创业大赛对创业意向的影响是显著的，而创业课程和讲座对创业意愿几乎没有影响。王心焕等（2016）将创业教育细分为创业课程、创业讲座、创业竞赛、参与创业、企业经营、拥有虚拟产权，基于10128份问卷的层次回归结果表明不同创业教育的影响存在差异，参与创业过程和企业经营对本科生的创业意向影响最大，创业课程和创业讲座次之，创业竞赛的影响较小，其他类型的创业教育影响不显著。本文认为，创业课堂教育的目的在于传递创业知识和技能，即获取知识；创业实践教育则倾向于激发创业意识，即应用知识。基于此提出以下假设：

H2：相较于创业课堂教育，创业实践教育与创业意愿的相关性更强。

2.2.2 个体因素的调节效应

在创业教育实践中，除了教育本身，我们还需要关注接受教育的个体。从大学生人口统计学变量来看，性别、专业、年级、过往创业经历、学业成绩等的差别也许都会对创业教育的效果产生影响，值得进一步讨论。考虑到数据取得的限制以及变量的普遍性，本文选取性别和专业作为个体层面的调节变量进行分析。

根据创业事件模型理论，Shaperot和Sokol指出即使发生了职业道路上的“置换”事件，每个人也并非都会选择创业，此时心理学上的不同特质有助于解释面对类似事件的不同选择。2018年全球创业调查显示，虽然女性的创业活动有所增多，两性平等状况有所改善，但男性的创业活动仍远远高于女性。瑞士UESSS 2013~2014年针对全球高校学生的调查结果也证实，男学生的创业意向整体上高于女学生，我国大学生创业意愿的性别差异同国外研究相一致（郭雷振，2016）。运用社会角色理论可以解释不同性别在创业意愿上呈现的差异，在性别刻板印象的影响下，创业活动被社会大众认为是男性化的职业，这种性别上的社会期待会使男性更倾向于将企业家作为一种职业选择。相反，对女性而言，社会角色上的性别刻板印象会使女性感知到创业能力的匮乏，避免选择过于男性化的职业道路（Wilson，2007）。由此可以认为，女性对于创业教育的需求要高于男性，那么女性接受创业教育后创业意愿的提高程度也应高于男性，故推导出以下假设。

H3：创业教育与创业意愿关系中，女大学

生要高于男大学生。

2017 年中国高校学生创新创业调查报告指出，对创新创业有兴趣的大学生专业位居前三的是工学类、管理学类和经济学类。同非经管专业大学生相比，经管专业学生已经通过大学课程的学习获取了丰富的商业知识和技能，对企业运作的了解更加深入，非经管专业大学生对于创业教育的需求要高于经管专业学生，那么非经管专业大学生接收创业教育后创业意愿的提高程度也会高于经管专业大学生。基于此提出以下假设。

H4：创业教育与创业意愿关系中，非经管专业大学生要高于经管专业大学生。

2.2.3 环境因素的调节效应

程建青等（2019）提出在心理要素为主导的前提下，管制、规范、认知制度因素能更有效地激发创业活跃度。城乡二元结构下，我国各省市的法规制度、金融支持、经济发展速度具有显著差异。一般而言，相对于农村，城市环境对于当地创业活跃度的影响更高。理所当然，创新创业指数高的城市的创业活跃度也更高。而创业活跃度的提高反过来会促进政策法规完善，增强当地居民创业意向，激发潜在创业者的企业家精神，从而营造良好的创业氛围。据此可推测当大学生位于创新创业指数更高的城市时，已经从外部环境吸收了足够多的创业知识甚至于创业经验，对创业行为的认可度更高，学校创业教育对其创业意愿的影响力会减低。反之，那些位于创新创业指数较低的地方和农村的大学生，创业教育的影响力会更高。基于此提出以下假设。

H5：创业教育与创业意愿关系中，家庭所在地为农村的大学生要高于位于城市的大学生。

H6：创业教育与创业意愿关系中，位于创新创业指数更低的城市中的大学生要高于位于创新创业指数较高的城市中的大学生。

2.2.4 测量方式、年份和发表途径的调节效应

目前学术界对创业意愿的测量并未形成统一标准，国外运用比较广泛的问卷来自于 Liñán 和 Chen（2009）、Tompson（2009）等。国内一些学者也针对中国情境设计了问卷，包括范巍和王重鸣（2006）、李永强等（2008）。Heuer 和 Liñán（2013）认为研究方式可以解释不同研究结论的部分偏差，那么可以将创业意愿测量方式作为一个调节变量纳入研究。考虑到意愿是心理构面的变量，难以直接观测，所以应使用多维指标且严谨的量表进行测量。Liñán 和 Chen（2009）设计了一份非常成熟的问卷，翻译为中文后在多次实证研究中都保持了较高的信效度，相较于其他问卷尤其是自创问卷测量更为准确。据此提出假设 7。

H7：相较于其他问卷，使用 Liñán 和 Chen（2009）问卷测量创业意愿，创业教育与创业意愿之间的关系会更加显著。

2012 年教育部发布的《普通本科学校创业教育教学基本要求（试行）》对普通本科学校创业教育的教学目标、教学原则、教学内容、教学方法和教学组织进行了明确的规定。然而由于国内各大高校创业教育师资严重缺乏，课程开设困难重重，2012 年之后的创业基础课程在高校开设的情况并不乐观。根据教育部统计，截至 2015 年 10 月，全国有 82%的高校开设了创新创业的必修课或选修课，开设创业教育的

课程门数比2014年增加了14%。可见，2016年后创业教育课程才在高校普及开来。文献计量也表明2016年后我国学者针对高校创业教育的研究更加广泛，文献数量呈现大幅度增加趋势。缺乏了创业教育普及的土壤，创业教育的目标更多的是内在知识传授而非外部知识转化，那么与创业意愿的关系会更弱，由此提出以下假设。

H8：相较于2016年之前发表的文献，2016年之后发表的文献中创业教育与创业意愿之间的关系更强。

"文件抽屉问题"（File Drawer Problem）是在元分析中常常受到关注的话题。该问题隐含的假设在于研究发表时面临的自选择悖论，即统计意义上不显著的研究很难在主流渠道上发表，也更少可能被纳入元分析中（Dickersin，2006）。我国论文来源包括核心期刊、一般期刊、会议论文和硕博士论文等，它们各自对论文的要求不同。根据以上解释，我们认为核心期刊对论文的要求更为严格，当变量之间关系强度较高时，录用的可能性会更高。据此提出以下假设。

H9：相较于其他来源的文章，核心期刊论文中的创业教育与创业意愿的关系更强。

3 研究过程

3.1 研究文献的确定

本文主要采用计算机检索方式，以中国期刊数据库、万方数据库、中国科技期刊数据库为文献检索范围，以"创业教育""创业培训""创业意愿""创业倾向""创业意向"等作为关键词进行检索，结果显示至2020年1月，共有309篇涉及我国大学生创业教育与创业意愿关系的研究文献。然后运用雪球法对多篇关键文献进行分析，发现我们通过以上数据库已经搜集到所有的相关文献，因此本文纳入研究范畴的文献是全面详尽的。

3.2 筛选标准

筛选标准如下：①研究对象为我国大学生。②研究方法为量化实证研究，排除质性研究的文献。③研究变量解释清晰，排除变量解释不明确的研究。④研究结果包含研究变量之间的相关系数或能转化为相关系数的β值、d值。⑤对于同一样本分阶段或者重复发表的文章，选择综合性最强的一篇归一化。如史容（2015）和史容等（2016）这两篇文章的研究，由数据描述统计量可知为同一样本源，故整合为一个研究。根据以上标准，本文最后纳入元分析的文献为70篇，其中包括72个研究，561000份数据。

3.3 变量编码

变量编码规则如下：①创业教育类型分为创业课堂教育和创业实践教育，其中创业课堂教育包括创业课程、创业讲座、理论教育等，创业实践教育包括创业大赛、创业社团、创业社会实践等，注意两者的样本数据有重复。②由于大部分研究都未对男性和女性大学生进行分组分析，一种权宜的考虑是按照男女比例50%来分组，女大学生占比超过50%即归于女性占比高组，反之亦然。③相关研究样本家庭既包含城镇也包含农村，同时学生的专业也呈现出多样性，未针对不同家庭所在地和专业开展分析。因此本文对家庭所在地和专业组按照样本数据的中位值来划分。④如前所述，大学生所在地域创新创业氛围越浓厚，则其在外部环境接受到的创业思潮较多，那么地域与创业教育及创业意愿关系的调节效应会减少。因此对地域分组时应着重考虑地域的创新创业氛围，而非区位特质。张晓波等（2016）构建的省级创新创业指数较为综合，包含获得新建企业数目、风险投资、吸引外来投资、吸引风险投资、专利授权数量和商标注册数量在内的六大维度，适合作为分组标准。本文将我国 31 个省市分为两个梯队，为了保证结果稳健性，分别以 15 名和 16 名作为创新创业指数高低城市的分界线，得出的结果一致，下表中的数据为以 15 名为分界线的结果。⑤创业意愿测量工具方面，Liñán 和 Chen（2009）设计的量表为学术界主流测量量表，运用较为广泛，本文分为使用 Liñán 和 Chen（2009）量表和未使用两组。⑥考虑到我国高校创业教育普及的时间以及文献增长趋势，结合论文发表周期和数据采集周期，本文以 2016 年为分界线，将有关创业教育与创业意愿关系的论文的发表时间分为 2016 年（包括该年）以前和 2016 年以后两组。⑦文献包括中文核心期刊论文、一般期刊论文、硕博士论文和会议论文四类，由于符合元分析要求的会议论文数量本文仅有 3 篇，不足以纳入分析，故本文仅设置了三类论文发表途径。

3.4 效应值确定、转化及报告事项

本文使用 Hunter 和 Schmidt（2004）的方法进行元分析，该方法采用皮尔森相关系数 r 值为效应值，并对样本数据的测量误差进行了修正。考虑到有部分文献并未报告解释变量和被解释变量的信度，故对这些未报告信度的研究采用其他已报告信度的平均值来替代。同时，纳入元分析的部分文献未报告相关系数 r 值，对于仅仅报告了 β 值的文献，采用 Peterson 和 Brown（2005）的方法转换为 r 值；对于仅仅报告了 d 值的文献，使用 Lipsey 和 Wilson（2001）的方法转换为 r 值。对总体和分组样本数据，本文均在 95%的置信区间内计算了效应值的显著程度。此外本文还报告了 80%的信用区间，若信用区间较为宽泛，包含了零值，则表明其中存在调节效应（Borenstein et al.，2009）。根据 Hunter 和 Schmidt（2000）对固定效应和随机效应的解释，前者意味着元分析中所纳入的分析来自于同一个样本总体，分析主效应时应采用固定效应模型；而后者认为这些分析来自于不同的样本总体，分析调节效应时需使用随机效应模型。故本文使用随机效应和固定效应相混合的方法来计算。同时还报告了 Q 统计量，若该统计量显著，则证明效应值可能受到潜在的调节变量影响。由于调节变量都是类别变量，采用分组比较分析，计算 Z 统计量，$Z=\frac{(\rho_1-\rho_2)}{\sqrt{SE_1^2+SE_2^2}}$。其中，$\rho_1$和$\rho_2$分别为两组修正后的效应值，$SE_1$和 SE_2分别为两组的方差，通过 Z 的显著性水平来判定调节效应是否显著。

4 元分析结果

4.1 主效应和调节效应分析

高校创业教育与大学生创业意愿相关性的总体元分析结果如表 1 所示，基本校正整合分析后的相关系数为 0.25，测量误差进行校正后为 0.29，95%的置信区间内不存在 0 值，表明

创业教育和创业意愿的平均相关系数非零，且处于 0.24~0.34。同时 80%的信用区间也不包括零值，证明 80%的研究效应值都分布在该区间内。抽样误差和测量误差仅能解释 3%的方差，说明在研究层面存在调节变量。总体而言，创业教育与创业意愿之间的相关系数为 0.29。

表 1　创业教育与创业意愿相关性主效应分析

K	N	$\bar{r}$	SD_r	ρ	SD_ρ	Corrected 95%CI	Corrected 80% CR	%variance	Q
72	56100	0.25	0.18	0.29	0.21	0.24~0.34	0.02~0.56	3%	2643.78*

注：k 为研究数，N 为样本数据，$\bar{r}$ 为未修正的平均相关系数，SD_r 为未修正相关系数标准差，ρ 为修正后相关系数，SD_ρ 为修正后相关系数标准差，Corrected 95%CI 为 95%的置信区间，Corrected 80% CR 为 80%的信用区间，%variance 为被统计方法所解释方差的比例，Q 为对效应值同质性进行检验的统计量，* 表示 $p<0.01$。

表 2 的数据显示创业课堂教育与创业意愿的相关系数为 0.22，低于创业实践教育与创业意愿的相关系数 0.25，具有统计意义上的显著差异（$p<0.01$），该结论支持了创业实践教育与创业意愿的相关性更强这一假设。相对于男大学生而言，女大学生接受创业教育后创业意愿更加强烈，H3 得到支持。值得注意的是，专业的确可以调节创业教育和创业意愿的相关关系，但同 H4 提出的调节效应存在差距，经管专业大学生这一群体接受创业教育后创业意愿更为强烈。提出 H4 的理论基础在于，经管专业大学生已经接受了一定程度的商业知识教育，推断其对创业教育的需求会降低。然而此种推断忽视了创业教育同商业知识教育之间的区别。两者目的截然不同，前者是为了提高创业意识，培养具有创业激情的企业家；后者是帮助大学生了解企业运作过程和增加管理知识，提升商业技能，培养合格的企业员工。因此商业知识的储备并不会降低创业教育对创业意愿的影响，反而对创业教育与创业意愿关系的调节效应更加显著。

家庭所在地会显著调节创业教育与创业意愿的关系，位于农村的大学生，创业教育与其创业意愿的关系更加显著，证实了 H5。同时地域也具有显著的调节效应，大学生所处地域的创新指数越高，创业教育和创业意愿的相关性越低，H6 得到支持。

纳入元分析的文献对创业意愿的测量方式参差不一，有的使用二元分类变量测量，有的采用自创量表测量，有的直接运用比较成熟的量表测量。这些量表的信效度具有差异，会显著影响最后的结论。从测量方式的调节效应来看，若使用 Liñán 和 Chen（2009）量表对创业意愿进行测量，创业教育与创业意愿的相关系数显著高于未使用该量表的研究。H7 的推测得到证实，即测量心理层面的构念时，采用信效度较高的成熟问卷测量会更加准确，从而会提高结果的显著性。而在文献发表年份方面，可以看到 2016 年是一道分水岭，2016 年之前发表的文献的效应值为 0.19，2016 年之后发表的文献的效应值为 0.43，表明创业教育与创业意愿之间的关系更强。H8 得到支持，年份显著地调节了创业教育和创业意愿之间的关系。

表 2 创业教育同创业意愿关系的调节效应分析

	K	N	$\bar{r}$	SD_r	ρ	SD_ρ	Corrected 95%CI	Corrected 80% CR	Q	Sig.
创业教育类型										
创业课堂教育	26	32005	0.18	0.18	0.22	0.21	0.14~0.30	−0.05~0.48	1241.15*	P<0.01
创业实践教育	24	32766	0.21	0.16	0.25	0.19	0.18~0.33	0.006~0.50	1110.13*	
性别										
男性占比高	26	28060	0.20	0.15	0.23	0.18	0.16~0.20	−0.003~0.47	868.52*	P<0.01
女性占比高	35	23726	0.28	0.19	0.33	0.22	0.25~0.40	0.04~0.61	1308.08*	
专业										
经管占比高	21	7846	0.36	0.20	0.42	0.23	0.32~0.52	0.13~0.71	534.71*	P<0.01
非经管占比高	26	27919	0.23	0.16	0.28	0.19	0.2~0.35	0.03~0.52	1023.83*	
家庭所在地										
城镇占比高	11	5444	0.25	0.13	0.30	0.15	0.29~0.39	0.099~0.49	122.5*	P<0.01
农村占比高	13	9562	0.34	0.14	0.42	0.17	0.32~0.52	0.21~0.63	353.17*	
地域										
创新指数高	29	16475	0.28	0.12	0.32	0.14	0.27~0.38	0.14~0.50	457.80*	P<0.01
创新指数低	24	17619	0.32	0.17	0.39	0.20	0.31~0.47	0.14~0.64	651.45*	
测量方式										
Liñán 和 Chen	18	9148	0.31	0.20	0.36	0.23	0.26~0.47	0.07~0.66	556.32*	P<0.01
其他量表	54	46952	0.23	0.17	0.27	0.20	0.22~0.33	0.01~0.54	2017.03*	
年份										
2016 年以前	32	32000	0.16	0.14	0.19	0.16	0.13~0.24	−0.02~0.39	785.40*	P<0.01
2016 年以后	40	24100	0.36	0.17	0.43	0.19	0.37~0.49	0.18~0.68	1139.42*	
发表途径										
核心期刊	26	34267	0.18	0.14	0.21	0.17	0.14~0.27	−0.01~0.42	896*	P<0.01
一般期刊	13	7052	0.37	0.17	0.44	0.20	0.33~0.55	0.19~0.69	354.21*	
硕博士论文	31	14232	0.36	0.19	0.41	0.21	0.34~0.49	0.14~0.69	780.87*	

注：K 为研究数，N 为样本数据，$\bar{r}$ 为未修正的平均相关系数，SD_r 为未修正相关系数标准差，ρ 为修正后相关系数，SD_ρ 为修正后相关系数标准差，Corrected 95%CI 为 95%的置信区间，Corrected 80% CR 为 80%的信用区间，Q 为对效应值同质性进行检验的统计量，Sig. 为分组进行 Z 检验的显著性（双侧），* 表示 p<0.01，分组标准见文中变量编码规则。

此外，论文途径更是一类不可忽略的调节变量，层次和渠道的差异的确可以造成结论的异质性。具体来说，发表在核心期刊上的研究文献中的创业教育与创业意愿的效应值最低，仅 0.21，发表在一般期刊上的研究文献中的两者的效应值高达 0.44，也高于硕博士论文中的 0.41，拒绝了 H9。Dalton 等（2012）梳理了 1985~2009 年发表于管理学和心理学权威期刊的研究，对其中 403 个数据矩阵的 37970 个相关系数进行了检验，发现 46.81%都呈现出统计意义上的不显著。权威期刊更偏好显著性更高的研究这一假设并未得到证实，H9 提出的基石值得商榷。进一步分析不同来源的文献特征，核心期刊包含的研究为 26 个，样本数为 33497 份；硕博士论文开展研究的数量为 31 个，但样本数仅为 15002 份；一般期刊研究数为 13 个，样本数为 7052 份。显然，核心期刊中单项研究所包含的样本数量更多，广泛意义上的代表性越强。同时针对创业意愿的构建模型也更加复杂，囊括了更多的自变量，从而削减了创业教育这一个自变量的解释效力。这一点也许可以解释核心期刊同一般期刊和硕博士论文在两者关系上产生的较大差距，也值得后续研究进一步讨论。

研究结论总体如表 3 所示。

表 3　研究结论一览

创业教育与创业意愿相关关系	假设	分组依据	结论
主效应			
创业教育同创业意愿显著相关	H1		支持
调节效应			
创业课堂教育同创业意愿关系<创业实践教育同创业意愿关系	H2	2012 年教育部文件类别分组	支持
男性<女性	H3	男女比例 50%分组	支持
经管<非经管	H4	中位值分组	拒绝
家庭城市<家庭农村	H5	中位值分组	支持
创新创业指数高<创新创业指数低	H6	张晓波等（2016）省级创新创业指数类别分组	支持
测量量表	H7	Liñán 和 Chen（2009）同其他量表	支持
论文发表年份	H8	2016 年为分组时间	支持
论文来源	H9	核心期刊、一般期刊和硕博士论文	拒绝

4.2　发表偏倚分析

元分析纳入的研究通常是已发表或公开的文章，若未发表或公开的文章与其之间存在显著差异，那么元分析的结果是有偏倚的。此外，研究样本的规模越大，统计结果越会倾向于显著（Borenstein et al.，2009）。因此有必要对纳入元分析的文献进行发表偏倚分析。首先运用 Review Manager5.4 进行直观的漏斗图分析，此处将效应值转换成 Fisher's Z 值进行分析。发现大部分研究都集中在漏斗图的中部，且围绕平均效应值对称散开，有少数研究偏离较远（见图 1）。接着对纳入分析的研究进行 Egger's 检验，同样表明不存在发表偏倚（$p > 0.05$）。最后通过 Duval 和 Tweedie（2000）的方法（Trim and Fill）对发表偏倚造成的影响进行检验，结果表明，采用随机效应模型得到的结果仍是显著的。综合以上指标，本文的主要结论是有效的。由于纳入元分析范围的研究既包括正式期刊发表的文章，还包括硕博士学位论文和会议报告，这在一定意义上减少了发表偏倚。

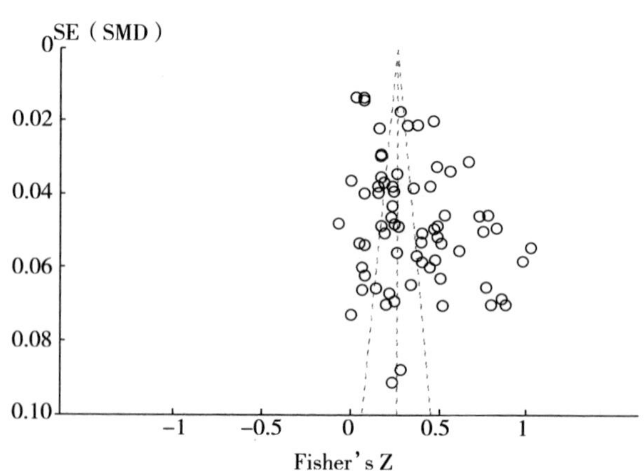

图 1　发表偏倚漏斗图

5　结论及讨论

5.1　结论

最近 10 多年来高校创业教育与大学生创业意愿的关系得到了广泛讨论。但由于研究背景、对象和方法的不同，学者们得出的结论存在着差别。本文运用元分析方法对两者关系进行了研究，并考察了各调节变量在两者关系中的调节效应。结果表明，我国高校创业教育和创业意愿存在显著相关关系（$\rho=0.29$）。特别地，创业实践教育相比创业课堂教育与创业意愿的相关性更为显著，个体、环境、变量测量方式、研究论文发表时间和途径等调节变量的调节效应均较为显著。

5.2　讨论

本文结论对高校创业教育的实施及后续理论研究有着如下启示：

（1）相较于创业课堂教育，创业实践教育的效果更佳，因此学习参观、市场调查、项目设计、成果转化、企业创办等一系列创业实践活动应作为高校创业教育的重心。早在 1994 年，Garavan 和 O'Cinneide 就区分了创业意识教育和创业技能教育，他们提出针对大学生的创业教育需聚焦于意识而非技能教育，目的是让学生充分了解中小企业创立方面的知识，提高创业技巧，帮助他们选择职业发展道路，成为潜在的创业者，强调应该提供成熟的经验和机会来对大学生进行创业训练，让其同现实中的企业家进行接触，这个阶段可以提升大学生的创业自我效能，增强成为企业家的决心。10 多年后，Graevenitz 等（2010）开拓了一个全新的视角，他们认为创业教育的作用除了提高学生的创业意识，还应该让学生清晰了解自身的创业倾向，以评估自身未来成为企业家的可能性。而对于自身职业潜力和未来发展路径的分析，创业实践教育扮演着不可或缺的角色。

（2）创业教育资源应适当向特定大学生群体进行倾斜。这些群体包括女性大学生、农村大学生和身处创新指数较低地域的大学生，元分析结果显示他们接受创业教育后创业意愿会得到显著提高。女性大学生受社会角色的影响，对创业的感知度和认可度较男性更低，打破刻板印象的方法之一就是创业教育。这不仅能拓宽女性大学生的职业选择路径，摆脱固化的就业观念，还会有效地促进就业公平。而对于农村大学生和身处创新指数较低地域的大学生而言，他们由于物理环境资源的匮乏，从外界获得的创业相关信息较少，创业意识较少能得到激发，那么创业意愿的阈值会更宽泛，接受创业教育后产生创业意愿的可能性会更高。

（3）经管专业大学生更需要接受创业教育来提高创业意愿。即使长期暴露于商业知识教育环境中，创业教育仍能显著提高其创业意愿。这一点同 Bae 等（2014）进行元分析后得出的结论一致。他们发现创业教育相对于商业教育更能显著提高大学生创业意愿，经管知识的丰富程度对创业可能性的影响微乎其微。

（4）后续研究需谨慎对待研究方法、研究时点和样本来源。从元分析结果可以看到，这些技术层面的选择都会对结论产生统计意义上的显著影响。在研究方法上，国内大部分研究都是通过自评问卷调查方式获得横截面数据，很难做出创业教育和创业意愿之间因果关系的判定，后续研究可考虑构建准实验环境，通过纵向跟踪调查来提高研究的效度。在测量变量的手段上，应充分测试问卷的信效度，选择恰当成熟的问卷来衡量。在样本选取上，应尽可能注意到样本自带的特殊属性，进行充分的随机调查，以防样本数据带来的选择谬误。

参考文献

[1] Acs Z. J., Szerb L., Lafuente E., et al. The Global Entrepreneurship Index 2018 [M]. Washington, D. C.: The Global Entrepreneurship and Development Institute, 2018.

[2] Ajzen I. The Theory of Planned Behavior [J]. Organizational Behavior and Human Decision Processes, 1991, 50 (2): 179-211.

[3] Bae T. J., Qian S., Miao C., et al. The Relationship between Entrepreneurship Education and Entrepreneurial Intentions: A Meta-Analytic Review [J]. Entre-preneurship Theory and Practice, 2014, 38 (2): 217-254.

[4] Borenstein M., Hedges L. V., Higgins J. P. T., et al. An introduction to Meta-Analysis [M]. Chichester: John Wiley & Sons, 2009.

[5] Bird B. Implementing Entrepreneurial Ideas: The Case for Intention [J]. The Academy of Management Review, 1988, 13 (3): 442-453.

[6] Dickersin K. Publication Bias in Meta-Analysis: Prevention, Assessment and Adjustments [M]. Chichester: John Wiley & Sons, 2006.

[7] Dalton D. R., Aguinis H., Dalton C. M., et al. Revisiting the File Drawer Problem in Meta-analysis: an Assessment of Published and Nonpublished Correlation Matrices [J]. Personnel Psychology, 2012, 65 (2): 221-249.

[8] Duval S., Tweedie R. Trim and fill: A Simple Funnel-Plot Based Method of Testing and Adjusting for Publication Bias in Meta-analysis [J]. Biometrics, 2000, 56 (2): 455-463.

[9] Fayolle A., Gaily B. The Impact of Entrepreneurship Education on Entrepreneurial Attitudes and Intention: Hysteresis and Persistence [J]. Journal of Small Business Management, 2015, 53 (1): 75-93.

[10] Graevenitz G. V., Harhoff D., Weber R. The Effects of Entrepreneurship Education [J]. Journal of Economic Behavior and Organization, 2010, 76 (1): 90-112.

[11] Garavan T. N., O' Cinneide B. Entrepreneurship Education and Training Programmes: A Review and Evaluation Part I [J]. Journal of European Industrial Training, 1994, 18 (8): 3-12.

[12] Hunter J. E., Schmidt F. L. Fixed Effects vs. Random Effects Meta-Analysis Models: Implications for Cumulative Research Knowledge [J]. International Journal of Selection and Assessment, 2000, 8 (4): 275-293.

[13] Hunter J. E., Schmidt F. L. Methods of meta-analysis: Correcting Error and Bias in Research Findings [M]. Newbury Park: Sage, 2004.

[14] Heuer A., Liñán F. Testing Alternative Measures of Subjective Norms in Entrepreneurial Intention Models [J]. International Journal of Entrepreneurship and Small Business, 2013, 19 (1): 35-50.

[15] Lüthje C., Franke N. The "Making" of An Entrepreneur: Testing a Model of Entrepreneurial Intent among Engineering Students at MIT [J]. R & D Management, 2003, 33 (2): 135-147.

[16] Liñán F., Chen Y. W. Development and Cross-Cultural Application of A Specific Instrument to Measure Entrepreneurial Intentions [J]. Entrepreneurship Theory and Practice, 2009, 33 (3): 593-617.

[17] Lipsey M. W., Wilson D. B. Practical meta-analysis [M]. Thousand Oaks: Sage, 2001.

[18] Nabi G., Liñán F., Fayolle A., et al. The Impact of Entrepreneurship Education in Higher Education: A Systematic Review and Research Agenda [J]. Academy of Management: Learning and Education, 2016, 16 (2): 277-299.

[19] Noel T. W. Effects of Entrepreneurial Education on Intent to Open A Business: An Exploratory Study [J]. Journal of Entrepreneurship Education, 2002, 15 (3): 245-261.

[20] Peterson A., Brown S. P. On the Use of Beta Coefficients in Meta-Analysis [J]. Journal of Applied Psychology, 2005, 90 (1): 175-181.

[21] Rideout E. C., Gray D. O. Does Entrepreneurship Education Really Work? A Review and Methodological Critique of the Empirical Literature on the Effects of University-Based Entrepreneurship Education [J]. Journal of Small Business Management, 2013, 51 (3): 329-351.

[22] Shapero A., Sokol L. The Social Dimensions of Entrepreneurship [A] //Kent, C., Sexton, D., Vesper, K. H. The Encyclopedia of Entrepreneurship [M]. Englewood Cliffs, NJ: Prentice-Hall, 1982: 72-90.

[23] Thompson E. R. Individual Entrepreneurial Intent: Construct Clarification and Development of an Internationally Reliable Metric [J]. Entrepreneurship Theory and Practice, 2009, 33 (3): 669-694.

[24] Wilson F., Kickul J., Marlino D. Gender, Entrepreneurial Self-Efficacy, and Entrepreneurial Career In-tentions: Implications for Entrepreneurship Education [J]. Entrepreneurship Theory and Practice, 2007, 31 (3): 387-406.

[25] 程建青，罗瑾琏，杜运周等．制度环境与心理认知何时激活创业？——一个基于 QCA 方法的研究 [J]. 科学学与科学技术管理，2019，40(2)：114-131.

[26] 范巍，王重鸣．创业意向维度结构的验证性因素分析 [J]. 人类工效学，2006，12 (1)：14-16.

[27] 郭雷振．近年来全球大学生创业意向分布特征与若干影响因素——基于瑞士 GUESSS 国际调研数据的分析 [J]. 比较教育研究，2016，38 (9)：47-54.

[28] 郭晶．大学生创业教育与创业自我效能的关系研究 [J]. 西部素质教育，2019 (12)：39-41.

[29] 黄登良，曹伟，陈月霄．“双创”背景下创业教育对创业意愿影响的 Meta 分析 [J]. 内蒙古师范大学学报(哲学社会科学版)，2017，46(6)：141-144.

[30] 李永强，白璇，毛雨，曾峥．基于 TPB 模型的学生创业意愿影响因素分析 [J]. 中国软科学，2008 (5)：122-128.

[31] 乐国安，张艺，陈浩．当代大学生创业意向影响因素研究 [J]. 心理学探新，2012，32 (2)：146-152.

[32] 史容．大学生创业意向的多重诱因——创业机会感知、创业效能感与创业人格的作用 [J]. 中国人力资源开发，2015，340 (22)：98-104.

[33] 史容，傅利平，殷红春．创业效能感对创业意向的多重效应——不同创业动机中介作用的比较 [J]. 天津大学学报（社会科学版），2016，18 (3)：231-236.

[34] 谭力文，曹文祥，宋晟欣．高校创业教育与大学生创业意愿关系研究 [J]. 技术经济与管理研究，2015 (11)：34-39.

[35] 王心焕，薄赋徭，雷家骕．创业教育对大学生创业意向的影响研究——兼对本科生与高职生的比较 [J]. 清华大学教育研究，2016，37 (5)：116-124.

[36] 杨洁．创业政策、创业教育对大学生创业意愿的影响——基于中国大陆近十年大学生创业意愿影响因素的元分析 [J]. 重庆高教研究，2016，4 (4)：15-23.

[37] 张秀娥，徐雪娇，林晶．创业教育对创业意

愿的作用机制研究［J］. 科学学研究，2018，36（9）：1560-1567.

［38］张秀娥，王超．成就需要对创业意向的影响——风险倾向和创业警觉性的双重中介作用［J］. 软科学，2019，33（7）：34-39.

［39］张晓波，李钰，杨启明．中国区域创新创业报告［M］. 北京：北京大学出版社，2016.

［40］周冬梅，陈雪琳，杨俊等．创业研究回顾与展望［J］. 管理世界，2020，36（1）：206-225+243.

论文执行编辑：张　骁

论文接收日期：2020 年 8 月 25 日

作者简介：

李海燕（1985—），西藏民族大学管理学院讲师。研究方向为创新与创业管理。E-mail：haiyanli@ xzmu. edu. cn。

刘海建（1975—），南京大学商学院教授、博士生导师。研究方向为企业社会责任，企业政治策略等。E-mail：liuhj@ nju. edu. cn。

Can Entrepreneurial Education Enhance Entrepreneurship Intention?

—A Meta-Analysis Based on 56100 Samples

Haiyan Li [1], Haijian Liu[2]

(1. School of Management, Xizang Minzu University, Xianyang, China

2. School of Business, Nanjing University, Nanjing, China)

Abstract: This paper adopts meta-analysis method to test the relation between Chinese college entrepreneurship education and college students' entrepreneurship intention. After selection and identification, 70 papers including 72 studies with a total sample size of 56100 individuals are meta-analyzed. Findings suggests entrepreneurship education can enhance Chinese college students' entrepreneurial intentions. Compared with theory-driven entrepreneurship education, the relationship between practice-driven entrepreneurship education and entrepreneurial intention is more significant. As for correlation of entrepreneurship education and entrepreneurial intention, students who are female, major in economics and management, live in rural areas, showed more significant positive than their counterparts. Besides, the measurement tool and publication date also exert impact on it. Our results have implication for entrepreneurship education in China, calling for more flexible and pragmatic entrepreneurship education which adopt different approaches based on the residences and features of college students.

Key Words: Entrepreneurial Education; Entrepreneurial Intention; Meta-Analysis; Moderating Effect

JEL Classification: J24, M13

信息优势或利益冲突？
——股权关联关系下基金申购行为的自然实验*

□罗　毅　林　树　李　沐

摘　要：基金公司与证券公司因为股权关联关系处于同一金融集团中，基金公司因此可能在其投资行为中体现出信息优势或利益冲突。通过中国基金申购新股的自然实验情境，本文发现基金公司由于利益冲突会对股权关联券商所承销的上市股票进行超额申购，并且这种行为将给基金持有人带来机会成本损失。这一发现有助于了解中国金融集团内部的代理问题，也补充了中国关于股权关联关系对投资行为影响的文献。

关键词：股权关联；信息优势；利益冲突；金融集团

JEL 分类：G18，G24，G28

引　言

中国的金融业处于分业经营与监管状态，但各金融机构间仍然存在实质性的联系，特别是股权结构上的关联。当一家公司同时持有两家金融机构的股权时，这两家金融机构就产生了股权关联关系（见图 1），比如同为独立金融机构的证券公司与基金公司，它们的股权可能被同一个股东持有，这样可以视它们为一个金融集团。这样的股权关联关系可能产生两种不同的作用：一方面是证券公司可能向股权关联的基金公司输送私有信息，基金公司因而具有信息优势；另一方面基金公司可能向股权关联的证券公司进行利益输送，如在申购新股时进行“帮忙”，由此会导致利益冲突。

* 基金项目：国家自然科学基金重点项目“变革环境下组织变革及其管理研究”（71832006）；国家自然科学基金项目“会计异象策略、竞争强度与基金业绩”（71872081）；国家自然科学基金项目“信息优势或利益冲突：股东关系对基金投资行为的影响”（71372030）；教育部人文社会科学重点研究基地“南京大学长江三角洲经济社会发展研究中心”暨“区域经济转型与管理变革协同创新中心”重大课题项目“长三角区域资本市场发展研究”（CYD-2020009）；南京大学人文社科双一流建设“百层次”科研项目“信息传导、资本泡沫与产业集聚——基于网络分析技术的研究”。

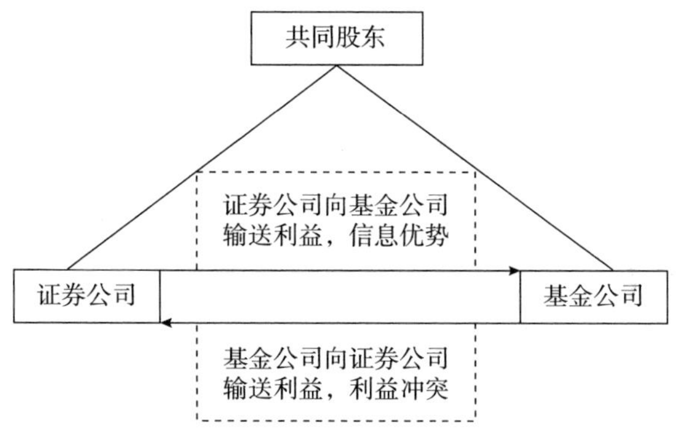

图 1　股权关联关系

不同于主要发达国家（如美国）的公募基金大多为公司型，中国的公募基金全部采用契约的形式。公司型的架构下，基金的发起人既是股东也是持有人，他们可以聘用不同的基金管理公司作为投资顾问进行基金财产的运作，作为投资顾问的基金管理公司的责任非常明确，即服务于基金的股东（持有人），如果基金股东对基金管理人的业绩或者行为不满意，可以将其更换。与公司型基金制度不同，中国所有的证券基金均采用契约式制度。股东（中国主要是券商、银行、信托公司、大型国有企业、外国金融企业等）出资组建基金管理公司，再由基金公司发起并募集成立基金进行投资运作，并向持有人收取管理费。契约式基金制度下，基金持有人并不是基金公司的股东，对基金的管理与投资运作毫无影响力，只能被动地接受基金管理公司的安排，如对业绩不满只能以赎回（开放式基金）或卖出（封闭式基金）表达。基金公司的股东在中国资本市场可能同时兼有其他身份，如他们可能同时是上市公司的大股东（Lin et al.，2017），因拥有信息优势而取得较好业绩，他们也有可能是其他金融机构（如券商、银行、保险公司等）的股东，由此构成金融集团内的股权关联关系。在券商的新股承销与发行中，关联基金会直接参与申购，基金公司因为与承销券商存在着股东关联关系，可能获得更有利的私有信息，也有可能会在发行过程中出现“帮忙”行为，导致基金的申购投资行为有损于持有人利益。

中国契约式基金与承销新股的券商间存在股东关联关系时，基金公司对于关联券商承销股票的申购投资行为有表现出明显异常吗？如果有，这种行为是因为具备更多的信息优势，还是因为股权关联券商的承销业务需要进行有悖于基金持有人利益的超额申购，并由此导致利益冲突？如果是利益冲突，这样的投资行为会给持有人带来多少利益损失？这些问题实质上也是金融集团内部代理问题的体现。

关于金融集团或基金经理代理问题的研究，一方面聚焦于基金管理人与相关公司的业务或社会联系，如 Davis 和 Kim（2007）发现为了保持退休金管理业务，基金管理人在股东会上的投票更可能与管理层保持一致，Cohen 和 Schmidt（2009）同样发现基金公司为了年金业务会过度买入与持有相关公司股票，这些行为未必有利于与基金股东，而基金经理与分析师的友好关系也会使其过度交易从而增加某些券商的佣金收入（Gu et al.，2013）。另一方面则关注基金家族的经营策略，因为基金管理人的收入主要来源于与基金规模直接相关的管理费，所以为获得更高的管理费收入，基金管理人会采用各种策略努力做大规模，如基金繁衍策略（Massa，2003）、明星基金策略（Nanda et al.，2004；林树等，2009），旗下基金间进行业绩转移提高整个基金家族的收益（Gaspar et al.，

2006)，而这些行为均可能有损于持有人利益。此领域文献鲜有涉及基金管理人的股东关联关系可能造成的利益冲突问题。中国基金管理公司完全采用契约形式，基金管理公司的股东可能在中国资本市场上兼有其他重要角色，这难免使基金管理人的投资行为体现出信息优势或利益冲突，哪一种作用占据主导地位呢？本文将就中国基金公司的股东关联关系可能给基金经理的申购投资行为带来内生的信息优势，还是利益冲突这一实证性问题进行研究。这项研究对目前基金投资行为、金融集团治理的学术研究以及资本市场实务均有较重要意义：

第一，我们研究基金管理人的股东关系是否带来信息优势。基金管理人股东可能同时是承销券商的大股东，这一关系隐含内部信息渠道，而这一信息渠道内生于基金管理人的“先天基因”，不同于基金经理与上市公司高管的社会关系（Cohen et al.，2008）或与上市公司间的金融业务关系（Massa and Rehman，2008），对现有研究私有信息影响基金投资行为的文献进行了补充。

第二，现有金融学文献关于投资公司的利益冲突研究大多集中在金融集团旗下银行的放贷或投行业务与基金投资的关系方面（Mehran and Stulz，2007）。我们将直接研究基金公司的股东关联关系是否能使基金管理人做出有利于或有损于持有人利益的投资决策，这将补充有关金融集团中代理问题的研究文献。

第三，我们的研究结果将在实证上使学者与投资者更深入地了解中国金融集团内部的股权关系对基金申购投资行为的影响，尤其是特殊的股东关联关系会造成基金管理人掌握优势信息进行投资，还是利用持有人的资金进行利益冲突。这对于中国基金投资者选择优秀基金管理人，以及监管层制定政策均具有较大参考价值。

1 理论分析与研究问题

关联基金公司和承销券商之间存在股权关联关系，可能导致关联基金公司和承销券商之间发生利益冲突，具体分为证券公司向关联基金公司输送利益和关联基金公司向证券公司输送利益两种情况。一种情况是证券公司向基金公司输送利益，指证券公司可以向关联基金公司传递新股的私有信息，使关联基金比非关联基金更具有信息优势，当新股“质量”较好时，关联基金就可以大量申购，积极参与打新，获得更高收益。这种情况下，证券公司通过向关联基金公司传递信息或者将热门 IPO 配售给关联基金，帮助提高关联基金业绩（Ritter and Zhang，2007；Massa and Rehman，2008）。相比非关联基金，关联基金由于拥有更多的信息，申购投资行为有显著不同。

另一种情况是关联基金公司向存在股权关联关系的证券公司输送利益，此时关联基金存在当“托”的行为。对于质地欠佳的上市新股，关联基金通过积极申购关联券商承销的新股，帮助承销券商顺利完成承销业务，但这往往会降低基金业绩（Ber et al.，2001；Johnson and Marietta-Westber，2009），损害基金持有人利益。相对于非关联基金，关联基金因为需要为关联券商的承销业务“帮忙”，同样在申购投资行为上体现出显著不同。

所以本文提出研究问题一：在新股申购中，与承销券商有股权关联关系基金的申购行为是否显著区别于非关联基金？

Gu 等（2019）发现基金管理人更倾向于持有与其有社会关联的分析师推荐的股票，并因此而获益。而基金与券商之间股权关联这一天然关系比社会关联更可靠，使关联基金在申购关联券商承销的新股时形成信息优势，从而对质地优良的新股进行超额申购。那么上市之后，此类新股一段时间内更可能在二级市场上获得更高的超额收益，并且关联基金因为对此类优良股票更加了解，因而在新股上市后，关联基金会继续对它进行增持。但也有可能出现另外一种情况，Busaba 等（2020）发现在市场环境弱势时，承销商为了防止发行失败倾向于抬高发行价。Gil-Bazo 等（2020）发现与银行存在股权关联的基金会通过购买银行的债券帮助银行度过危机。因此关联基金对关联券商承销新股超额申购也可能是关联承销商承销了质地欠佳的股票，为了顺利发行或抬高发行价让关联基金“帮忙”进行超额申购。那么这类新股上市之后，在二级市场上随着时间的推移逐步被投资者识别，表现出越来越差的超额收益，关联基金为了减少帮忙成本也会在完成“帮忙”任务后减持离开。所以，如果关联基金具有信息优势，则超额申购的股票上市后将有较高的超额收益，并且关联基金会继续增持；如果关联基金为了“帮忙”发生利益冲突，则超额申购的股票上市后将有较低的超额收益，并且关联基金会进行减持。

因此本文提出研究问题二：如果在新股申购投资行为上，基金对股权关联券商承销的新股表现出显著的超额申购行为，那么其是源于信息优势还是利益冲突？

虽然关联关系会有一些正面影响，例如，张耀杰等（2020）发现企业与证券公司的股权关联能够促进公司进行企业并购活动。但大量的研究显示，无论是社会关联还是股权关联，都会产生很多负面后果。例如，在审计领域，审计师与审计委员会的社会关系会损害审计质量（Guan et al.，2016），审计师和客户公司高管存在校友关系也会损害审计质量（He et al.，2017）。在分析师领域，许年行等（2012）发现依赖交易佣金的券商旗下的分析师容易发布乐观的股票评级，这会加剧这类股票的崩盘风险。Zhang 等（2020）发现作为上市公司股权质押质权人的券商旗下的分析师会对存在股权质押关联关系的上市公司发布乐观评级，这有违分析师客观谨慎的职业道德守则。在机构投资者领域，Gil-Bazo 等（2020）发现与银行存在股权关联的基金购买银行债券帮助银行度过危机的行为会导致基金业绩变差，损害基金持有人的利益。那么本文中关联基金通过超额申购，“帮忙”关联券商承销质地欠佳的股票，则会给基金持有人带来损失，由于中国资本市场“新股不败”现象的掩盖，关联基金超额申购行为给基金持有人带来的是一种机会成本损失，表现为错过了申购其他优质股票的机会。

因此本文提出研究问题三：如果在股权关联关系情形下，基金与券商存在利益冲突，那么会给基金持有人造成多少机会成本损失？

2 数据说明与研究设计

2.1 中国新股定价制度与样本范围

中国证券市场发展历史较短，1991 年开始，新股定价经历了从政府主导定价向市场自主定价的发展过程。主要包括以下几个阶段：第一阶段，固定价格、固定市盈率（1991 年至 1999 年 7 月）；第二阶段，协商定价（1999 年 8 月至 2001 年 6 月）；第三阶段，限定市盈率定价阶段（2001 年 7 月至 2006 年 9 月）；第四阶段，初步询价及累积投标询价法（2006 年 9 月至今）。此后证监会根据新股发行的询价制度在实施过程中暴露的问题分别在 2010 年 11 月、2012 年 5 月、2013 年 12 月、2014 年 3 月、2016 年 1 月进行了一系列改革。

新股 IPO 网下申购者的具体询价数据从 2010 年 11 月开始披露，但是中国的询价制度一直在不断变化。2012 年 5 月，证监会进一步修改《证券发行与承销管理办法》，具体包括：①2012年之前，中小板和创业板采用初步询价方法确定发行价格，主板必须采用累计投标询价方法确定发行价格，2012 年之后，主板也可以采用初步询价方法直接确定发行价格，不是必须采用累计投标询价的方法；②缩小了双向回拨机制的要求，2012 年之前要求首次公开发行达到一定规模的股票才可以在网下配售和网上发行之间建立回拨机制，2012 年修改后取消了对规模的要求；③重新规定了网下向网上回拨的数量和比例；④询价对象与发行人、承销商可自主约定网下配售股票的持有期限，取消了三个月的锁定期。

2012 年至 2013 年股市整体低迷，上市的新股数量较少，从 2012 年下半年开始新股发行愈加缓慢，2013 年全年几乎停止了 IPO。从 2013 年 12 月 13 日到 2014 年 3 月 20 日为一个过渡期，在这个期间国家做了如下规定：①公开发行股票数量在 2000 万股（含）以下且无老股转让计划的，采用直接定价法确定发行价格；②首次公开发行股票采用直接定价方式的，全部向网上投资者发行，不进行网下询价和配售；③采用询价方式的，网下投资者报价后，发行人和主承销商应当剔除拟申购总量中报价最高的部分，剔除部分不得低于所有网下投资者拟申购总量的 10%；④限定同一机构投资者只能报一个价格。2014 年 3 月 21 日到 2015 年 12 月 31 日取消了规定①和规定②，2016 年 1 月 1 日又恢复，使 2014 年 3 月 21 日到 2015 年 12 月 31 日形成一个天然的样本期。

综合考虑新股发行制度以及机构申购数据的统一性，本文的数据区间为 2014 年 3 月 21 日实施的新的《证券发行与承销管理办法》到 2015 年 12 月 31 日。主要原因：①经过一系列政策与法规调整后，沪深两市新股申购规定一致；②此期间已经取消 3 个月的锁定期，即新股申购者在上市后即可出售股票，有利于检验基金的持仓变化；③此期间取消了特定发行规模股票采用直接定价发行的规定。样本数据统计如表 1 所示，在此期间上市的新股一共有 295 只，在申购时有关联基金参与的为 73 只，没有关联基金参与的为 222 只。在 295 只股票的 31502 笔申购中，73 只有关联基金参与申购的总申购笔数为 10382 笔，222 只没有关联基金参与申购的总申购笔数为 21120 笔。本文的研究样本为有关联基金参与申购的73只IPO股票，在这73只IPO股票的10382笔申购中，关联基金的申购笔数为334笔，非关联基金的申购笔数为10048笔。10382笔申购中，获配笔数为7186笔，其中关联基金申购的获配笔数为272笔，非关联基金申购获配的笔数为6914笔。也就是说，在这73只股票的IPO申购中，关联基金发起的334笔申购有62笔没有获配，非关联基金发起的10048笔申购中有3134笔没有获配，没有获配的申购合计为3196笔。这73只股票在IPO申购时既存在关联基金参与申购，也存在非关联基金参与申购，天然形成一个实验组与一个对照组，为本文的研究提供了一个自然实验的机会。

表1　样本概览

指标	有关联基金与申购	没有关联基金参与申购	合计
IPO数量	73	222	295
申购笔数	10382	21120	31502
其中：	—	—	—
关联基金	334	—	—
非关联基金	10048	—	—
获配笔数	7186	—	—
其中：	—	—	—
关联基金	272	—	—
非关联基金	6914	—	—

本文所用新股询价数据、基金公司每个季度的股东资料均来源于Wind数据库；证券公司每个季度股东资料的数据来源于各个证券公司的年度报表、相关证券公司的网站和证监会网站等；计算收益使用的股票收益率数据、市场收益率数据来自国泰安数据库；基金的持股数据来源于Wind数据库，由于第一、第三季度的基金持股报告中只披露前十大重仓持股量，在半年报和年报中，每只基金需披露详细的持股数据，所以本文使用年报和半年报中的详细持股数据来研究不同基金的持股变化情况。本文假设在每个半年中基金公司的持股不变，也就是在这个半年中不存在买入又卖出的情况。

2.2　变量设计

表2中*Ratio*为基金申购行为度量指标，分为*Ratio*1、*Ratio*2、*Ratio*3、*Ratio*4。*Ratio*1=（申购价-平均申购价）/平均申购价；*Ratio*2=（申购量-平均申购量）/平均申购量；*Ratio*3=（申购价×申购量）/（∑申购价×申购量）；*Ratio*4=（申购价×申购量）/（发行价×发行量）。

*AR*为股票上市后超额收益率，分为*AR*1、*AR*3、*AR*6、*AR*9、*AR*12。*AR*1为上市后1个月股票的超额收益率；*AR*3为上市后3个月股票的超额收益率；*AR*6为上市后6个月股票的超额收益率；*AR*9为上市后9个月股票的超额收

益率；*AR*12 为上市后 12 个月股票的超额收益率；超额收益率为相同期间股票的含股利再投资收益率与综合 A 股和创业板含股利再投资收益率之差。

Amount 为获配新股度量指标，分为 *Amount*1、*Amount*2。*Amount*1 表示基金获配新股的绝对数量；*Amount*2 表示基金获配新股的相对数量，*Amount*2 =（基金获配量－平均获配量）/平均获配量。

Reduce 为基金减持行为度量指标，分为 *Reduce*1、*Reduce*2－1、*Reduce*2。*Reduce*1 为基金获配后到第一个半年报之间持股数据的变化情况，等于首个半年报持股量减去获配量；*Reduce*2－1 表示基金获配后第一个半年报到获配后第二个半年报之间的持股变化情况，等于第二个半年报持股量减去首个半年报持股量；*Reduce*2 表示基金从获配到第二个半年报之间的持股变化情况，等于第二个半年报持股量减去获配量。

Common 为度量券商与基金关联关系的指标，如果券商与基金存在股权关联关系取 1，否则取 0。*CRatio*3 为关联基金申购金额占比，即按股票计算 *Common* 为 1 时的 *Ratio*3 之和。

Offer_size 为 IPO 公司的股票发行数量；*Lev* 为 IPO 公司上市时的资产负债率；*Firm_age* 为 IPO 公司从成立到上市的年龄自然对数；*ROE* 为 IPO 公司的净资产收益率；*Oversubscription* 为股票的超额认购倍数，等于网下申购量/网下发行量；*Maketvalue* 为上市时公司市场价值；*Turnover* 为 IPO 公司的首日股票换手率，等于首日成交量/网下获配量；*Fundtotalasset* 为基金资产总值的自然对数；*Fundcompanyasset* 为基金公司管理的资产规模的自然对数；*SFundsize* 为基金成立时资产总值的自然对数；*Fundamount* 为基金公司管理基金数量的自然对数；*Fund_age* 为基金年龄的自然对数；*Timedummy* 为时间虚拟变量。

表 2　变量概览

变量类型	变量	变量定义
因变量	*Ratio*	申购行为度量指标
	AR	股票上市后超额收益率
	Amount	获配新股度量指标
	Reduce	减持行为度量指标
自变量	*Common*	关联关系度量指标
	*CRatio*3	关联基金申购金额占比
控制变量	*Offer_size*	发行规模
	Lev	IPO 公司上市时的资产负债率
	Firm_age	IPO 公司的年龄自然对数
	ROE	IPO 公司的净资产收益率
	Oversubscription	超额认购倍数
	Maketvalue	上市时公司市场价值

续表

变量类型	变量	变量定义
控制变量	*Turnover*	IPO 公司的首日股票换手率
	Fundtotalasset	基金资产总值的自然对数
	Fundcompanyasset	基金公司管理资产规模的自然对数
	SFundsize	基金成立时资产总值的自然对数
	Fundamount	基金公司管理基金数量的自然对数
	Fund_age	基金年龄的自然对数
	Timedummy	时间虚拟变量

2.3 模型设计

2.3.1 基金申购行为模型

因为关于基金申购行为的模型相对较少，本文根据基金公司申购行为中的影响因素，设计模型（1）如下：

$$Ratio_i = \beta_0 + \beta_1 \times Common_i + \beta_2 \times Offer\_size_i + \beta_3 \times Lev_i + \beta_4 \times Firm\_age_i + \beta_5 \times ROE_i + \beta_6 \times Oversubscription_i + \beta_7 \times Maketvalue_i + \beta_8 \times Timedummy_i + e_i \quad (1)$$

模型（1）中，被解释变量 $Ratio_i$ 为基金 i 的申购行为度量指标，分为 $Ratio_i$、$Ratio2_i$、$Ratio3_i$、$Ratio4_i$。$Ratio1_i$ =（基金 i 的申购价－平均申购价）/平均申购价；$Ratio2_i$ =（基金 i 的申购量－平均申购量）/平均申购量；$Ratio3_i$ =（基金 i 的申购价×基金 i 的申购量）/（∑申购价×申购量）；$Ratio4_i$ =（基金 i 的申购价×基金 i 的申购量）/（发行价×发行量）。解释变量 $Common_i$ 度量券商与基金 i 的关联关系，如果基金 i 与申购股票的承销券商存在股权关联关系取 1，否则取 0。其他变量为控制变量，β_0 为常数项，e_i 为残差项。在新股申购中，如果与承销券商有股权关联关系基金的申购行为显著区别于非关联基金，此时系数 β_1 将显著为正或者为负。

2.3.2 申购后投资行为相关模型

（1）申购后上市收益模型。参照 Barber 和 Lyon（1997）、彭文平（2013），本文构建模型（2）如下：

$$AR_i = \beta_0 + \beta_1 \times CRatio3_i + \beta_2 \times Lev_i + \beta_3 \times Firm\_age_i + \beta_4 \times ROE_i + \beta_5 \times Turnover_i + \beta_6 \times Offer\_size_i + \beta_7 \times Oversubscription_i + \beta_8 \times Maketvalue_i + \beta_9 \times Timedummy_i + e_i \quad (2)$$

模型（2）中，被解释变量 AR_i 为基金 i 申购股票上市后的超额收益率，分为 $AR1$、$AR3$、$AR6$、$AR9$、$AR12$。$AR1$ 为上市后 1 个月股票的超额收益率；$AR3$ 为上市后 3 个月股票的超额收益率；$AR6$ 为上市后 6 个月股票的超额收益率；$AR9$ 为上市后 9 个月股票的超额收益率；$AR12$ 为上市后 12 个月股票的超额收益率。解释变量 $CRatio3$ 为关联基金申购金额占比，即按股票计算 $Common$ 为 1 时的 $Ratio3$ 之和。其他变量为控制变量，β_0 为常数项，e_i 为残差项。在新股申购中，如果基金对存在股权关联关系券商承销的新股表现出显著的超额申购行为，当该行为是因为存在信息优势时，系数 β_1 将正显著，当该行为是因为存在利益冲突时，系数 β_1 将负显著。

(2) 申购后上市持股模型。基金持股模型在很多文献中均有涉及，本文主要参考彭文平（2013）的基金配售模型，并根据文章具体内容加入其他控制变量，设计模型（3）、模型（4）如下：

$$Amount_i = \beta_0 + \beta_1 \times Common_i + \beta_2 \times Fundtotalasset_i + \beta_3 \times Fundcompanyasset_i + \beta_4 \times SFundsize_i + \beta_5 \times Fundamount_i + \beta_6 \times Fund\_age_i + \beta_7 \times Timedummy_i + e_i \quad (3)$$

$$Reduce_i = \beta_0 + \beta_1 \times Common_i + \beta_2 \times Fundtotalasset_i + \beta_3 \times Fundcompanyasset_i + \beta_4 \times SFundsize_i + \beta_5 \times Fundamount_i + \beta_6 \times Fund\_age_i + \beta_7 \times Timedummy_i + e_i \quad (4)$$

模型（3）、模型（4）中，被解释变量 $Amount_i$ 为基金 i 获配新股的度量指标，分为 $Amount1_i$、$Amount2_i$。$Amount1_i$ 表示基金 i 获配新股的绝对数量；$Amount2_i$ 表示基金 i 获配新股的相对数量，$Amount2_i$ =（基金获配量-平均获配量）/平均获配量。$Reduce_i$ 为基金 i 减持行为度量指标，分为 $Reduce1_i$、$Reduce2-1_i$、$Reduce2_i$。$Reduce1_i$ 为基金 i 获配后到第一个半年报之间持股数据的变化情况，等于首个半年报持股量减去获配量。$Reduce2-1_i$ 表示基金 i 获配后第一个半年报到获配后第二个半年报之间的持股变化情况，等于第二个半年报持股量减去首个半年报持股量。$Reduce2_i$ 表示基金 i 从获配到第二个半年报之间的持股变化情况，等于第二个半年报持股量减去获配量。解释变量 $Common_i$ 度量券商与基金 i 的关联关系，如果基金 i 与申购股票的承销券商存在股权关联关系取 1，否则取 0。其他变量为控制变量，β_0 为常数项，e_i 为残差项。在新股申购中，如果基金对存在股权关联关系券商承销的新股表现出显著的超额申购行为，模型（3）中系数 β_1 将正显著，当该行为是因为存在利益冲突时，模型（4）中系数 β_1 将负显著。

2.3.3 关联超额申购给基金持有人造成的损失

如果基金公司在关联券商承销股票的过程中存在超额申购行为，那么这一超额申购给基金持有人造成的损失有多少？为了深入研究这一问题，设计如下的损失计算方法：

第一步：分组。将每只股票 IPO 时的基金获配量划分为关联和非关联两组。

第二步，计算基准获配量。计算非关联组的基金平均获配量，该平均获配量作为基准获配量，用来衡量关联组每只基金的超额获配。

第三步，计算超额获配量。将关联组中每只基金的获配量减去基准获配量得到每只关联基金在每只股票上的超额获配量，超额获配量如果为负值要进行剔除。

第四步，计算超额获配占用的资金。将超额获配量与对应股票的发行价格相乘得到超额获配资金，汇总每只股票上的超额获配资金得到整个样本期内关联基金超额申购占用的资金。

第五步，计算超额获配资金的持仓市值。假设超额获配资金获配后不调仓，计算其在获配后 1 个月、3 个月、6 个月、9 个月、12 个月的市值，并汇总。

第六步，计算超额获配资金持有市场组合的市值。假设超额获配资金当日不用于申购关联券商承销的股票，而是用于买入当日的市场组合，计算持有该组合在 1 个月、3 个月、6 个月、9 个月、12 个月末时的市值。

第七步，计算超额申购资金持有非关联新股组合的市值。假设超额获配资金当日不用于申购关联券商承销的股票，而是用于申购同日或最近日非关联券商承销的股票，计算持有该组合在 1 个月、3 个月、6 个月、9 个月、12 个月末时的市值。

第八步，计算关联申购行为给基金持有人造成的损失。将超额获配资金的持仓市值、市场组合持仓市值、非关联新股组合持仓市值在五个时段进行比较，其中对应时段超额获配资金市值与非关联新股组合持仓市值之差为基金持有人的损失。

3 实证结果分析

3.1 关联基金申购是否更积极

3.1.1 模型（1）主要变量的描述性统计

表 3 显示模型（1）主要变量的描述性统计结果，*Ratio*1 的均值为 -0.0002，中位数为 0.0000，均值和中位数很接近，标准差比较小，为 0.0465，说明基金公司的申购价格比较集中。实际上 2014 年 3 月发布的修改后的《证券发行与承销管理办法》规定，剔除申购金额最高 10%的申购询价，只有在价格区间里的申购数量才可能获配，这一时期机构投资者申购时都比较小心谨慎，申购价格相对集中。*Ratio*2 的均值为负，中位数为正，说明有一半左右的基金申购数量高于平均数量，最大值为 2.1500，最小值为 -0.8530，标准差为 0.4930，说明各个机构投资者申购数量的分歧较明显，这一时期主板、中小板和创业板均按比例配售，也就是当申购价格在价格区间内时，申购得越多获配的可能也越多，所以这一时期机构投资者的申购比较谨慎，但是申购数量差别很大。*Ratio*3 的均值为 0.0070，高于中位数 0.0042，说明大部分机构投资者的申购金额低于平均水平，超额申购拉高了平均水平。*Ratio*4 的最大值为 0.7010，说明不存在单只基金申购金额超过股票募集资金的情况。*Common* 的均值为 0.0322，说明申购基金中非关联基金占主体部分，参与申购的关联基金数量较少。

表 3 模型（1）主要变量的描述性统计

变量	样本量	均值	中位数	最大值	最小值	标准差
*Ratio*1	10382	-0.0002	0.0000	0.3540	-0.3570	0.0465
*Ratio*2	10382	-0.0021	0.0048	2.1500	-0.8530	0.4930
*Ratio*3	10382	0.0070	0.0042	0.0766	0.0005	0.0081
*Ratio*4	10382	0.4700	0.6000	0.7010	0.0085	0.2260
Common	10382	0.0322	0.0000	1.0000	0.0000	0.1760

注：*Ratio*1 =（申购价-平均申购价）/平均申购价；*Ratio*2 =（申购量-平均申购量）/平均申购量；*Ratio*3 =（申购价×申购量）/（∑申购价×申购量）；*Ratio*4 =（申购价×申购量）/（发行价×发行量）；*Common* 为度量券商与基金关联关系的指标，如果券商与基金存在股权关联关系取 1，否则取 0。对该部分数据中的连续变量进行了上下 1%的缩尾处理。

3.1.2 模型（1）关键变量t检验

全样本中*Ratio*2、*Ratio*3的t检验显著为负（见表4），关联基金的申购数量和申购金额占比显著高于非关联基金。但是*Ratio*1的t检验并不显著，说明关联基金和非关联基金的申购价格不存在显著的差别，这是因为修改后的《证券发行与承销管理办法》规定每个机构投资者只能申报一笔，只有在初步询价区间的有效报价才可以获配，过高或过低都可能无法获配，所以从2014年3月后机构投资者的申购都很谨慎，这一阶段机构投资者的报价差别不大，但是关联基金公司的申购量显著大于非关联基金公司的申购量。此外，关联基金公司用于申购的金额占所有机构投资者申购总金额的比例显著高于非关联基金公司的占比，说明相比于非关联基金公司，关联基金公司拿出了更多的钱去申购，关联基金公司与非关联基金公司的申购行为存在显著差异。

表4 模型（1）关键变量t检验

变量	G1（0）	非关联基金	G2（1）	关联基金	（0）－（1）	（t-test）
*Ratio*1	10048	-0.0001	334	0.0010	0.0009	0.3334
*Ratio*2	10048	-0.0059	334	0.1125	-0.1184***	-4.3171
*Ratio*3	10048	0.0070	334	0.0084	-0.0015***	-3.2733
*Ratio*4	10048	0.4700	334	0.4798	-0.0099	-0.7907

注：***表示p<0.01。*Ratio*1＝（申购价－平均申购价）/平均申购价；*Ratio*2＝（申购量－平均申购量）/平均申购量；*Ratio*3＝（申购价×申购量）/（Σ申购价×申购量）；*Ratio*4＝（申购价×申购量）/（发行价×发行量）。对该部分数据进行了上下1%缩尾处理。

3.1.3 模型（1）OLS回归分析

表5显示，*Common*对*Ratio*1、*Ratio*2、*Ratio*3、*Ratio*4回归的系数分别为-0.0007、0.1195、0.0011、0.0396，其中后三者均在1%的显著性水平下为正，说明基金公司和承销券商之间存在关联关系，会导致关联基金公司申购数量、申购金额的占比比非关联基金公司高。这与前述t检验的结果一致，即关联基金公司与非关联基金公司之间的申购行为存在明显差异，表现出更加积极的申购行为。

表5 模型（1）OLS回归分析

变量	（1） *Ratio*1	（2） *Ratio*2	（3） *Ratio*3	（4） *Ratio*4
Common	-0.0007 （-0.2791）	0.1195*** （4.3498）	0.0011*** （3.6689）	0.0396*** （4.6954）
Offer_size	-0.0011 （-0.4017）	0.0164 （0.5629）	0.0036*** （10.7908）	0.1159*** （12.9483）
Lev	-0.0002 （-0.0670）	0.0023 （0.0853）	-0.0003 （-1.0821）	0.0043 （0.5188）

续表

变量	(1) Ratio1	(2) Ratio2	(3) Ratio3	(4) Ratio4
Firm_age	-0.0004 (-0.2961)	-0.0062 (-0.4312)	0.0007 *** (4.0030)	-0.0000 (-0.0080)
ROE	-0.0057 (-0.2247)	0.1122 (0.4183)	-0.0205 *** (-6.7262)	0.0252 (0.3068)
Oversubscription	0.0006 (0.6241)	0.0015 (0.1472)	-0.0023 *** (-19.7114)	0.0734 *** (23.3103)
Maketvalue	0.0010 (0.4236)	-0.0163 (-0.6396)	-0.0038 *** (-13.1831)	-0.1178 *** (-15.1086)
Timedummy	控制	控制	控制	控制
_cons	-0.0133 (-0.4665)	0.1481 (0.4896)	0.0643 *** (18.7057)	1.0666 *** (11.4932)
N	10382	10382	10382	10382
adj. R^2	-0.0010	0.0009	0.5154	0.5499
F	0.1412	1.7361	921.2360	1.1e+03

注：*** 表示 $p<0.01$。本表的回归模型为 $Ratio_i=\beta_0+\beta_1\times Common_i+\beta_2\times Offer\_size_i+\beta_3\times Lev_i+\beta_4\times Firm\_age_i+\beta_5\times ROE_i+\beta_6\times Oversubscription_i+\beta_7\times Marketvalue_i+\beta_8\times Timedummy_i+e_i$。模型中：被解释变量 $Ratio_i$ 为基金 i 的申购行为度量指标，分为 $Ratio1_i$、$Ratio2_i$、$Ratio3_i$、$Ratio4_i$。$Ratio1_i$ =（基金 i 的申购价-平均申购价）/平均申购价；$Ratio2_i$ =（基金 i 的申购量-平均申购量）/平均申购量；$Ratio3_i$ =（基金 i 的申购价×基金 i 的申购量）/（∑申购价×申购量）；$Ratio4_i$ =（基金 i 的申购价×基金 i 的申购量）/（发行价×发行量）。解释变量 $Common_i$ 度量券商与基金 i 的关联关系，如果基金 i 与申购股票的承销券商存在股权关联关系取 1，否则取 0。其他变量为控制变量，β_0 为常数项，e_i 为残差项。除解释变量 Common 外，本表的其他变量进行了上下 1%的缩尾处理。

3.2 申购后股票收益与持股变动

3.2.1 申购后股票收益

（1）模型（2）主要变量描述性统计。表 6 显示，*AR*1 的均值为 2.8630，中位数为 2.8805，最大值为 5.6042，最小值为 0.5551，说明股票上市 1 个月的超额收益差异较大；*AR*3 的均值为 3.1754，中位数为 2.7041，最大值为 11.4517，最小值为 0.2878，说明股票上市 3 个月的超额收益差异较大，大部分基金的超额收益低于样本均值；*AR*6 的均值为 4.0007，中位数为 3.4773，最大值为 17.0915，最小值为 0.1193，说明股票上市 6 个月的超额收益差异较大，大部分基金的超额收益低于样本均值；*AR*9 的均值为 4.1768，中位数为 3.2031，最大值为 22.0890，最小值为-0.1082，说明股票上市 9 个月的超额收益差异较大，大部分基金的超额收益低于样本均值；*AR*12 的均值为 4.2349，中位数为 3.7219，最大值为 17.6629，最小值为-0.1699，说明股票上市 12 个月的超额收益差异较大，大部分基金的超额收益低于样本均值。由此来看，关联基金公司与非关联基金公司之间申购行为的差异可能源于关联基金公司对关联券商的利益冲突。

表6　模型（2）主要变量描述性统计

变量	样本量	均值	中位数	最大值	最小值	标准差
*AR*1	73	2. 8630	2. 8805	5. 6042	0. 5551	1. 3125
*AR*3	73	3. 1754	2. 7041	11. 4517	0. 2878	2. 1153
*AR*6	73	4. 0007	3. 4773	17. 0915	0. 1193	3. 0191
*AR*9	73	4. 1768	3. 2031	22. 0890	−0. 1082	3. 6008
*AR*12	73	4. 2349	3. 7219	17. 6629	−0. 1699	3. 1758

注：*AR*1 为股票上市后 1 个月的超额收益率；*AR*3 为股票上市后 3 个月的超额收益率；*AR*6 为股票上市后 6 个月的超额收益率；*AR*9 为股票上市后 9 个月的超额收益率；*AR*12 为股票上市后 12 个月的超额收益率。此部分数据由于不存在极端值，所以未进行缩尾处理。

（2）模型（2）OLS 回归分析。表 7 显示，*CRatio*3 对 12 个月超额收益回归的系数为 −33. 1839，在 5%的显著性水平下显著，说明关联基金公司申购金额占比越多的股票，其上市后的超额收益越低。

表7　模型（2）OLS 回归分析

	(1) *AR*1	(2) *AR*3	(3) *AR*6	(4) *AR*9	(5) *AR*12
*CRatio*3	−0. 8670 (−0. 1456)	−12. 7071 (−1. 1738)	−5. 8540 (−0. 3671)	−14. 6957 (−0. 7337)	−33. 1839** (−2. 0696)
Lev	0. 1441 (0. 2133)	1. 2597 (1. 0256)	0. 0392 (0. 0216)	−0. 3489 (−0. 1535)	3. 0519* (1. 6776)
Firm_age	−0. 4095 (−1. 1896)	−0. 8833 (−1. 4116)	−1. 0924 (−1. 1850)	−1. 4919 (−1. 2886)	−0. 5806 (−0. 6265)
ROE	0. 0036 (0. 0007)	−22. 4120** (−2. 3661)	1. 5609 (0. 1119)	−4. 1027 (−0. 2341)	−3. 0523 (−0. 2176)
Turnover	−11. 8463 (−0. 2134)	0. 4839 (0. 0048)	−77. 7868 (−0. 5232)	−1. 2e+02 (−0. 6180)	−64. 5008 (−0. 4315)
Offer_size	−1. 1479* (−1. 6945)	−1. 7067 (−1. 3860)	−0. 8920 (−0. 4917)	−1. 0215 (−0. 4484)	−0. 9786 (−0. 5366)
Oversubscription	0. 2657 (1. 0078)	−0. 0360 (−0. 0752)	0. 6730 (0. 9532)	0. 0994 (0. 1121)	−0. 4842 (−0. 6820)

续表

	(1) AR1	(2) AR3	(3) AR6	(4) AR9	(5) AR12
Maketvalue	0. 6143 (0. 9972)	0. 5824 (0. 5201)	-0. 2306 (-0. 1398)	-0. 4332 (-0. 2091)	-1. 0356 (-0. 6244)
Timedummy	控制	控制	控制	控制	控制
_cons	0. 2138 (0. 0286)	13. 9625 (1. 0285)	15. 7956 (0. 7898)	28. 2750 (1. 1256)	43. 3390 ** (2. 1553)
N	73	73	73	73	73
adj. R^2	0. 3946	0. 2299	0. 1795	0. 0901	0. 2506
F	4. 6093	2. 6538	2. 2119	1. 5487	2. 8516

注：* 表示 $p<0.10$；** 表示 $p<0.05$。本表的回归模型为 $AR_i=\beta_0+\beta_1\times CRatio3_i+\beta_2\times Lev_i+\beta_3\times Firm\_age_i+\beta_4\times ROE_i+\beta_5\times Turnover_i+\beta_6\times Offer\_size_i+\beta_7\times Oversubscription_i+\beta_8\times Maketvalue_i+\beta_9\times Timedummy_i+e_i$。模型中：被解释变量 AR_i 为基金 i 申购股票上市后的超额收益率，分为 *AR*1、*AR*3、*AR*6、*AR*9、*AR*12。*AR*1 为上市后 1 个月股票的超额收益率；*AR*3 为上市后 3 个月股票的超额收益率；*AR*6 为上市后 6 个月股票的超额收益率；*AR*9 为上市后 9 个月股票的超额收益率；*AR*12 为上市后 12 个月股票的超额收益率。解释变量 *CRatio*3 为关联基金公司申购金额占比，即按股票计算 *Common* 为 1 时的 *Ratio*3 之和。其他变量为控制变量，β_0为常数项，e_i为残差项。

3.2.2 申购后基金持仓变化

2014 年 3 月至 2015 年 12 月有 73 只新股在 *IPO* 申购时存在关联基金参与申购的情况，在这 73 只股票的 10382 笔申购中，关联基金发起 334 笔申购，其中 272 笔中签，62 笔未中签。272 笔中签数据中，在获配当年半年报中仍然持有的有 144 笔，还有 128 笔在当年的半年报中没有了，也就是获配后的半年内全额减持了。在第一个半年报还继续持有股票的基金公司，在第二个半年度之后仍然持有的很少。也就是在获配后的 1 年内，绝大多数基金公司都将股票卖出了。实际上中国股市从 2014 年 6 月开始上涨，到 2015 年 6 月达到顶峰，这段时间是个罕见的大牛市，随后一泻千里，从 5000 千多点几乎拦腰砍断，所以这时期基金公司持股一般不超过一年。在查找基金公司具体持股情况时，我们也发现对于获配后的新股，基金公司在获配后的第二个半年报上几乎就已经难觅踪影，所以本文主要研究基金获配后第一个半年报、第二个半年报的持股情况。由于基金持股量存在极端值，所以本文进行了 5%的缩尾处理。

（1）模型（3）、模型（4）主要变量描述性统计。表 8 显示：*Amount*1 的均值为 1. 9015，中位数为 1. 2400，最大值为 7. 1400，最小值为 0. 3900，说明基金获配股票数量的差异较大，大部分基金的获配量低于样本均值；*Amount*2 的均值为-0. 0464，中位数为 0. 0000，最大值为 0. 4174，最小值为-0. 7000，说明基金获配股票数量的差异较大。*Reduce*1 的均值为-1. 1512，中位数为-0. 6100，最大值为 0. 0000，最小值为-6. 0900，说明第一个半年报时基金减持获配股票数量的差异较大，部分基金没有减持股票，大部分基金的减持量低于样本均值；*Reduce*2-1

的均值为-0.5287，中位数为0.0000，最大值为0.0000，最小值为-2.3500，说明第一个半年报到第二个半年报期间基金减持获配股票数量的差异较大，超过一半的基金在该期间没有减持股票；*Reduce*2的均值为-1.7805，中位数为-1.2400，最大值为-0.2600，最小值为-6.5600，说明从获配到第二个半年报期间所有基金均减持了获配股票，但减持数量差异较大，大部分基金的减持量低于样本均值。

表8 模型（3）主要变量描述性统计

变量	样本量	均值	中位数	最大值	最小值	标准差
*Amount*1	7186	1.9015	1.2400	7.1400	0.3900	1.7935
*Amount*2	7186	-0.0464	0.0000	0.4174	-0.7000	0.2497
*Reduce*1	7186	-1.1512	-0.6100	0.0000	-6.0900	1.6547
*Reduce*2-1	7186	-0.5287	0.0000	0.0000	-2.3500	0.7476
*Reduce*2	7186	-1.7805	-1.2400	-0.2600	-6.5600	1.6521

注：*Amount*1表示基金获配新股的绝对数量（万股）；*Amount*2表示基金获配新股的相对数量，*Amount*2=（基金获配量-平均获配量）/平均获配量。*Reduce*1为基金获配后到第一个半年报之间持股数据的变化情况，等于首个半年报持股量减去获配量；*Reduce*2-1表示基金获配后第一个半年报到获配后第二个半年报之间的持股变化情况，等于第二个半年报持股量减去首个半年报持股量；*Reduce*2表示基金从获配到第二个半年报之间的持股变化情况，等于第二个半年报持股量减去获配量。表中变量数据进行了上下5%的缩尾处理。

（2）基金获配及持股情况t检验。表9显示，全样本中，关联基金的获配量显著高于非关联基金；从基金获配后到首个半年报期间，无论是关联基金还是非关联基金均存在减持的迹象，但是总的来说，关联基金的减持数量高于非关联基金；基金获配后第一个半年报到第二个半年报之间，关联基金和非关联基金的总体趋势依然是减持，但是两者的差距不明显；基金从获配后到第二个半年报将近一年的时间内，关联基金的持股变化量显著大于非关联基金，也就是关联基金的减持量显著高于非关联基金，即关联基金公司帮助关联券商完成发行后快速减持离场。

表9 基金获配及持股情况t检验

变量	G1（0）	非关联基金	G2（1）	关联基金	（1）-（2）	（t-test）
*Amount*1	6914	1.8861	272	2.2914	-0.4052***	-3.6582
*Amount*2	6914	-0.0483	272	0.0012	-0.0494***	-3.2052
*Reduce*1	6914	-1.1412	272	-1.4047	0.2634***	2.5766

续表

变量	G1（0）	非关联基金	G2（1）	关联基金	（1）-（2）	（t-test）
*Reduce*2-1	6914	-0.5259	272	-0.5997	0.0738	1.5971
*Reduce*2	6914	-1.766	272	-2.1479	0.3819***	3.7429

注：*** 表示 p<0.01。*Amount*1 表示基金获配新股的绝对数量（万股）；*Amount*2 表示基金获配新股的相对数量，*Amount*2=（基金获配量-平均获配量）/平均获配量。*Reduce*1 为基金获配后到第一个半年报之间持股数据的变化情况，等于首个半年报持股量减去获配量；*Reduce*2-1 表示基金获配后第一个半年报到获配后第二个半年报之间的持股变化情况，等于第二个半年报持股量减去首个半年报持股量；*Reduce*2 表示基金从获配到第二个半年报之间的持股变化情况，等于第二个半年报持股量减去获配量。表中变量数据进行了上下 5%的缩尾处理。

（3）模型（3）、模型（4）OLS 回归分析。表 10 显示 *Common* 对 *Amount*1、*Amount*2 的回归系数分别为 0.4417、0.0599，均在 1%的显著性水平下显著为正，说明关联基金的获配量显著高于非关联基金。*Common* 对 *Reduce*1、*Reduce*2-1、*Reduce*2 的回归系数分别为-0.2880、-0.1023、-0.3974，分别在 1%、5%、1%的显著性水平下显著为负，说明关联基金的减持量显著高于非关联基金。综合说明，关联券商利用关联基金进行申购完成了股票发行，但在上市之后快速减持，即关联基金公司帮助关联券商完成发行后快速减持离场。

表 10　模型（3）、模型（4）OLS 回归分析

变量	（1） *Amount*1	（2） *Amount*2	（3） *Reduce*1	（4） *Reduce*2-1	（5） *Reduce*2
Common	0.4417*** （4.3480）	0.0599*** （3.7932）	-0.2880*** （-3.1739）	-0.1023** （-2.2013）	-0.3974*** （-4.4101）
Fundtotalasset	0.2539*** （9.4933）	0.0819*** （19.7150）	-0.1372*** （-5.7403）	-0.0297*** （-3.1645）	-0.1288*** （-7.0729）
Fundcompanyasset	-0.0101 （-0.2362）	0.0114* （1.7158）	-0.0675* （-1.7664）	0.0800*** （3.9674）	0.0876** （2.2414）
SFundsize	0.0130 （0.8558）	0.0071*** （2.9983）	-0.0236* （-1.7358）	0.0166** （2.1329）	0.0053 （0.3514）
Fundamount	0.0543 （0.8905）	-0.0079 （-0.8289）	0.0105 （0.1926）	-0.0825*** （-2.6861）	-0.1678*** （-2.8193）
Fund_age	-0.0112* （-1.6613）	-0.0074*** （-6.9907）	-0.0073 （-1.2023）	0.0044 （1.4091）	0.0088 （1.4448）
Timedummy	控制	控制	控制	控制	控制

续表

变量	(1) *Amount*1	(2) *Amount*2	(3) *Reduce*1	(4) *Reduce*2-1	(5) *Reduce*2
_cons	-4.2030*** (-4.5294)	-2.3467*** (-16.2745)	4.9342*** (5.9525)	-2.1064*** (-5.4421)	-0.0411 (-0.0548)
N	6544	6544	6544	7091	7091
adj. R^2	0.2635	0.1426	0.3043	0.0482	0.2646
F	261.0836	121.8838	318.9574	40.9039	284.4855

注：* 表示 p<0.10，** 表示 p<0.05，*** 表示 p<0.01。列（1）、列（2）的回归模型为 $Amount_i=\beta_0+\beta_1\times Common_i+\beta_2\times Fundtotalasset_i+\beta_3\times Fundcompanyasset_i+\beta_4\times SFundsize_i+\beta_5\times Fundamount_i+\beta_6\times Fund\_age_i+\beta_7\times Timedummy_i+e_i$。列（3）、列（4）、列（5）的回归模型为 $Reduce_i=\beta_0+\beta_1\times Common_i+\beta_2\times Fundtotalasset_i+\beta_3\times Fundcompanyasset_i+\beta_4\times SFundsize_i+\beta_5\times Fundamount_i+\beta_6\times Fund\_age_i+\beta_7\times Timedummy_i+e_i$。两组模型中：被解释变量 $Amount_i$ 为基金 i 获配新股的度量指标，分为 $Amount1_i$、$Amount2_i$，$Amount1_i$ 表示基金 i 获配新股的绝对数量；$Amount2_i$ 表示基金 i 获配新股的相对数量，$Amount2_i$ =（基金获配量-平均获配量）/平均获配量。$Reduce_i$ 为基金 i 减持行为度量指标，分为 $Reduce1_i$、$Reduce2-1_i$、$Reduce2_i$，$Reduce1_i$ 为基金 i 获配后到第一个半年报之间持股数据的变化情况，等于首个半年报持股量减去获配量；$Reduce2-1_i$ 表示基金 i 获配后第一个半年报到获配后第二个半年报之间的持股变化情况，等于第二个半年报持股量减去首个半年报持股量；$Reduce2_i$ 表示基金 i 从获配到第二个半年报之间的持股变化情况，等于第二个半年报持股量减去获配量。解释变量 $Common_i$ 度量券商与基金 i 的关联关系，如果基金 i 与申购股票的承销券商存在股权关联关系取 1，否则取 0。其他变量为控制变量，β_0 为常数项，e_i 为残差项。除解释变量 Common 外，表中其他变量数据进行了上下 5%的缩尾处理。

综合表 6 到表 10 的实证结果，可以看出基金超额申购关联券商所承销的新股在上市后的超额收益较低，并且关联基金在此类新股上市后迅速减持。这基本符合本文在理论分析中所提出的利益冲突表现，即基金公司为关联券商的承销“帮忙”，上市后会尽快卖掉。但这实际上对基金持有人的利益是损害的，因为用来“帮忙”的资金本来可以申购更加优质的新股。下面本文尝试计算基金持有人因此产生的机会成本（损失）。

3.3 关联基金持有人的机会成本损失测算

在样本期 IPO 的 295 只股票中，关联基金参与申购的有 73 只，在这 73 只股票的 10382 笔基金申购中，成功获配的申购为 7186 笔，在成功获配的 7186 笔中，有 272 笔为关联基金的申购获配，6914 笔为非关联基金的申购获配。将来自 73 只 IPO 股票的获配申购按股票分为关联与非关联两组，计算每只股票中非关联基金的平均获配量，每只股票上关联基金的平均获配量超过非关联基金平均获配量的部分即为该关联基金的超额获配量，将该获配量与该股票的 IPO 发行价相乘得到该关联基金在该股票上的超额获配资金，汇总所有股票上所有关联基金的超额获配资金，得到样本期这样的超额获配资金为 3330.0300 万元。这部分超额获配资金持有的超额获配股票在 IPO 后 1 个月、3 个月、6 个月、9 个月、12 个月的市值如表 11 所示，分别为 10954.3200 万元、9491.5900 万元、9418.9000 万元、9520.0000 万元、9264.5800 万元。

如果样本期内的 3330.0300 万元超额获配

资金分别在超额获配当日用于购买按A股和创业板总市值加权的市场组合，持有该组合在未来1个月、3个月、6个月、9个月、12个月的市值如表11显示分别为2991.8800万元、2902.6100万元、3357.8800万元、3740.5300万元、3794.9100万元。3330.0300万元的超额获配持股比投资于市场组合在对应时点分别多盈利7962.4400万元、6588.9700万元、6061.0200万元、5779.4800万元、5469.6700万元。超额获配带来的收益超过了市场收益，这或许与中国股市中“新股不败”的特有现象有关。

如果样本期内的3330.0300万元超额获配资金分别在超额获配当日用于等权购买同日的其他IPO股票或者最近日期的IPO股票，持有该组合在未来1个月、3个月、6个月、9个月、12个月的市值如表11显示分别为10632.1600万元、11528.7300万元、12687.8500万元、12026.0500万元、13566.0300万元。3330.0300万元的超额获配持股比投资于该组合在对应时点分别多盈利322.1600万元、-2037.1500万元、-3268.9500万元、-2506.0400万元、-4301.4500万元。超额获配带来的收益只在第一个月末超过投资于非关联新股的组合，在后面的四个时间点上均没有跑赢非关联新股组合。说明关联基金的关联申购行为因为放弃了更高收益的非关联申购而给基金持有人造成了损失。这一损失在样本期内按时段统计在3个月、6个月、9个月、12个月分别为2037.1500万元、3268.9500万元、2506.0400万元、4301.4500万元。我们可以看出，基金公司对关联券商在新股承销上的“帮忙”，让基金持有人付出了机会成本，这些资金本可以获得更高的收益。关联基金持有人的利益因此遭到损害。

表11　基金持有人损失金额

	1个月	3个月	6个月	9个月	12个月
超额获配市值	10954.3200	9491.5900	9418.9000	9520.0000	9264.5800
市场组合市值	2991.8800	2902.6100	3357.8800	3740.5300	3794.9100
非关联新股组合市值	10632.1600	11528.7300	12687.8500	12026.0500	13566.0300
相对市场组合收益	7962.4400	6588.9700	6061.0200	5779.4800	5469.6700
相对非关联新股组合收益	322.1600	-2037.1500	-3268.9500	-2506.0400	-4301.4500

注：单位为万元，正为收益，负为损失。超额获配市值指关联基金在申购一只股票时，超过非关联基金平均获配量的股票持有到五个对应时点的市值，按五个时点将所有关联基金超额获配股票的市值进行汇总。市场组合市值指在申购时将超额获配占用的资金投资于当日的市场组合，持有该组合在未来对应时点的市值，按时点将这些市场组合的市值汇总。非关联新股组合市值指在申购时将超额获配占用的资金投资于当日的其他IPO股票或最近日期的IPO股票，持有该组合在未来对应五个时点的市值，按五个时点将这些市场组合的市值汇总。相对市场组合收益为超额获配市值与市场组合市值之差，即持有超额获配的股票相对持有市场组合在未来五个时点末分别多赚多少钱。相对非关联新股组合收益为超额获配市值与非关联新股组合市值之差，即持有超额获配的股票相对持有非关联新股组合在未来五个时点末分别多赚多少钱。

4 稳健性检验

鉴于承销券商的 IPO 特征也会对基金申购行为产生潜在影响，所以在控制 IPO 股票特征、基金特征等基础上，本文加入控制变量 *Uw_IPOnumber*、*Uw_IPOsize* 对承销券商的 IPO 特征进行控制。*Uw_IPOnumber* 是承销券商当年成功保荐 IPO 数量的自然对数；*Uw_IPOsize* 是承销券商当年成功保荐 IPO 发行规模（万元）的自然对数。将两个变量纳入研究问题一、二的模型中，重新进行实证分析得到表 12、表 13、表 14。

表 12 补充承销券商 IPO 特征后模型（1）OLS 回归分析

变量	(1) *Ratio*1	(2) *Ratio*2	(3) *Ratio*3	(4) *Ratio*4
Common	-0.0007 (-0.2680)	0.1199*** (4.3581)	0.0012*** (3.9351)	0.0400*** (4.7460)
Offer_size	-0.0010 (-0.3653)	0.0170 (0.5673)	0.0041*** (12.2416)	0.1249*** (13.5985)
Lev	-0.0002 (-0.0938)	0.0017 (0.0602)	-0.0009*** (-2.8851)	-0.0048 (-0.5550)
Firm_age	-0.0004 (-0.2961)	-0.0063 (-0.4343)	0.0007*** (4.3938)	0.0014 (0.3267)
ROE	-0.0046 (-0.1796)	0.1247 (0.4608)	-0.0166*** (-5.4367)	0.0599 (0.7218)
Oversubscription	0.0006 (0.5951)	0.0012 (0.1175)	-0.0023*** (-19.8007)	0.0739*** (23.2447)
Maketvalue	0.0009 (0.3457)	-0.0176 (-0.6543)	-0.0047*** (-15.3890)	-0.1301*** (-15.8168)
Uw_IPOnumber	-0.0003 (-0.2263)	-0.0026 (-0.2153)	-0.0014*** (-9.9719)	-0.0180*** (-4.8286)
Uw_IPOsize	0.0000 (0.0373)	0.0000 (0.0046)	0.0005*** (5.2223)	0.0090*** (3.6260)
Timedummy	控制	控制	控制	控制
_cons	-0.0109 (-0.3688)	0.1755 (0.5607)	0.0731*** (20.6784)	1.1502*** (11.9885)
N	10382	10382	10382	10382

续表

变量	(1) *Ratio*1	(2) *Ratio*2	(3) *Ratio*3	(4) *Ratio*4
adj. R^2	-0.0012	0.0007	0.5208	0.5508
F	0.1283	1.4961	806.7305	910.3690

注：*** 表示 $p<0.01$。本表的回归模型为 $Ratio_i=\beta_0+\beta_1\times Common_i+\beta_2\times Offer\_size_i+\beta_3\times Lev_i+\beta_4\times Firm\_age_i+\beta_5\times ROE_i+\beta_6\times Oversubscription_i+\beta_7\times Marketvalue_i+\beta_8\times Uw\_IPOnumber_i+\beta_9\times Uw\_IPOsize_i+\beta_{10}\times Timedummy_i+e_i$。模型中：被解释变量 $Ratio_i$ 为基金 i 的申购行为度量指标，分为 $Ratio1_i$、$Ratio2_i$、$Ratio3_i$、$Ratio4_i$。$Ratio1_i$ =（基金 i 的申购价-平均申购价）/平均申购价；$Ratio2_i$ =（基金 i 的申购量-平均申购量）/平均申购量；$Ratio3_i$ =（基金 i 的申购价×基金 i 的申购量）/（Σ申购价×申购量）；$Ratio4_i$ =（基金 i 的申购价×基金 i 的申购量）/（发行价×发行量）。解释变量 $Common_i$ 度量券商与基金 i 的关联关系，如果基金 i 与申购股票的承销券商存在股权关联关系取 1，否则取 0。其他变量为控制变量，β_0 为常数项，e_i 为残差项。除解释变量 *Common* 外，本表的其他变量进行了上下 1%的缩尾处理。

表 12 显示，*Common* 对 *Ratio*1、*Ratio*2、*Ratio*3、*Ratio*4 回归的系数分别为 - 0.0007、0.1199、0.0012、0.0400，其中后三者均在 1%的显著性水平下显著为正，说明即便控制承销券商的 IPO 特征，关于问题一的结论依然成立，即基金公司和承销券商存在股权关联关系时，关联基金公司在申购时会比非关联基金公司表现出更积极的申购行为。

表 13　补充承销券商 *IPO* 特征后模型（2）*OLS* 回归分析

变量	(1) *AR*1	(2) *AR*3	(3) *AR*6	(4) *AR*9	(5) *AR*12
*CRatio*3	-2.2271 (-0.3602)	-16.1937 (-1.4945)	-7.2328 (-0.4318)	-15.9003 (-0.7720)	-36.2562** (-2.2291)
Lev	0.0471 (0.0694)	0.9504 (0.7989)	-0.1245 (-0.0677)	-0.7601 (-0.3362)	2.6456 (1.4816)
Firm_age	-0.4067 (-1.1820)	-0.8703 (-1.4433)	-1.0833 (-1.1623)	-1.4581 (-1.2722)	-0.5563 (-0.6146)
ROE	-0.3360 (-0.0643)	-23.2711** (-2.5412)	1.2290 (0.0868)	-4.3419 (-0.2495)	-3.7840 (-0.2753)
Turnover	-9.6882 (-0.1735)	10.3391 (0.1056)	-70.9440 (-0.4690)	-90.3080 (-0.4855)	-46.2878 (-0.3151)
Offer_size	-1.1407* (-1.6817)	-1.6625 (-1.3987)	-0.8572 (-0.4666)	-0.8783 (-0.3888)	-0.8835 (-0.4952)

续表

变量	(1) AR1	(2) AR3	(3) AR6	(4) AR9	(5) AR12
Oversubscription	0.2610 (0.9833)	-0.0340 (-0.0731)	0.6834 (0.9504)	0.1706 (0.1930)	-0.4514 (-0.6464)
Maketvalue	0.5272 (0.8486)	0.2839 (0.2607)	-0.4000 (-0.2377)	-0.9137 (-0.4416)	-1.4645 (-0.8962)
Uw_IPOnumber	-0.2559 (-0.9611)	-0.8918* (-1.9113)	-0.5133 (-0.7118)	-1.4908* (-1.6810)	-1.3056* (-1.8641)
Uw_IPOsize	0.2480 (1.4408)	0.7728** (2.5622)	0.3990 (0.8559)	0.9547 (1.6655)	0.9832** (2.1717)
Timedummy	控制	控制	控制	控制	控制
_cons	-0.4566 (-0.0609)	12.1892 (0.9274)	15.0571 (0.7412)	27.3881 (1.0964)	41.6559** (2.1114)
N	73	73	73	73	73
adj. R^2	0.3955	0.2853	0.1618	0.1090	0.2856
F	4.1402	2.9163	1.9264	1.5870	2.9188

注：* 表示 p<0.10，** 表示 p<0.05。本表的回归模型为 $AR_i=\beta_0+\beta_1\times CRatio3_i+\beta_2\times Lev_i+\beta_3\times Firm\_age_i+\beta_4\times ROE_i+\beta_5\times Turnover_i+\beta_6\times Offer\_size_i+\beta_7\times Oversubscription_i+\beta_8\times Maketvalue_i+\beta_9\times Uw\_IPOnumber_i+\beta_{10}\times Uw\_IPOsize_i+\beta_{11}\times Timedummy_i+e_i$。模型中：被解释变量 AR_i 为基金 *i* 申购股票上市后的超额收益率，分为 *AR*1、*AR*3、*AR*6、*AR*9、*AR*12。*AR*1 为上市后 1 个月股票的超额收益率；*AR*3 为上市后 3 个月股票的超额收益率；*AR*6 为上市后 6 个月股票的超额收益率；*AR*9 为上市后 9 个月股票的超额收益率；*AR*12 为上市后 12 个月股票的超额收益率。解释变量 *CRatio3* 为关联基金申购金额占比，即按股票计算 *Common* 为 1 时的 *Ratio*3 之和。其他变量为控制变量，β_0 为常数项，e_i 为残差项。

表 13 显示，*CRatio*3 对 IPO 后 1 个月、3 个月、6 个月、9 个月、12 个月超额收益回归的系数分别为 -2.2271、-16.1937、-7.2328、-15.9003、-36.2562，均为负，且对 12 个月超额收益的回归系数在 5%的显著性水平下显著，说明即便控制承销券商的 IPO 特征，问题二从上市后股票收益视角得到的结论依然成立，即关联基金申购金额占比越多的股票，其上市后的超额收益越低，基于股权关联关系的异常申购行为是源于“利益冲突”而非“信息优势”。

表 14　补充承销券商 IPO 特征后模型（3）、模型（4）OLS 回归分析

变量	(1) Amount1	(2) Amount2	(3) Reduce1	(4) Reduce2-1	(5) Reduce2
Common	0.3554*** (3.6571)	0.0618*** (3.9175)	-0.2482*** (-2.7599)	-0.0663 (-1.5016)	-0.3156*** (-3.7469)

续表

变量	(1) Amount1	(2) Amount2	(3) Reduce1	(4) Reduce2-1	(5) Reduce2
Fundtotalasset	0. 1998***	0. 0814***	-0. 1166***	-0. 0212**	-0. 1101***
	(7. 7755)	(19. 5068)	(-4. 9022)	(-2. 3724)	(-6. 4690)
Fundcompanyasset	0. 0031	0. 0116*	-0. 0724*	0. 0687***	0. 0626*
	(0. 0765)	(1. 7443)	(-1. 9137)	(3. 5852)	(1. 7129)
SFundsize	0. 0221	0. 0076***	-0. 0259*	0. 0117	-0. 0050
	(1. 5157)	(3. 2226)	(-1. 9218)	(1. 5782)	(-0. 3513)
Fundamount	0. 0435	-0. 0080	0. 0145	-0. 0673**	-0. 1343**
	(0. 7456)	(-0. 8459)	(0. 2689)	(-2. 3089)	(-2. 4142)
Fund_age	-0. 0044	-0. 0072***	-0. 0098	0. 0019	0. 0035
	(-0. 6844)	(-6. 8879)	(-1. 6289)	(0. 6409)	(0. 6179)
Uw_IPOnumber	-0. 6802***	-0. 0118*	0. 2463***	0. 3480***	0. 7468***
	(-18. 1462)	(-1. 9361)	(7. 1023)	(20. 7612)	(23. 3622)
Uw_IPOsize	0. 6476***	-0. 0057	-0. 2767***	-0. 3241***	-0. 7170***
	(24. 8017)	(-1. 3397)	(-11. 4515)	(-27. 7463)	(-32. 1878)
Timedummy	控制	控制	控制	控制	控制
_cons	-10. 5129***	-2. 2491***	7. 7354***	1. 5125***	8. 0049***
	(-11. 3485)	(-14. 9526)	(9. 0243)	(3. 8661)	(10. 7311)
N	6544	6544	6544	7091	7091
adj. R^2	0. 3269	0. 1445	0. 3179	0. 1420	0. 3586
F	289. 9370	101. 4920	278. 1643	107. 6793	361. 3890

注：* 表示 p<0. 10，** 表示 p<0. 05，*** 表示 p<0. 01。本表列（1）、列（2）的回归模型为 $Amount_i=\beta_0+\beta_1\times Common_i+\beta_2\times Fundtotalasset_i+\beta_3\times Fundcompanyasset_i+\beta_4\times SFundsize_i+\beta_5\times Fundamount_i+\beta_6\times Fund\_age_i+\beta_7\times Uw\_IPOnumber_i+\beta_8\times Uw\_IPOsize_i+\beta_9\times Timedummy_i+e_i$。列（3）、列（4）、列（5）的回归模型为 $Reduce_i=\beta_0+\beta_1\times Common_i+\beta_2\times Fundtotalasset_i+\beta_3\times Fundcompanyasset_i+\beta_4\times SFundsize_i+\beta_5\times Fundamount_i+\beta_6\times Fund\_age_i+\beta_7\times Uw\_IPOnumber_i+\beta_8\times Uw\_IPOsize_i+\beta_9\times Timedummy_i+e_i$。两组模型中：被解释变量 $Amount_i$ 为基金 i 获配新股的度量指标，分为 $Amount1_i$、$Amount2_i$。$Amount1_i$ 表示基金 i 获配新股的绝对数量；$Amount2_i$ 表示基金 i 获配新股的相对数量，$Amount2_i$ =（基金获配量-平均获配量）/平均获配量；$Reduce_i$ 为基金 i 减持行为度量指标，分为 $Reduce1_i$、$Reduce2-1_i$、$Reduce2_i$。$Reduce1_i$ 为基金 i 获配后到第一个半年报之间持股数据的变化情况，等于首个半年报持股量减去获配量；$Reduce2-1_i$ 表示基金 i 获配后第一个半年报到获配后第二个半年报之间的持股变化情况，等于第二个半年报持股量减去首个半年报持股量；$Reduce2_i$ 表示基金 i 从获配到第二个半年报之间的持股变化情况，等于第二个半年报持股量减去获配量。解释变量 $Common_i$ 度量券商与基金 i 的关联关系，如果基金 i 与申购股票的承销券商存在股权关联关系取 1，否则取 0。其他变量为控制变量，β_0 为常数项，e_i 为残差项。除解释变量 Common 外，表中其他变量数据进行了上下 5%的缩尾处理。

表 14 显示 *Common* 对 *Amount*1、*Amount*2 的回归系数分别为 0. 3554、0. 0618，均在 1%的显著性水平下显著为正，说明即便控制承销券商的 IPO 特征，关联基金的获配量依然显著高于非关联基金。*Common* 对 *Reduce*1、*Reduce*2－1、*Reduce*2 的回归系数分别为－0. 2482、－0. 0663、－0. 3156，均为负，且对 *Reduce*1、*Reduce*2 的回归系数均在 1%的显著性水平下显著，说明即便控制承销券商的 IPO 特征，关联基金的减持量依然显著高于非关联基金。综上，即便控制承销券商的 IPO 特征，问题二从基金获配后关联基金持股行为视角得出的结论依然成立，即关联券商利用关联基金大量申购完成股票发行，上市之后一年内减持离开，再次佐证基于股权关联关系的异常申购行为是源于“利益冲突”而非“信息优势”。

综合表 12、表 13、表 14 的实证结果，说明即便控制承销券商的 IPO 特征，本文的实证结果依然稳健。由于承销券商和基金所在的基金管理公司存在股权关联关系，关联基金公司在申购关联券商承销的股票时，会表现出超额申购行为以帮助关联券商顺利承销，这种“帮忙”行为越突出的新股，其上市后收益表现越差，因此发行成功后关联基金会尽快减持离开。

5 结论

本文使用中国新股申购新规提供的自然实验机会，实证分析了在共同股东这一股权关联关系下，证券公司和基金公司在新股申购过程中的利益冲突现象。当基金公司和证券公司存在共同股东时，相比非关联基金公司而言，关联基金公司在申购承销商发行的新股时，出现超额申购的情况，这种超额申购并不是因为关联券商提供更多的私有信息，而是属于“帮忙”性质的利益冲突，因而申购的新股上市后只有较低的收益，并且关联基金申购后一年内在二级市场上进行减持。这种利益冲突行为给关联基金持有人造成了机会成本损失。

本文研究股权关联关系下，信息优势与利益冲突哪一种对金融集团内部投资机构的行为起主导作用，这种行为对于外部利益相关人是否造成机会成本损失。结论丰富了中国关于金融集团内部代理问题的研究；有助于普通投资者参考不同基金公司的申购持有行为，做出更为理性的投资决策；为监管政策的制定和监管的加强提供了理论依据和实证依据。

参考文献

［1］ Barber B. M. , Lyon J. D. Detecting Long－run Abnormal Stock Returns: The Empirical Power and Specification of Test Statistics ［J］. Journal of Financial Economics, 1997, 43 (3): 341-372.

［2］ Ber H. , Yafeh Y. , Yosha O. Conflict of Interest in Universal Banking: Bank Lending, Stock Underwriting, and Fund Management ［J］. Journal of Monetary Economics, 2001, 47 (1): 189-218.

［3］ Busaba W. Y. , Liu Z. , Restrepo F. Do Underwriters Price Up IPOs to Prevent Withdrawal? ［J］. Journal of Financial and Quantitative Analysis, 2020, 55 (6): 2005-2036.

［4］ Cohen L. , Frazzini A. , Malloy C. The Small World of Investing: Board Connections and Mutual Fund Returns ［J］. Journal of Political Economy, 2008, 116 (5): 951-979.

[5] Cohen L., Schmidt B. Attracting Flows by Attracting Big Clients [J]. Journal of Finance, 2009, 64 (5): 2125-2151.

[6] Davis G. F., Kim E. H. Business Ties and Proxy Voting by Mutual Funds [J]. Journal of Financial Economics, 2007, 85 (2): 552-570.

[7] Gaspar J., Massa M., Matos P. Favoritism in Mutual Fund Families? Evidence on Strategic Cross-Fund Subsidization [J]. Journal of Finance, 2006, 61 (1): 73-104.

[8] Gil-Bazo J., Hoffmann P., Mayordomo S. Mutual Funding [J]. The Review of Financial Studies, 2020, 33 (10): 4883-4915.

[9] Gu Z., Li Z., Yang Y. G. Monitors or Predators: The Influence of Institutional Investors on Sell-Side Analysts [J]. The Accounting Review, 2013, 88 (1): 137-169.

[10] Gu Z., Li Z., Yang Y. G., et al. Friends in Need Are Friends Indeed: An Analysis of Social Ties between Financial Analysts and Mutual Fund Managers [J]. The Accounting Review, 2019, 94 (1): 153-181.

[11] Guan Y., Su L. N., Wu D., et al. Do School Ties Between Auditors and Client Executives Influence Audit Outcomes? [J]. Journal of Accounting and Economics, 2016, 61 (2-3): 506-525.

[12] He X., Pittman J., Rui OM., et al. Do Social Ties between External Auditors and Audit Committee Members Affect Audit Quality? [J]. The Accounting Review, 2017, 92 (5): 61-87.

[13] Johnson W. C., Marietta-Westberg J. Universal Banking, Asset Management, and Stock Underwriting [J]. European Financial Management, 2009, 15 (4): 703-732.

[14] Lin S., Tian S., Zheng L. Information Transfer in the Common Shareholder Relationship: Does Shared Ownership Affect Fund Investments? [R]. Working Paper, 2017.

[15] Massa M. How Do Family Strategies Affect Fund Performance? When Performance-Maximization Is Not the Only Game in Town [J]. Journal of Financial Economics, 2003, 67 (2): 249-304.

[16] Massa M., Rehman Z. Information Flows within Financial Conglomerates: Evidence from the Banks - Mutual Funds Relation [J]. Journal of Financial Economics, 2008, 89 (2): 288-306.

[17] Mehran H., Stulz R. M. The Economics of Conflicts of Interest in Financial Institutions [J]. Journal of Financial Economics, 2007, 85 (2): 267-296.

[18] Nanda V. K., Wang Z. J., Zheng L. Family Values and the Star Phenomenon: Strategies of Mutual Fund Families [J]. Review of Financial Studies, 2004, 17 (3): 667-698.

[19] Ritter J. R., Zhang D. Affiliated Mutual Funds and the Allocation of Initial Public Offerings [J]. Journal of Financial Economics, 2007, 86 (2): 337-368.

[20] Zhang C., Qian A., Shi X. The Effect of Affiliated Analysts on Stock Recommendations: Evidence from Share Pledges in China [J]. China Journal of Accounting Research, 2020, 13 (1): 79-107.

[21] 林树，李翔，杨雄胜，等．他们真的是明星吗？——来自中国证券基金市场的经验证据 [J]. 金融研究，2009 (5): 107-120.

[22] 彭文平．基金打新是“送礼祝贺”吗？——基于中国特色 IPO 配售制度的研究 [J]. 财经研究，2013 (8): 88-99.

[23] 许年行，江轩宇，伊志宏，等．分析师利益冲突、乐观偏差与股价崩盘风险 [J]. 经济研究，2012，47 (7): 127-140.

[24] 张耀杰，李杰刚，史本山．企业与证券公司

的股权关联对企业并购的影响［J］. 管理评论，2020，32（8）：29-39.

论文执行编辑：王　兵

论文接收日期：2020 年 8 月 26 日

作者简介：

罗毅（1991—），贵州贵阳人，南京大学商学院博士生、管理学博士。主要研究领域为财务金融与资本市场。E-mail：luoyi@ smail. nju. edu. cn。

林树（1978—），江苏南京人，南京大学商学院教授、博士生导师，南京大学会计学系副主任。主要研究领域为财务金融与资本市场。E－mail：slin @ nju. edu. cn。

李沐（1993—），江苏盱眙人，苏州金融租赁股份有限公司，管理学硕士。主要研究领域为财务金融与资本市场。E-mail：limu_nju@ 126. com。

Information Advantage or Interest Conflict?

—Mutual Fund Subscribing under Common Shareholder

Yi Luo [1] Shu Lin[1] Mu Li[2]

(1. Business School, NanJing University, Nanjing, China

2. Suzhou Financial Leasing Co. LTD, Suzhou, China)

Abstract: Due to the common ownership relationship shared with the securities companies in the same financial group, mutual fund companies may be affected by the information advantage and interest conflict when investing. Using the natural experiments environment provided by funds' purchasing behavior of new shares in China, this paper finds that due to the interest conflict, mutual fund companies sharing common ownership with the underwriter pretend to oversubscribe, and this behavior can result in the loss of the opportunity cost of mutual funds' investors. The research contributes to better comprehension of the agency problem in financial groups in China. Besides, this paper also enriches literature about the impact of common ownership on investing behavior.

Key Words: Common Ownership; Information Advantage; Interest Conflict; Financial Groups

JEL Classification: G18, G24, G28

薪酬契约有效性、现金股利政策与高管超额薪酬：二人同心，其利断金？*

□陈晓珊　施　赟

摘　要：近年来公司治理领域的相关研究表明，公司治理机制的联合使用能够发挥更有力的治理作用，即所谓“二人同心，其利断金”。然而，并非所有的联合机制都符合上述预期。本文采用我国2007~2017年沪深两市A股主板上市公司为研究样本，并选择高管超额薪酬为研究视角，实证检验了高管薪酬契约有效性和公司现金股利政策的公司治理作用。结果发现，提高高管薪酬契约有效性和公司的现金股利水平均有助于抑制高管获得超额薪酬，但同时提升高管薪酬契约有效性和公司现金股利水平反而会发挥相反的作用，该结论在一系列稳健性检验后依然成立。进一步基于企业生命周期视角的机制分析发现，上述结论的产生源于高管薪酬契约和公司现金股利政策均具有一定的生命周期特征。研究结论明确了公司联合治理机制的局限性，为公司进一步完善内外治理机制提供了依据，也为相关领域的研究提供了新的视角。

关键词：薪酬契约有效性；现金股利；高管超额薪酬

JEL 分类：M52

1　问题提出

近年来，我国上市公司的高管频繁获得超额薪酬的现象引起社会公众和学者们的广泛关注①。相关研究表明，可能引致高管获得超额薪酬的因素包括多个方面，譬

---

*　基金项目：广东省自然科学基金联合基金项目“实际控制人的境外居留权与企业创新：作用机制、经济后果与对策”（2019A1515111017）；国家自然科学基金青年项目“中国上市公司财务报告内控缺陷的认定标准及实施效果研究”（71902038）。

①　据新民网报道，2009年底平安人寿高管梁家驹税后薪酬为1591.64万元；2011年，万科董事长王石年薪为1501万元。据Wind资讯统计，2016年金融业平均高管薪酬为2735.91万元，海通证券总经理助理林涌、中国平安原首席投资执行官陈德贤、中信证券原执行董事殷可，薪酬分别为1549.40万元、1286.57万元、1208.04万元（数据来源于网易财经网站《2016上市公司高管薪酬大比拼　金融房地产行业最高》。

如公司内部治理结构（方军雄，2012）、高管个人特征（郭科琪，2014）、高管薪酬契约有效性（Liu and Mauer，2011）、董事会文化（郑志刚等，2012）、现金股利政策（刘星、汪洋，2014）、外部环境（罗昆、曹光宇，2015）等。其中，我们认为高管的薪酬契约有效性和公司的现金股利①政策是最重要的影响因素。

这是因为，根据最优薪酬契约理论，董事会建立基于公司业绩的薪酬制度把股东与高管的利益联系起来，有助于降低由于信息不对称引致的代理成本，从而提升公司治理水平（Amzaleg et al.，2014）。高管的薪酬契约有效性越高，意味着公司业绩的增长大部分应归功于高管的努力，高管理应获得更高的薪酬，此时高管所获得的高额薪酬被看作是高管的能力和努力工作的合理性补偿（Albuquerque et al.，2013；杨青等，2010；江伟，2010；Kaplan and Minton，2006）。然而，这一观点在近年来却不断受到管理层权力理论的挑战。管理层权力理论认为，高管获得超额薪酬实质上是高管利用权力扭曲薪酬契约并谋取私利的证据（Bebchuk et al.，2002）。高管薪酬契约中存在一部分与业绩脱钩的报酬，即使公司业绩不好，高管也可以获得超额薪酬。此时的超额薪酬是高管干预董事会的薪酬契约设计，导致薪酬契约偏离有效的激励约束，从而获得超过正常谈判所得的收入，被视为是股东与高管之间的代理成本（罗宏等，2014；郭斯琪，2014）。那么，董事会通过提高高管的薪酬契约有效性，把高管薪酬与公司业绩紧密结合，最大化降低与业绩脱钩的比例，则有助于增强对高管能力和努力的甄别力，从而抑制高管攫取私人利益的行为。可见，提高高管的薪酬契约有效性有助于降低高管超额薪酬。

此外，公司的现金股利政策通常是由高管做出的，它本身与高管的薪酬制度具有内生性。相关研究表明，上市公司进行现金分红直接降低了公司的留存收益水平，有效控制了高管可以使用的现金流水平，阻碍了高管进行非效率投资、享受超额职务消费、攫取超额薪酬等机会主义行为。与此同时，由于公司的自由现金流减少，高管如果需要投资，需要从外部资本市场融资，会受到外部监管机构的监督，这两方面的同时作用有助于降低股东与高管之间的代理成本（纪建悦等，2005；张海燕、陈晓，2008）。由此可见，公司提升现金股利分配水平也有助于降低高管超额薪酬。

然而，上述两种机制在联合使用的过程中，可能会产生差异化的效果。原因在于，董事会为高管制定的所谓“业绩型薪酬契约”在实践中常受到薪酬粘性的挑战，体现在当公司业绩不佳时，高管薪酬的降幅明显低于公司业绩的降幅，并且高管不会因为公司业绩的下降而被解聘或受到明显的惩罚。随着高管薪酬契约有效性的提高，高管薪酬与公司业绩更加紧密地被捆绑在一起，此时的高管就越有动机进行薪酬辩护，以体现自己所获得的超额薪酬的合理性和正当性（谢德仁等，2012），从而弱化了薪酬契约的治理作用。与此同时，在给定高管薪酬契约有效性的情形下，公司进一步将部分留存收益以现金股利的形式进行分配，便会明显约束高管的投资决策和行为，使得高管在有限

① 本文所指的现金股利是指年度现金分红。

的投资中丧失了可能的私人获益，而这种获益通常会在公司现金充沛的情况下，高管积极投资项目获益后公司以薪酬的形式发放给高管作为业绩激励。由此可见，当高管自身薪酬同时受到薪酬契约和公司股利政策的约束时，理性的高管更有动机通过增加在职消费、进行关联交易、寻租董事会等形式来间接提高自身薪酬。总而言之，随着高管薪酬契约有效性的提升，公司发放现金股利对高管超额薪酬的抑制作用会被削弱，表明高管薪酬契约有效性和现金股利政策这两种治理机制之间的内生性可能会弱化联合机制的公司治理作用，对此，我们将在下文予以深入分析和检验。

基于上述理论分析，本文主要关注的是，在公司的具体实践中，高管的薪酬契约有效性与公司的现金股利政策是否会影响高管超额薪酬？若答案是肯定的，那么会产生什么样的影响？更进一步地，两者的联合机制是否会产生差异化的结果？对上述问题的回答将有助于更好地厘清公司内部机制的治理作用以及联合机制的适用性，为进一步完善公司治理提供理论支持和经验证据。

本文的研究贡献体现在：第一，综观国内外的相关研究现状，鲜有文献将高管薪酬契约有效性、公司现金股利政策与高管超额薪酬纳入同一个分析框架。第二，本文深入考察高管薪酬契约有效性、现金股利政策与高管超额薪酬之间的关系，发现这两种机制的联合运用会促使高管获得更高水平的超额薪酬，这揭示了公司内部不同机制的联用可能会弱化相互的治理作用，为公司更好地完善治理框架提供了理论支撑和经验证据。与此同时，本文对现金股利分配问题的探讨亦为监管部门进一步完善股利分配政策，培育公司回报股东的信念和意识提供了思路。第三，本文研究发现高管薪酬契约有效性和现金股利分配均具有生命周期特征，成长期、成熟期、衰退期三个阶段内高管薪酬契约有效性和现金股利发放水平均呈现“倒 U 形”特征，这为公司内部治理机制的研究提供了新的视角，同时亦进一步拓展和丰富了基于企业生命周期视角的相关研究。

本文以下的篇章结构安排如下：第 2 部分为理论分析与研究假设，第 3 部分为研究设计，第 4 部分为实证分析，第 5 部分为机制分析，第 6 部分为研究结论和启示等。

2 理论分析与研究假设

高管薪酬激励是现代企业制度下解决高管和股东利益冲突的一种重要机制（Jensen and Meckling，1976；傅颀、汪祥耀，2013）。从某种程度上看，高管薪酬激励由显性激励和隐性激励两部分组成。其中，显性激励是基于明确条文约定的高管付出与回报的激励性薪酬契约，一般包括基本工资、奖金、绩效与期权等激励性收益；而隐性激励则主要是指在职消费、内部晋升、个人机会主义行为等隐晦利益。有效契约理论认为，高管薪酬主要取决于高管的个人特质（包括高管风险偏好、管理能力）和高管工作任务的复杂程度（Bizjak et al.，2008；Wowak et al.，2011；李维安等，2010；方军雄，2012）。由于不可避免的信息不对称及高管能力和努力的判断需要评价依据，与股东利益相关的公司业绩便成为董事会制定高管薪酬契约的有效判断标准。因此，如何在激励高管创造会计业绩的同时又能抑制高管不以损害公司价值为代价，是代表股东意志的董事会在薪酬制定过程中要考虑的重要问题。当高管薪酬的制定充分激励了高管努力工作，使得高管获得与业绩密切挂钩的绩效补偿时，薪酬契约的有效性便得以体现。

然而现实的情形是，薪酬契约的制定受到公司内部因素和外部环境（包括正式和非正式制度）的共同影响（Conyon and Peck，1998；Kuhnen and Niessen，2009；李培功、沈艺峰，2013；赵宜一、吕长江，2015）。在我国高管薪酬激励机制并不健全的早期阶段，薪酬契约设计中薪酬—业绩尚未建立关联。高管为了寻求更多的薪酬补偿，在最大化自身利益的驱使下有追求超额薪酬的动机，导致企业中高管攫取超额薪酬的现象屡屡发生（罗宏等，2014）。尤其是当缺乏有效的内外部治理环境约束时，权力膨胀的高管凌驾于董事会之上，甚至介入董事选聘环节，强烈干预薪酬契约的制定过程（Jensen and Murphy，1990），进而获得超出正常薪酬范围的额外报酬（Bebchuk et al.，2002）。这种超额薪酬无法反映高管的努力程度及其对公司业绩的贡献，显然进一步加深了委托代理矛盾。因此，最优契约理论指出，制定薪酬—业绩高度关联的薪酬契约，将高管与股东的利益进行紧密捆绑，成为解决上述矛盾的一种可行和有效的制度安排。当薪酬契约有效性越高时，高管就会越努力工作，从而实现公司业绩增长，进而获得固定薪金之外更高的报酬补偿。这表明，高管薪酬与业绩挂钩的契约设计是委托代理框架下能够有效约束高管攫取超额薪酬行为的一种治理机制，薪酬契约有效性通过缓解高管的自利倾向降低了第一类代理成本，从而对企业业绩产生正向效应，进而形成良性循环。基于上述分析，本文提出假设 1。

假设 1：提升高管的薪酬契约有效性有助于降低高管超额薪酬。

自 2000 年以来，证监会持续颁布了与现金分红相关的一系列制度规范。上市公司虽然拥有现金分红的自主决定权，但是由于再融资资格与股利分配水平相挂钩，分红政策实质上具有“半强制性”的特征。上市公司实施正常分红的条件是同时满足正的留存收益和充足的自由现金流（谢德仁等，2012）。当企业拥有充足现金时，高管往往倾向于过度投资，进而获取过度投资带来的高薪、权力以及构筑职位沟壑（Jensen and Meckling，1976）。

随着企业分配现金股利水平的提升，企业的留存收益水平和自由现金流会相应降低，这将有效制约高管增加在职消费（Burrough and Helyar，1990；罗宏、黄文华，2008）、投资价值损害的项目（Jensen and Meckling，1976）、攫取超额薪酬等机会主义行为。与此同时，公司自由现金流的相对不足，迫使高管需要转向外部资本市场寻求融资，来自债权人和新投资者等的监督显然不利于高管通过投资谋取私利（Easterbrook，1984）。即使高管拥有相对信息优势，且在会计信息的生成过程中扮演重要角色，高管偏离股东价值最大化的投资决策仍会比较难。由此，现金股利就成为一种约束高管机会主义行为的间接机制。提高现金股利的发放，通过减少企业支付能力和增强对高管监督的双重作用，大大降低了高管攫取超额薪酬的概率和水平。当高管同时兼具股东身份，即高管持有股份的情形下，分配现金股利使得高管也同样受益，股东与高管之间的代理问题得到缓解，这时高管谋取私人利益，追求超额薪酬的意愿也随之降低。综上所述，本文提出假设2。

假设2：提升公司的现金股利水平有助于降低高管超额薪酬。

上述分析表明，单独提升高管薪酬契约有效性或单独提升公司现金股利水平均有利于缓解委托代理矛盾，降低高管超额薪酬。但是，当这两种机制被联合使用时，其对高管超额薪酬的影响可能并不会形成合力的强化作用，相反地，更可能会产生弱化的效果。原因在于，董事会为高管制定的所谓“业绩型薪酬契约”在实践中存在明显的粘性特征（方军雄，2009），当公司业绩上升时，高管能够获得相应的高额薪酬，但当公司业绩下滑时，理性的高管却会以市场环境恶化、生产成本上升等因素为由对外归因，进而推卸责任，导致高管薪酬在公司业绩上升时的增长幅度明显大于业绩下滑时的减少幅度（陈晓珊、施赟，2020）。薪酬粘性的存在，使得高管薪酬契约有效性的激励约束作用大打折扣。

随着高管薪酬契约有效性的提升，公司进一步发放现金股利会明显减少可供投资的资金，导致高管的投资决策行为受到抑制，其只能在可行的投资中进一步择优。在这种情形下，一方面，理性的高管会选择高风险高回报的项目，因为这类项目在投资成功时高管可以获得相应的与业绩挂钩的薪酬奖励，并且即使投资失利，由于薪酬契约的粘性特征，高管可能遭受的薪酬惩罚也相差甚微，更可能的结果是绝大部分的风险仍由公司的股东承担。另一方面，投资受限使得高管丧失了投资更多的项目获益后，公司以薪酬的形式给予高管作为激励的业绩报酬。因此，始终以最大化个人利益为目标的理性高管，会考虑如何在“业绩型薪酬契约”的激励和约束机制下提高业绩，同时规避自身风险，也试图克服公司发放现金股利所导致的投资受限问题。

综上所述，在给定薪酬契约有效性的前提下，薪酬契约的粘性特征会明显导致契约的公司治理作用减弱，若此时公司进一步实施现金分红，则高管因投资资金受限很可能无法获得预期的薪酬水平，这时委托代理问题依旧存在，高管仍有追求额外收益以补偿预期薪酬的动机，如增加在职消费、进行关联交易、利用权力干扰自身薪酬契约的制定等。因此，本文预期，“二人同心”，未必能“其利断金”，即同时提升高管的薪酬契约有效性和公司的现金股利水平，最终可能导致高管仍能获得明显高于正常水平的超额薪酬。综上所述，本文提出假设3。

假设3：同时提升高管的薪酬契约有效性和公司的现金股利水平会提高高管超额薪酬。

3 研究设计

3.1 样本与数据来源

本文选取2007~2017年中国沪深两市A股主板上市公司为实证研究的样本，并对样本进行如下筛选：①剔除金融、证券、货币服务类公司；②剔除主要财务数据和公司治理数据缺失的样本；③剔除样本期内被ST、*ST的公司，最终得到的研究样本包括18505个观测值。选择 2007 年为样本区间起点主要基于以下两个方面的考虑：一是考虑到政策的滞后性，尽管证监会于 2000 年开始对上市公司的现金分红进行了规范，但是直到 2006 年 5 月 8 日开始实施的《上市公司证券发行管理办法》中才开始对有再融资需求的公司做了明确的 7%的最低现金分红比例规定，政策实施效果具有一定的滞后性，因此本文选择 2007 年为研究起点；二是考虑到会计准则的变化，我国上市公司自 2007 年 1 月 1 日起开始执行与国际会计准则趋同的新会计准则，为避免会计准则变化导致相关信息的偏误以及统一会计准则考虑，本文将样本区间的起点界定为 2007 年。

本文所用上市公司高管绝对薪酬数据、财务数据、公司治理数据等均来自 CSMAR 国泰安金融研究数据库，高管超额薪酬以及薪酬契约有效性等数据由笔者通过模型估计进行整理。为了避免极端值的影响，本文对所有连续型变量在上下 1%的水平上进行了 Winsorize 处理。

3.2 变量说明

3.2.1 被解释变量

本文的被解释变量为高管超额薪酬（Overpayment）。关于高管超额薪酬水平的衡量，本文借鉴 Core 等（2008）、罗宏等（2014）、程新生等（2015）的做法，构建模型（1）进行回归估计，得到预期的高管正常薪酬水平，再将实际的高管薪酬水平减去模型估算得到的预期的正常薪酬水平，得到高管超额薪酬。高管预期薪酬的估算模型设定如下：

$$Pay_{i,t} = \beta_0 + \beta_1 Size_{i,t} + \beta_2 ROA_{i,t} + \beta_3 ROA_{i,t-1} + \beta_4 TobinQ_{i,t} + \beta_5 Lev_{i,t} + \beta_6 IA_{i,t} + \beta_7 Zone_{i,t} + \sum Industry + \sum Year + \varepsilon_{i,t} \quad (1)$$

其中，变量 *Pay* 表示高管绝对薪酬，本文选择上市公司年报中披露的“薪酬最高前三名高管的薪酬总额”取其自然对数进行衡量；变量 *Size*、*ROA*、*TobinQ*、*Lev*、*IA* 分别代表企业规模、公司业绩、成长性、财务杠杆、无形资产比；变量 *Zone*、*Industry*、*Year* 分别为区域、行业和年份哑变量。当公司注册地为东部沿海地区时，*Zone* 取值为 1，为中西部地区时取值为 0；当对应某一行业、某一年度时，*Industry*、*Year* 分别取值 1，否则取值 0。

基于上述对高管超额薪酬水平的估计，我们同时构建高管超额薪酬哑变量（*Overpay_dum*）为被解释变量，其中，当高管超额薪酬水平（*Overpay*）大于 0 时，哑变量取值 1，相反地，当高管超额薪酬水平（*Overpay*）小于零时，哑变量取值 0。

3.2.2 解释变量

本文的解释变量包括薪酬契约有效性（*PPS*）和现金股利政策（*Dividend*）。关于高管薪酬契约有效性的衡量，本文主要基于 Jensen 和 Murphy（1990）的“业绩决定薪酬”假设加以刻画。理论上，管理者的货币薪酬契约可以表示为线性方程 $W = \overline{W} + \chi \times Y$，其中，$\overline{W}$ 为固定底薪，不与企业业绩挂钩，Y 是企业业绩，系数 χ 即为薪酬契约有效性。现实中，高管薪酬高低会受企业特征以及公司治理情况的影响，对此，本文在方军雄等（2016）时间序列模型的基础上进一步构建能同时体现时间和个体特征的面板模型（2）进行回归估计，并在模型的固定效应回归中按照年份和个体提取企业业绩变量 ROA 的回归系数作为薪酬契约有效性的衡量指标。具体的估算模型设定如下：

$$Pay_{i,t} = \chi_0 + \chi_1 ROA_{i,t} + \chi_2 Size_{i,t} + \chi_3 Lev_{i,t} + \chi_4 IA_{i,t} + \chi_5 State_{i,t} + \chi_6 Zone_{i,t} + \chi_7 Equity_{i,t} + \chi_8 Ratio_{i,t} + \chi_9 Director_{i,t} + \chi_{10} Supervisor_{i,t} + \sum Industry + \sum Year + \varepsilon_{i,t} \quad (2)$$

其中，变量 *Pay*、*ROA*、*Size*、*Lev*、*IA*、*Zone*、*Industry*、*Year* 等与模型（1）的释义一致，新增变量 *State*、*Equity*、*Ratio*、*Director*、*Supervisor* 分别表示企业产权性质、第一大股东持股比例、独立董事比例、董事会规模、监事会规模。

关于公司现金股利政策的实施情况，本文综合陈红、郭丹（2017），刘星等（2016），肖珉（2010）等的做法，同时采用以下两种方法衡量现金股利：一是设置发放现金股利的虚拟变量（*DIV*），若公司当年发放现金股利则取值1，否则取值0；二是每股股利（*DPS*），即用每股普通股的税前现金股利衡量。需要特别说明的是，本文只关注公司现金股利分红，不考虑送股形式的分红。

3.2.3　控制变量

关于控制变量的选取，本文主要参考辛清泉等（2007）、权小锋等（2010）、罗宏等（2014）的做法，在以下几个方面进行了控制。第一，在企业特征方面，控制了企业成长性（*TobinQ*）、企业规模（*Size*）、企业财务杠杆（*Lev*）、产权性质（*State*）、所在区位（*Zone*）五个变量；第二，在公司治理方面，控制了第一大股东持股比例（*Equity*）、独立董事比例（*Ratio*）、董事会规模（*Director*）、监事会规模（*Supervisor*）四个变量。此外，本文还设置了行业（*Industry*）和年度（*Year*）哑变量以控制行业效应与时间效应。

综上所述，相关变量的说明与定义如表 1 所示。

表 1　变量说明与定义

变量类型	变量名称	变量	变量定义
被解释变量	高管超额薪酬水平	*Overpay*	高管绝对薪酬与模型（1）估计所得的预期薪酬差额
	高管获得超额薪酬的概率	*Overpay_dum*	虚拟变量，当超额薪酬水平大于 0 时取值 1，否则取值 0
解释变量	薪酬契约有效性	*PPS*	根据模型（2）估计所得的回归系数
	现金股利政策	*DIV*	虚拟变量，当公司发放现金股利时取值 1，否则取值 0
		DPS	每股股利：每股普通股的税前现金股利
控制变量	成长性水平	*TobinQ*	公司托宾 Q 值：市值/总资产
	企业规模	*Size*	总资产取自然对数
	财务杠杆	*Lev*	总负债/总资产
	产权性质	*State*	国有控股公司取值 1，非国有控股公司取值 0
	区域哑变量	*Zone*	注册地为东部沿海地区取值 1，为中西部地区取值 0

续表

变量类型	变量名称	变量	变量定义
控制变量	第一大股东持股比例	*Equity*	第一大股东持股数量/公司股本数量总和
	独立董事比例	*Ratio*	独立董事数量/董事会总人数
	董事会规模	*Director*	董事会人数
	监事会规模	*Supervisor*	监事会人数
	公司业绩	*ROA*	营业利润/总资产
	无形资产比	*IA*	无形资产/总资产
	行业哑变量	*Industry*	对应某一行业时取值 1，否则取值 0
	时间哑变量	*Year*	对应某一年度时取值 1，否则取值 0

资料来源：笔者整理。

3.3 实证研究模型

为了检验高管薪酬契约有效性、现金股利政策与高管超额薪酬之间的关系，本文构建如下计量模型：

$$Overpayment_{i,t} = \alpha_0 + \alpha_1 PPS_{i,t} + \alpha_2 Dividend_{i,t} + \alpha_3 Dividend \times PPS_{i,t} + \Gamma Control_{i,t} + \sum Industry_i + \sum Year_t + \varepsilon_{i,t} \tag{3}$$

其中，$Overpayment_{i,t}$表示高管超额薪酬，包含高管超额薪酬水平 *Overpay* 和高管是否获得超额薪酬虚拟变量 *Overpay_dum* 两个变量，前者采用 OLS 估计，后者采用 Logit 估计；$PPS_{i,t}$表示高管薪酬契约有效性，数据由模型（2）估算得到；$Dividend_{i,t}$表示公司现金股利政策，包含公司是否分配现金股利虚拟变量 DIV 和现金股利水平 DPS 两个变量；$Dividend \times PPS_{i,t}$为高管薪酬契约有效性和现金股利政策的连续型交互项，包含 *DIV×PPS* 和 *DPS×PPS* 两个变量；$Control_{i,t}$为一组控制变量；$Industry_i$和 $Year_t$分别为行业和时间固定效应；$\varepsilon_{i,t}$为随机扰动项。本文的回归模型均采用公司层面的聚类稳健标准误进行调整（Cluster）。

4 实证分析

4.1 描述性统计

表 2 给出了主要变量的描述性统计结果。数据显示，2007～2017 年，我国上市公司高管超额薪酬水平（*Overpay*）均值为 0.002，最小值为-2.475，最大值为 1.750，说明部分公司存在超额薪酬，亦有部分公司存在实际薪酬低于正常水平的现象。高管获得超额薪酬的概率变量（*Overpay_dum*）的均值为 0.609，表明大概有 61%的样本存在超额薪酬。高管薪酬契约有效性变量（*PPS*）的均值为 2.617，表明公司业绩每提升一个单位，将使得高管薪酬平均提高 2.617 个单位。上市公司发放现金股利虚拟变量（*DIV*）的均值为 0.667，意味着 66.7%的公司有实施现金股利政策，但仍然有 33.3%的公司没有发放现金股利，这说明“半强制分红政策”并不是对所有的上市公司都有约束力。每股现金股利变量（*DPS*）均值为 0.157，最小

值和最大值分别为0.001、6.787，表明上市公司间的派现水平存在较大差距。

本文进一步对相关变量进行了Pearson和Spearman相关性检验，结果发现各变量间的相关系数绝对值均小于0.5，并且方差膨胀因子的值均在1~3的范围内，充分表明本文所选择的变量不存在明显的多重共线性问题。

表2 变量描述性统计信息

变量	观测值	均值	标准差	最小值	最大值
Overpay	18505	0.002	0.814	-2.475	1.750
Overpay_dum	18505	0.609	0.488	0	1
PPS	18505	2.617	0.517	1.835	3.781
DIV	18505	0.667	0.471	0	1
DPS	18505	0.157	0.217	0.001	6.787
TobinQ	18505	2.242	2.137	0.205	12.880
Size	18505	21.800	1.235	18.900	25.470
Lev	18505	0.426	0.228	0.007	1.067
State	18505	0.503	0.500	0	1
Zone	18505	0.604	0.489	0	1
Equity	18505	36.360	15.410	9.087	76.000
Ratio	18505	0.369	0.052	0.300	0.571
Director	18505	8.943	1.784	5	15
Supervisor	18505	3.776	1.140	3	7
ROA	18505	0.031	0.063	-0.248	0.230
IA	18505	0.035	0.051	0	0.271

资料来源：表中数据由软件Stata13.0计算，经笔者整理。

4.2 多元回归分析

表3报告了式（3）的回归结果。从列（1）和列（6）的结果看，在未引入现金股利政策变量的情况下，高管薪酬契约有效性的回归系数均显著为负，表明单独提高高管薪酬契约有效性有助于降低高管超额薪酬，验证了假设1。同理，从列（2）、列（3）、列（7）、列（8）的结果看，在未引入高管薪酬契约有效性变量的情况下，现金股利政策的回归系数同样显著为负，表明公司积极分配现金股利与提升分配水平均有助于降低高管超额薪酬，验证了假设2。上述实证结果充分印证了前文的理论分析，即提升高管薪酬契约的有效性和增加现金股利分配水平有助于发挥这两种机制各自的公司治理作用，抑制高管攫取私人利益的机会主义行为。然而，这两种机制的联合使用明显会产生差异化的效果。从列（4）、列（5）、列（9）、列（10）的结果来看，在将高管薪酬契

约与公司现金股利政策引入同一个框架之后，高管薪酬契约有效性与现金股利政策这两个变量的回归系数仍然显著为负，但两者的相乘项的回归系数则显著为正，意味着同时提升高管薪酬契约有效性和公司现金股利分配水平，反而会促进高管获得超额薪酬，验证了假设3。上述结果表明，相对于单独使用而言，公司治理机制间的联合使用并不总是发挥强化作用，即“二人同心”，并不一定“其利断金”。上述两种机制的联合使用反而弱化了其公司治理作用，说明在给定薪酬契约有效性的情况下，发放现金股利的公司，其高管在现金流不足的情况下丧失的投资收益影响薪酬部分，会通过增加在职消费等其他方式进行补充，此时高管仍会获得明显高于正常水平的超额薪酬。

表 3　高管薪酬契约有效性、现金股利政策与高管超额薪酬

变量	因变量 *Overpay*					因变量 *Overpay_dum*				
	(1)	(2)	(3)	(4)	(5)	(6)	(7)	(8)	(9)	(10)
PPS	-2.184*** (0.760)	—	—	-3.811*** (0.584)	-2.936*** (0.535)	-4.185** (1.811)	—	—	-0.805** (0.352)	-0.716*** (0.255)
DIV	—	-0.032** (0.014)	—	-1.174*** (0.198)	—	—	-0.189*** (0.036)	—	-2.170** (0.909)	—
DIV×PPS	—	—	—	0.511*** (0.076)	—	—	—	—	0.958*** (0.343)	—
DPS	—	—	-0.026** (0.013)	—	-1.233*** (0.264)	—	—	-0.196*** (0.035)	—	-5.043*** (1.371)
DPS×PPS	—	—	—	—	0.651*** (0.139)	—	—	—	—	2.522*** (0.559)
TobinQ	0.023*** (0.008)	0.023*** (0.008)	0.023*** (0.008)	0.032*** (0.006)	0.044*** (0.011)	0.050** (0.020)	0.041** (0.019)	0.041** (0.019)	0.063*** (0.017)	0.044*** (0.011)
Size	0.064*** (0.014)	0.065*** (0.014)	0.065*** (0.014)	0.065*** (0.012)	0.047*** (0.015)	0.107*** (0.033)	0.094*** (0.032)	0.093*** (0.032)	0.060*** (0.013)	0.047*** (0.015)
Lev	-0.143** (0.060)	-0.143** (0.060)	-0.143** (0.060)	0.074 (0.050)	0.279*** (0.072)	-0.214 (0.146)	-0.226 (0.144)	-0.226 (0.144)	0.247*** (0.055)	0.279*** (0.072)
State	0.084** (0.041)	0.137*** (0.037)	0.137*** (0.037)	0.033 (0.026)	0.066** (0.031)	0.206** (0.094)	0.312*** (0.083)	0.312*** (0.083)	0.077*** (0.020)	0.066** (0.031)
Zone	0.144*** (0.031)	0.143*** (0.031)	0.143*** (0.031)	0.104*** (0.024)	0.086*** (0.028)	0.335*** (0.070)	0.319*** (0.069)	0.321*** (0.069)	0.065*** (0.022)	0.086*** (0.028)
Equity	-0.005*** (0.001)	-0.003** (0.001)	-0.003** (0.001)	-0.002*** (0.001)	-0.003*** (0.001)	-0.006* (0.003)	-0.000 (0.002)	-0.000 (0.002)	-0.003*** (0.001)	-0.003*** (0.001)

续表

变量	因变量 *Overpay*					因变量 *Overpay_dum*				
	(1)	(2)	(3)	(4)	(5)	(6)	(7)	(8)	(9)	(10)
Ratio	-0.095	-0.116	-0.120	0.050	0.133	-0.165	-0.169	-0.190	0.176	0.133
	(0.234)	(0.235)	(0.235)	(0.195)	(0.226)	(0.571)	(0.563)	(0.564)	(0.151)	(0.226)
Director	0.017**	0.018**	0.018**	0.025***	0.025***	0.024	0.025	0.025	0.030***	0.025***
	(0.008)	(0.008)	(0.008)	(0.007)	(0.008)	(0.020)	(0.019)	(0.019)	(0.007)	(0.008)
Supervisor	-0.016	-0.015	-0.015	-0.018*	-0.014	-0.028	-0.027	-0.028	-0.025**	-0.014
	(0.012)	(0.012)	(0.012)	(0.011)	(0.012)	(0.026)	(0.025)	(0.025)	(0.010)	(0.012)
_cons	-1.284***	-1.536***	-1.540***	4.210***	2.471**	-1.946**	-1.989***	-1.962***	-4.320	2.471**
	(0.330)	(0.304)	(0.304)	(1.231)	(1.079)	(0.792)	(0.735)	(0.734)	(5.737)	(1.079)
Industry	控制	控制	控制	控制	控制	控制	控制	控制	控制	控制
Year	控制	控制	控制	控制	控制	控制	控制	控制	控制	控制
N	18505	18505	18505	18505	18505	18505	18505	18505	18505	18505
R^2/Pseudo-R^2	0.620	0.616	0.615	0.314	0.418	0.258	0.249	0.250	0.418	0.440

注：***、**、*分别表示在1%、5%、10%的统计水平上显著，回归中按公司代码进行了聚类处理，小括号内为聚类稳健标准误，以下表同。

4.3 稳健性检验

为保证研究结果的稳定性和研究结论的可靠性，本文进行如下稳健性检验。

4.3.1 内生性问题

高管薪酬契约有效性、现金股利政策等与高管超额薪酬之间可能存在内生性，单纯采用OLS和Logit估计可能会使结果不够精确，对此，考虑采用工具变量法进行回归。本文关于高管薪酬契约有效性的工具变量选择的是行业内上市公司的数量，现金股利政策的工具变量选择的是公司股东的数量。首先，行业内上市公司的数量决定了该行业的竞争程度，面对激烈的市场竞争，董事会更可能制定较高的薪酬契约有效性以激励和约束高管付出更多的努力，那么公司业绩的增长大部分会归功于高管的努力，高管获得超额薪酬可视为高管的能力和努力工作的合理性补偿。但是，由于高管薪酬契约中不可能避免地存在与业绩脱钩的部分，即使公司业绩不好，高管也可能利用其他渠道获得超额薪酬，即无论市场竞争情况如何，高管仍可获得超额薪酬，所以市场竞争与高管超额薪酬并没有直接关系。其次，公司的股东数量会显著影响股利的分配力度，但其与高管超额薪酬同样没有直接关系。故本文选择的工具变量符合有效性。对应被解释变量为高管超额薪酬水平和是否获得超额薪酬，分别采用2SLS和IV-Probit估计，具体回归结果如表4所示。

表 4　控制内生性问题的回归结果

变量	因变量 *Overpay*		因变量 *Overpay_dum*	
	(1)	(2)	(3)	(4)
PPS	-3.813*** (0.435)	-3.713*** (0.737)	-0.831** (0.372)	-0.747*** (0.286)
DIV	-1.176*** (0.155)	—	-2.241** (0.962)	—
DIV×PPS	0.511*** (0.058)	—	0.989*** (0.367)	—
DPS	—	-1.982*** (0.656)	—	-5.257*** (1.507)
DPS×PPS	—	0.977*** (0.288)	—	2.629*** (0.624)
控制变量	控制	控制	控制	控制
Industry	控制	控制	控制	控制
Year	控制	控制	控制	控制
第一阶段 F 统计量	256.483 p=0.0000	209.415 p=0.0000	—	—
Wald 检验	—	—	χ^2 (1) =7.09 p=0.0078	χ^2 (1) =7.10 p=0.0077
N	18505	18505	18505	18505
R^2	0.314	0.440	0.278	0.246

4.3.2　将所有解释变量滞后一期

考虑到信息传递的滞后性，当期的薪酬契约有效性和现金股利政策可能会对下期的高管超额薪酬产生影响，为此，我们将式（3）中的所有解释变量均做滞后一阶处理，保持被解释变量不变。表 5 报告了解释变量滞后一期处理的回归结果。与前文相比，关键测试变量回归系数的符号与显著性水平均未有重大变化，支持前文的相关研究结论。

表 5　解释变量滞后一期的回归结果

变量	因变量 *Overpay*		因变量 *Overpay*_dum	
	(1)	(2)	(3)	(4)
L. *PPS*	-4.038*** (0.665)	-3.102*** (0.623)	-4.040*** (0.490)	-3.099*** (0.475)

续表

变量	因变量 *Overpay*		因变量 *Overpay*_dum	
	(1)	(2)	(3)	(4)
L. *DIV*	-1.162*** (0.220)	—	-1.164*** (0.169)	—
L. *DIV*×*PPS*	0.489*** (0.082)	—	0.489*** (0.062)	—
L. *DPS*	—	-1.135*** (0.321)	—	-1.135*** (0.400)
L. *DPS*×*PPS*	—	0.595*** (0.122)	—	0.596*** (0.147)
_cons	7.159*** (1.848)	4.970*** (1.727)	7.167*** (1.360)	4.961*** (1.310)
控制变量	控制	控制	控制	控制
Industry	控制	控制	控制	控制
Year	控制	控制	控制	控制
N	17731	17731	17731	17731
R^2/Pseudo-R^2	0.335	0.440	0.335	0.440

4.3.3 替换高管绝对薪酬变量

本文之前采用“薪酬最高前三名高管的薪酬总额”的自然对数作为被解释变量，并利用模型（1）估算预期正常的薪酬水平，进而采用实际的薪酬减去正常的薪酬，得到高管超额薪酬；在利用模型（2）估算高管薪酬契约有效性时同样采用高管绝对薪酬变量。对此，在稳健性测试部分，我们借鉴现有研究的常规操作，采用“薪酬最高前三名董事的薪酬总额”取自然对数（*Pay_r*）作为替换变量，分别利用模型（1）和模型（2）估算超额薪酬（*Overpay_r*）和薪酬契约有效性（*PPS_r*），再重新进行回归。在检验薪酬契约有效性、现金股利与超额薪酬的关系时，现金股利变量与薪酬契约有效性变量的相乘项相应改变，其他变量保持不变。表6中回归（1）、回归（2）报告了替换高管绝对薪酬变量的工具变量法回归结果。可以看到，在替换关键变量后，回归结果与前文类似，支持前文的相关研究结论。

4.3.4 替换现金股利变量

本文之前选择“公司是否发放现金股利虚拟变量”和“每股股利”作为公司现金股利政策的代理变量作为稳健性检验，借鉴魏志华等（2014）、陈云玲（2014）、王茂林等（2014）等的研究采用现金股利支付率（PR）作为衡量指标，其计算方法为每股现金股利/每股净利润。保持其他变量不变，现金股利与薪酬契约有效性的相乘项相应改变。表6中列（3）、列（4）报告了替换现金股利变量的回归结果。可以看到，采用股利支付率作为公司现金股利政策的衡量指标后，主要变量的回归系数的符号和显著性水平与前文高度一致。

表 6　替换关键变量的回归结果

变量	替换高管绝对薪酬变量		替换现金股利变量	
	因变量 *Overpay_r*		因变量 *Overpay*	因变量 *Overpay_dum*
	(1)	(2)	(3)	(4)
PPS_r	-2.979*** (0.959)	-3.132*** (0.932)	—	—
DIV	-0.180* (0.100)	—	—	—
DIV×PPS_r	0.119*** (0.034)	—	—	—
DPS	—	-0.517*** (0.151)	—	—
DPS×PPS_r	—	0.335*** (0.054)	—	—
PPS	—	—	-8.741*** (1.916)	-0.809** (0.338)
PR	—	—	-0.220** (0.101)	-0.804** (0.338)
PR×PPS	—	—	0.094** (0.043)	0.342** (0.146)
_cons	2.988 (2.055)	3.653* (1.959)	13.899*** (3.861)	0.393 (1.080)
控制变量	控制	控制	控制	控制
Industry	控制	控制	控制	控制
Year	控制	控制	控制	控制
N	18505	18505	18505	18505
R^2/*Pseudo*-R^2	0.454	0.482	0.335	0.440

4.3.5　模型中加入高管持股和两职合一等控制变量

前文理论分析指出，当高管同时兼具股东身份时，公司分配现金股利使得高管也同时获益，可有效缓解股东与高管之间的代理问题，此时高管攫取超额薪酬的意愿随之降低。为验证上述逻辑，本文进一步在式（3）中加入能体现高管股东身份的高管持股比例（*Share_executive*）、两职合一（*Dual*）以及两者分别与现金股利虚拟变量的相乘项（*DIV×share_executive*、

DIV×dual）四个变量，并重新进行计量回归。结果显示，两组回归中高管薪酬契约有效性和现金股利的回归系数仍显著为负，两者的交乘项显著为正，再次验证了前文的基础结论。此外，对应因变量为高管超额薪酬水平，高管持股比例和两职合一变量的回归系数分别为-0.001、-0.046，但不具备统计上的显著性，而相乘项的回归系数分别为-0.001、-0.002，并且在10%的统计水平上显著；对应因变量为高管是否获得超额薪酬的虚拟变量，高管持股比例和两职合一的回归系数分别为-0.004、-0.002，同样不具备统计上的显著性，而交乘项的回归系数分别为-0.008、-0.199，都具备统计上的显著性。上述结果表明，当高管兼具股东身份时，公司现金股利分配水平的提升确实有助于抑制高管攫取超额薪酬的行为（见表7）。

表7　模型引入更多控制变量的回归结果

变量	因变量 *Overpay*	因变量 *Overpay_dum*
	(1)	(2)
PPS	-0.035***	-0.145***
	(0.012)	(0.045)
DIV	-0.037***	-0.140***
	(0.011)	(0.041)
DIV×PPS	0.059***	0.223***
	(0.019)	(0.075)
share_executive	-0.001	-0.004
	(0.001)	(0.003)
DIV×share_executive	-0.001*	-0.008***
	(0.000)	(0.003)
dual	-0.046	-0.002
	(0.029)	(0.003)
DIV×dual	-0.002*	-0.199*
	(0.001)	(0.111)
_cons	0.558***	0.218
	(0.184)	(0.820)
控制变量	控制	控制
Industry	控制	控制
Year	控制	控制
N	18505	18505
R^2/Pseudo-R^2	0.384	0.276

综合以上稳健性检验的结果来看，在经过内生性问题的控制、将所有解释变量滞后一期处理、替换高管绝对薪酬变量、替换现金股利变量、引入更多的控制变量等操作后，从整体上看，相关回归结果均支持了前文的相关研究结论，表明本文的研究结论具有较高的可靠性。

5　机制分析：基于企业生命周期视角

前文研究发现，单独提高高管薪酬契约有效性和发放现金股利均会抑制高管获得超额薪酬，但同时实施两种措施反而会促使高管获得超额薪酬，那么讨论其具体的机制便非常必要。事实上，现有文献发现高管薪酬契约和企业现金股利均存在相应的生命周期。譬如，王旭、徐向艺（2015）基于企业生命周期的视角研究发现，在企业成长期和衰退期，高管薪酬激励能够有效抑制代理成本，而在企业成熟期，则是高管声誉激励机制在发挥抑制效应。Fama 和 French（2001）、Grullon 等（2002）、DeAngelo 等（2006）相继提出现金股利生命周期理论，指出企业在初创阶段因为面临大量的投资机会而不分配股利或支付较少的现金股利，在成熟阶段则倾向于支付较多的现金股利。罗琦、李辉（2015）研究发现我国资本市场确实存在股利生命周期理论，相较于成长性公司，成熟型公司更倾向于发放现金股利。宋福铁、屈文洲（2010）实证分析了股利政策的影响因素，发现我国上市公司现金股利支付意愿呈现生命周期特征，而现金股利支付率不具有生命周期特征。

表 8 报告了不同企业生命周期内主要变量的描述性统计结果，从超额薪酬的水平看，企业成长期、成熟期和衰退期的高管超额薪酬均值分别为-0.023、0.029、-0.022，这表明仅在企业的成熟期内高管存在超额薪酬的现象。从高管薪酬激励的强度看，成长期、成熟期和衰退期的高管薪酬契约有效性均值分别为 2.467、2.721、2.460，呈现“倒 U 形”特征。从现金股利的实施情况看，成长期、成熟期和衰退期企业派现意愿和派现水平同样呈现“倒 U 形”形特征，在成熟期内，企业派现意愿最强烈，派现水平亦最高。上述信息表明，高管薪酬契约有效性与企业关于现金股利的派现意愿和派现水平均呈现一定的生命周期特征。

表 8　主要变量分周期描述性统计

生命周期	变量	观测值	均值	标准差	最小值	最大值
成长期	*Overpay*	5058	-0.023	0.825	-3.429	2.611
	PPS	4189	2.467	0.399	1.835	3.781
	DIV	4945	0.618	0.486	0	1
	DPS	4945	0.080	0.168	0.000	6.419
成熟期	*Overpay*	7081	0.029	0.841	-3.779	2.822
	PPS	7970	2.721	0.591	1.835	3.781

续表

生命周期	变量	观测值	均值	标准差	最小值	最大值
成熟期	*DIV*	7110	0.730	0.444	0	1
	DPS	7110	0.124	0.237	0	6.787
衰退期	*Overpay*	6366	−0.022	0.819	−3.429	2.611
	PPS	6346	2.460	0.384	1.835	3.781
	DIV	6450	0.602	0.489	0	1
	DPS	6450	0.076	0.156	0	6.419

注：为较好地观察数据的原始信息，这里未对变量进行 Winsorize 处理；本表中关于企业生命周期的划分主要借鉴王旭、徐向艺（2015）的方法。

基于表 8 的描述性统计信息并结合相关文献的结论可知，当企业处于成长期和衰退期时，高管货币薪酬激励能够发挥降低代理成本的作用，与此同时，这两个阶段企业的派现意愿不强烈，派现水平也较低。然而，当企业处于这两个阶段时，企业内部事实上并不存在高管获得超额薪酬的现象，在这种情况下，同时提高高管的薪酬契约有效性和提高现金股利水平有助于增加高管的薪酬水平。同理，当企业处于成熟期时，企业本身存在高管获得超额薪酬的现象，并且此时的高管货币薪酬激励不发挥约束作用，但在这个阶段，公司发放现金股利的意愿最强烈，派现水平较高。因此，进一步同时提高高管的薪酬契约有效性和提高现金股利水平势必会极大地促进高管获得更多的超额薪酬。

6 结论、启示与不足

针对近年来上市公司高管“天价薪酬”“薪酬倒挂”现象，结合证监会发布的“半强制分红政策”，本文采用理论和实证相结合的分析方法系统地讨论了上市公司高管薪酬契约有效性与公司股利政策对高管超额薪酬的影响。具体而言，本文首先构建关于企业投资和分红的两期模型，并基于最优契约理论引入高管薪酬契约有效性指标，分析高管薪酬契约有效性与公司现金股利政策分别与高管超额薪酬可能呈现的关系特征，进而选取 2007～2017 年我国沪深两市 A 股主板上市公司作为研究样本进行实证研究，在控制行业、时间等固定效应和内生性后，得到以下结论：高管薪酬契约有效性与企业现金股利政策均会降低高管超额薪酬，但同时提升高管薪酬契约有效性和提高现金股利水平反而会提高高管超额薪酬。本文进一步基于企业生命周期视角的机制分析发现，由于高管薪酬契约和公司现金股利政策均具有一定的生命周期特征，故在不同的生命阶段，同时提高高管的薪酬契约有效性和增加现金股利分配均会促进高管获得超额薪酬。基于本文的研究，我们得到以下启示。

第一，依据不同的企业生命阶段设计不同的治理机制，建议企业落实到具体的周期阶段。当处于成长期和衰退期时，可以适当提高高管的薪酬契约有效性，发挥薪酬契约的激励和约束作用，与此同时，鉴于这两个阶段企业的发展事实，建议减少现金股利的发放水平，将留存收益用于再投资，可以有效缓解公司投资不足的情况；当处于成熟期时，企业发展进入高速运转状态，此时可以适当降低高管薪酬契约有效性，因为此时薪酬契约发挥的边际作用较小，与此同时，鉴于这个阶段企业的价值创造事实，建议企业将利润以现金股利的形式发放给股东，有利于约束高管的过度投资行为。

第二，建立透明的薪酬评价体系，避免高管“超额分红”。本文的研究表明，我国上市公司存在事实上的高管超额薪酬现象，并且这种现象主要发生于成熟型公司。事实上，成熟型公司资金实力较为雄厚，经营管理也比较稳定，高管往往有着较大的控制权，因此，公司内部要建立更加透明的薪酬评价体系，增强董事会的独立性和监督职能，防止高管干预薪酬的制定，进而降低高管的超额薪酬水平（降低高管获得超额薪酬的概率）。此外，成熟型公司的派现意愿最为强烈，派现水平最高。对此，建议此类公司要强化内部监督，切实保护中小投资者的利益，防止现金股利政策成为高管攫取超额薪酬的工具。

第三，完善现金股利监管政策，实行差异化的监管模式。为缓解我国上市公司一直以来“重融资、轻回报”“股利分配缺乏稳定性和连贯性”等问题，证监会自 2000 年开始陆续出台一系列政策文件，旨在强化公司回报股东的意识，规范公司的分红计划，从而进一步增强股票市场的活力（陈云玲，2014）。然而，这些“半强制分红政策”并不一定对所有的公司产生约束力，譬如对于那些没有再融资需求的上市公司而言，此类政策基本不起作用。对此，建议监管部门进一步完善股利分配政策，针对成长型、成熟型、衰退型等处于不同生命周期阶段的公司，针对有再融资需求与没有再融资需求的公司，针对处于竞争性与非竞争性行业的公司等采取差异化的监管模式。例如，相较于成熟型公司而言，成长型公司有着较为强烈的再融资需求，但是此类公司往往派现意愿较弱，派现水平也相当低，因此，可以对此类公司实行强制性股利政策，提高融资门槛；而衰退型公司融资需求较低，并且公司经营绩效不断下降，故对此类公司可以适当放宽再融资条件，降低融资门槛，以提升公司的经营活力。同理，针对内部资金充足并且没有再融资需求的公司（称为“铁公鸡”公司），证监会同样应该设计有效的约束政策以确定此类公司积极分配现金股利。总之，证监会需要根据具体的公司类别调整最低分红“门槛”，实施差异化的分红政策，但在这个过程中亦应该适当地减少行政干预（王志强、张玮婷，2012）。

不可避免地，本文也存在明显的不足。譬如，由于样本数据的分布特征，当企业处于成长期和衰退期时，高管不存在实质上的超额薪酬，故无法对机制分析部分辅以分组实证检验，从而使得机制分析部分的严谨性有所欠缺。此外，本文仅讨论了对高管超额薪酬影响最明显的两个因素，对于其他公司治理机制而言，机制间的联合使用是否存在强化或者弱化公司治理作用，值得进一步深入分析。

参考文献

[1] Albuquerque A. M., De Franco G., Verdi R. S. Peer Choice in CEO Compensation [J]. Journal of Financial Economics, 2013, 108 (1): 160-181.

[2] Aggarwal R. K., Samwick A. A. Empire-builders and Shirkers: Investment, Firm Performance, and Managerial Incentives [J]. Journal of Corporate Finance, 2006, 12 (3): 489-515.

[3] Agha M. Agency Costs, Executive Incentives and Corporate Financial Decisions [J]. Australian Journal of Management, 2016, 41 (3): 425-458.

[4] Amzaleg Y., Azar O. H., Ben-Zion U., et al. CEO Control, Corporate Performance and Pay-perfor-mance Sensitivity [J]. Journal of Economic Behavior and Organization, 2014 (106): 166-174.

[5] Bizjak J. M., Lemmon M. L., Naveen L. Does the Use of Peer Groups Contribute to Higher Pay and Less Efficient Compensation? [J]. Journal of Financial Economics, 2008, 90 (2): 152-168.

[6] Bebchuk L. A., Fried J. M., Walker D. I. Managerial Power and Rent Extraction in the Design of Executive Compensation [J]. The University of Chicago Lan Review, 2002, 69 (6): 751-846.

[7] Burrough B., Helyar J. Barbarians at the Gate [M]. New York: Harper & Row, 1990.

[8] Conyon M., Peck S. I. Recent Developments in UK Corporate Governance [A]. Britain's Economic Performance. London: Routledge, 1998.

[9] Core J. E., Guay W., Larcker D. F. The Power of the Pen and Executive Compensation [J]. Journal of Financial Economics, 2008, 88 (1): 1-25.

[10] DeAngelo H., DeAngelo L., Stul Z R. M. Dividend Policy and the Earned/Contributed Capital Mix: A Test of the Life-cycle Theory [J]. Journal of Financial Economics, 2006, 81 (2): 227-254.

[11] Easterbrook F. H. Two Agency Cost Explanations of Dividends [J]. The American Economic Review, 1984, 74 (4): 650-659.

[12] Fama E. F., French K. R. Disappearing Dividends: Changing Firm Characteristics or Lower Propensity to Pay [J]. Journal of Financial Economics, 2001, 60 (1): 3-43.

[13] Grullon G., Michael R., Swaminathan B. Are Dividend Changes a Sign of Firm Maturity [J]. Journal of Business, 2002, 75 (3): 387-424.

[14] Jensen M. C., Murphy K. J. Performance Pay and Lop-management Incentives [J]. Journal of Political Economy, 1990, 98 (2): 225-264.

[15] Jensen M. C., Meckling W. H. Theory of the Firm: Managerial Behavior, Agency Costs and Ownership Structure [J]. Journal of Financial Economics, 1976, 3 (4): 305-360.

[16] Kaplan S. N., Minton B. A. How Has CEO Turnover Changed? Increasingly Performance Sensitive Boards and Increasingly Uneasy CEOs [R]. NBER Working Paper, 2006.

[17] Kuhnen G., Niessen A. Is Executive Compensation Shaped by Public Attitudes [R]. Northwestern University Working Paper, 2009.

[18] Liu Y., Mauer D. C. Corporate Cash Holdings and CEO Compensation Incentives [J]. Journal of Financial Economics, 2011, 102 (1): 183-198.

[19] Wowak A. J., Hambrick D. C., Henderson A. D. Do CEOs Encounter within-tenure Settling up? A multi-period Perspective on Executive Pay and Dismissal [J]. Academy of Management Journal, 2011, 54 (4): 719-739.

[20] 陈信元，陈东华，时旭．公司治理与现金股利：基于佛山照明的案例研究 [J]. 管理世界，2003

(8)：118-126.

[21] 陈云玲．半强制分红政策的实施效果研究[J]．金融研究，2014（8）：162-177.

[22] 程新生，刘建梅，陈靖涵．才能信号抑或薪酬辩护：超额薪酬与战略信息披露[J]．金融研究，2015（12）：146-161.

[23] 曹裕．产品市场竞争、控股股东倾向和公司现金股利政策[J]．中国管理科学，2014（3）：141-148.

[24] 陈红，郭丹．股权激励计划：工具还是面具？——上市公司股权激励、工具选择与现金股利政策[J]．经济管理，2017（2）：85-99.

[25] 陈晓珊，施赟．上市公司高管薪酬的粘性特征研究：异质性视角[J]．当代经济管理，2020，42（8）：28-35.

[26] 方军雄．我国上市公司高管的薪酬存在粘性吗？[J]．经济研究，2009（3）：110-124.

[27] 方军雄．高管超额薪酬与公司治理决策[J]．管理世界，2012（11）：144-155.

[28] 方军雄，于传荣，王若琪，等．高管业绩敏感型薪酬契约与企业创新活动[J]．产业经济研究，2016（4）：51-60.

[29] 傅颀，汪祥耀．所有权性质、高管货币薪酬与在职消费——基于管理层权力的视角[J]．中国工业经济，2013（12）：104-116.

[30] 郭科琪．上市公司高管超额薪酬问题研究——基于董事会性别构成的视角[J]．财政研究，2014（5）：18-21.

[31] 江伟．行业薪酬基准与管理者薪酬增长——基于中国上市公司的实证分析[J]．金融研究，2010（4）：144-159.

[32] 纪建悦，李江涛，张志亮，等．股利政策代理成本理论的再探讨[J]．中国管理科学，2005，13（5）：55-62.

[33] 卢锐，柳建华，许宁．内部控制、产权与高管薪酬业绩敏感性[J]．会计研究，2011（10）：42-48.

[34] 吕长江，赵宇恒．国有企业管理者激励效应研究——基于管理层权力的解释[J]．管理世界，2008（11）：99-109.

[35] 刘星，谭伟荣，李宁．半强制分红政策、公司治理与现金股利政策[J]．南开管理评论，2016，19（5）：104-114.

[36] 刘星，汪洋．高管权力、高管薪酬与现金股利分配[J]．经济与管理研究，2014（11）：115-123.

[37] 罗宏，黄敏，周大伟，等．政府补助、超额薪酬与薪酬辩护[J]．会计研究，2014（1）：42-48.

[38] 罗宏，黄文华. 国企分红、在职消费与公司业绩[J]．管理世界，2008（9）：139-147.

[39] 李维安，刘绪光，陈靖涵．经理才能、公司治理与契约参照点——中国上市公司高管薪酬决定因素的理论与实证分析[J]．南开管理评论，2010，13（2）：4-15.

[40] 李培功，沈艺峰．经理薪酬、轰动报道与媒体的公司治理作用[J]．管理科学学报，2013，16（10）：63-80.

[41] 罗琦，李辉．企业生命周期、股利决策与投资效率[J]．经济评论，2015（2）：115-125.

[42] 罗昆，曹光宇．财务困境、超额薪酬与薪酬业绩敏感性——基于政府补贴的调节效应[J]．华中农业大学学报（社会科学版），2015（6）：109-117.

[43] 权小锋，吴世农，文芳．管理层权力、私有收益与薪酬操纵[J]．经济研究，2010，45（11）：73-87.

[44] 宋福铁，屈文洲．基于企业生命周期理论的现金股利分配实证研究[J]．中国工业经济，2010（2）：140-149.

[45] 王茂林，何玉润，林慧婷．管理层权力、现金股利与企业投资效率[J]．南开管理评论，2014，17（2）：13-22.

[46] 魏志华，李茂良，李常青．半强制分红政策

与中国上市公司分红行为［J］. 经济研究，2014，49（6）：100-114.

［47］王旭，徐向艺. 基于企业生命周期的高管激励契约最优动态配置——价值分配的视角［J］. 经济理论与经济管理，2015（6）：80-93.

［48］王志强，张玮婷. 上市公司财务灵活性、再融资期权与股利迎合策略研究［J］. 管理世界，2012（7）：151-163.

［49］谢军. 股利政策、第一大股东和公司成长性：自由现金流理论还是掏空理论［J］. 会计研究，2006（4）：51-57.

［50］谢德仁，林乐，陈运森. 薪酬委员会独立性与更高的经理人报酬—业绩敏感度——基于薪酬辩护假说的分析和检验［J］. 管理世界，2012（1）：121-140.

［51］辛清泉，林斌，王彦超. 政府控制、经理薪酬与资本投资［J］. 经济研究，2007（8）：110-122.

［52］肖珉. 现金股利、内部现金流与投资效率［J］. 金融研究，2010（10）：117-134.

［53］杨青，黄彤，Steven Toms，等. 中国上市公司CEO薪酬存在激励后效吗？［J］. 金融研究，2010（1）：166-185.

［54］郑志刚，孙娟娟，Rui Oliver. 任人唯亲的董事会文化和经理人超额薪酬问题［J］. 经济研究，2012（12）：111-124.

［55］张海燕，陈晓. 从现金红利看第一大股东对高级管理层的监督［J］. 南开管理评论，2008，11（2）：15-21.

［56］赵宜一，吕长江. 亲缘还是利益？——家族企业亲缘关系对薪酬契约的影响［J］. 会计研究，2015（8）：32-40.

论文执行编辑：王　兵

论文接收日期：2020年5月18日

作者简介：

陈晓珊（1989—）（通讯作者），广东财经大学会计学院副教授、经济学博士。研究方向为产业组织理论与公司治理。E-mail：jnu_cxs@126.com。

施赟（1982—），广东财经大学会计学院讲师、管理学博士。研究方向为内部控制和企业信息披露。E-mail：yun5056@sina.com。

Effectiveness of Compensation Contract, Cash Dividend Policy and Executives' Overpayment: Strength Lies in Unity?

Xiaoshan Chen Yun Shi

(School of Accounting, Guangdong University of Finance and Economics, Guangzhou, China)

Abstract: In recent years, relevant research in the field of corporate governance shows that the joint use of corporate governance mechanisms can play a more powerful role in governance, which is so-called strength lies in unity. However, not all joint mechanisms are consistent with the above idea. Based on the perspective of executives' overpayment, this paper chooses a panel sample of A-share listed companies from 2007 to 2017 to analyze the governance role of the effectiveness of compensation contract and cash dividend policy empirically. Results show that: both improving the effectiveness of compensation contract and the company's cash dividend level can decrease the executives' overpayment singly, whereas increasing them in the meantime performs the opposite effect. The above conclusion is still found under a series of robust tests. A further analysis of mechanism based on life cycle perspective shows that both the executive compensation contract and cash dividend policy perform a life cycle characteristic. Conclusions of this paper clarify that joint governance has its limitations, which providing a basis for companies to further improve internal and external governance mechanisms, and a new sight for the research in related fields.

Key words: Effectiveness of Compensation Contract; Cash Dividend; Executives' Overpayment

JEL Classification: M52

职业生涯冲击研究回顾与未来展望*

□黄　丽　崔　岩

摘　要：新技术创新、组织变革以及用工方式多元化为个体职业生涯注入机遇和挑战，增加了职业生涯的不可预测性。职业生涯冲击概念旨在解释在这种复杂、变化、多样的环境影响下，个体如何思考职业生涯、转变职业路径的心理过程，其相关研究正成为职业发展领域的热点话题。本文对职业生涯冲击的概念、测量工具，以及职业生涯冲击对职业决策（主客观职业转型）、工作态度（工作投入、职业满意度）、工作行为（组织公民行为、工作绩效）、职业能力的影响作用机制等方面进行系统梳理。未来研究需要进一步检验和发展职业生涯冲击的测量工具，探讨职业生涯冲击对职业行为的影响作用机制，聚焦消极职业生涯冲击的干预策略研究等。

关键词：职业生涯冲击；冲击事件；研究回顾；影响作用机制；未来展望

JEL 分类：M12

引　言

新技术、新产业、新业态、新模式蓬勃发展，导致规则性、重复性、标准化的职业逐渐被自动化、智能化的机械所取代（Frey and Osborne，2017）。组织施行网络化、平台化与扁平化管理，重塑了职业结构和就业形态（Acemoglu and Restrepo，2018）。这些变化使得个体职业生涯面临中断、转型甚至终止的可能。这也导致个体职业发展不能完全遵循于内心的兴趣、价值观与意志（Chien et al.，2006；Guindon and Hanna，2002；吕翠、周文霞，2013），在当今形式下要理解个体职业发展路径，应注重外部事件对个体职业选择和职业路径的影响，即职业生涯冲击的影响（Seibert et al.，2013）。职业生涯冲击概念旨在揭示个体对外部事件如何进行思考、理解及评价其对自身的意义，由此做出职业选择与决策（Modestino et al.，2019）。职业生涯冲击概念强调个体对外部事件的认知、理解与评价影响了其后的职业决策与职业行

* 基金项目：国家自然科学基金项目“工作心理理论视角下员工职业使命感促进机制实证研究——影响因素与提升策略”（71802175）。

为。相较于传统职业发展理论强调个体兴趣、价值观在职业发展中的主体地位，职业生涯冲击所持个体与环境相互作用论观念更符合个体职业发展实际（Akkermans et al.，2018），正成为西方职业发展理论关注的焦点。

从国内现实来看，国企混改、产业转型、大数据、人工智能都冲击着劳动力市场，单一、终身雇佣制不断弱化，灵活的、临时的雇佣方式不断涌现，个体职业发展正遭遇前所未有的冲击与震荡。但国内较少学者关注到职业生涯冲击的影响，职业生涯冲击研究尚处于萌芽阶段（杨春江等，2010；张勉、李树茁，2002；祝倩等，2010），理论与实证研究都十分欠缺。因此，本书对西方职业生涯冲击的概念发展、测量工具和影响作用机制进行系统梳理，探讨未来可能的研究方向，为中国情境下展开职业生涯冲击研究提供参考。

1 职业生涯冲击概念

职业生涯冲击（Career Shocks）的核心是"shock"。"shock"具有名词和动词两种属性，根据《牛津高阶英语词典》的界定：作为名词其是"令人震惊的事件"，作为动词其是"使人感到难以置信、深感意外"。

西方学者对"shock"的探讨集中在两个不同研究领域。早期研究集中在"离职展开模型"（The Unfolding Model of Turnover），由 Lee 和 Mitchell（1994）最先提出，用于解释客观事件对个体离职路径的影响，研究表明特殊的、不和谐的事件，如伴侣退休、意外怀孕、重大疾病威胁等，都会引发个体离职（Lee et al.，1996；Lee et al.，1999），研究者根据来源不同将其划分为个人事件、工作事件、组织事件（Lee and Mitchell，1994）。这些研究主要关注何种类型、典型的外部事件将导致个体离职，强调梳理引发离职的客观外部事件，国内学者倾向于将其定义为"冲击事件"（祝倩、马超、揭水平，2010）。

Slay 等（2004）最早将"shock"引入职业发展领域，定义为"职业生涯冲击"。Seibert 等（2013）认为职业生涯冲击是指引发审慎思考并涉及重要职业行为的变化，如寻求深造、更换工作或改变就业状况等。Akkermans 等（2018）在此基础上提出更为综合、系统的概念，认为职业生涯冲击是指个体控制之外的破坏性、特殊性事件，引发个体对职业生涯审慎思考的过程，在可预测性、积极或消极效价方面存在个体差异。这一定义被后续研究者广泛沿用（Blokker et al.，2019；Modestino et al.，2019）。职业生涯冲击在本质上是由冲击事件引起的，触动个体对冲击事件感知、理解和思考的心理过程（Akkermans et al.，2018），作用效果是促进重新评估自身职业发展路径、方向（Seibert et al.，2013；Slay et al.，2004）。

在职业发展领域，职业生涯冲击概念主要强调三个重要方面内容。①前提条件：高频率发生的事件会减轻对职业思考、决策的冲击作用，因此事件的特殊性、罕见性以及对个体决策系统的破坏性是产生职业生涯冲击的重要前提。②心理活动：不同寻常事件导致个体心理层面的触动，重新评估当前职业道路，对职业决策、行为及结果产生影响。③个体差异：不同个体对职业生涯冲击的感知、评价不同，导致强度、可预期程度和心理效价上的差异，使职业生涯冲击产生不同的作用效果。

综上所述，冲击事件与职业生涯冲击概念既存在联系也有区别。两者的联系在于都强调计划外事件对个体职业路径的影响，职业生涯冲击是由冲击事件引起、触发的心理过程（冲击事件在先，是原因）。区别在于，冲击事件的研究主要是通过对离职员工进行访谈或开放性问卷调查，总结提炼强调引发职业事件的来源、种类以及发生频率（事件本身的客观属性）。职业生涯冲击的研究则主要是采用规范封闭式问卷调查，侧重于就业者对典型、代表性事件的影响时间长短、影响强度大小、效价不同、可控程度、可预期程度等方面评价的个体差异性（事件影响的主观属性）。从属性侧重、内容侧重、研究方法、研究对象、研究领域整理两者的区别，从时间与因果关系梳理两者的联系，其结果如表 1 所示。

表 1　冲击事件与职业生涯冲击的区别与联系

	属性侧重	冲击事件（shocks）	职业生涯冲击（career shocks）
		客观属性	心理属性
区别	内容侧重	事件来源：个人 vs. 工作 vs. 组织 发生频率：没有 vs. 偶尔 vs. 经常	影响强度：大 vs. 小 影响时间：长 vs. 短 作用效价：积极 vs. 消极 可预期性：可预期 vs. 不可预期 可控性：可控 vs. 不可控
	研究方法	访谈法、开放性问卷调查	封闭式问卷调查
	研究对象	离职者	就业者
	研究领域	离职展开模型研究	职业发展、职业心理
联系	时间先后	先	后
	因果关系	前因	结果

注：笔者根据相关文献整理。

2　职业生涯冲击的测量

目前关于职业生涯冲击的测量工具并不多见，主要是针对两类群体分别发展了相关的测量量表，用于考察职业生涯冲击的两方面心理属性——积极/消极效价以及影响强度大小。

针对早期职业群体，Seibert 等（2013）开发了影响申请研究生学位的职业生涯冲击测量量表。根据心理效价不同，确定了影响个体申请研究生学位最重要的冲击——积极职业生涯冲击（Positive Career Shocks）和消极职业生涯冲击（Negative Career Shocks），各 2 道题项，量表总计 4 道题项。另外，Blokker 等（2019）在 Seibert 等（2013）量表基础上补充了两项对早期职业群体有着重要影响的职业生涯冲击：

“第一份工作中面临的职责和任务压得喘不过气来”（消极职业生涯冲击）和“比预期更快地找到了第一份工作”（积极职业生涯冲击）。

针对学术研究群体，Greco 等（2015）发展了两维度职业生涯冲击量表，其中积极职业生涯冲击维度包括 8 道题项，如“在顶级期刊上发表论文”等，消极职业生涯冲击维度包括 9 道题项，如“经过长时间审稿后，收到期刊的退稿信”等。此外，Kraimer 等（2019）在此基础上进行简化，简化后量表仍包括积极职业生涯冲击和消极职业生涯冲击两个维度，每个维度各保留 7 道题项。以上量表均是采用李克特五点计分进行测量。

将上述测量工具内容进行整理，如表 2 所示。

表 2　职业生涯冲击的测量

题项	代表学者	研究对象
积极职业生涯冲击：职业成功、快速加薪或晋升（2 个题项） 消极职业生涯冲击：导师离职、组织变革（2 个题项）	Seibert 等（2013）	早期职业群体
积极职业生涯冲击：职业成功、快速加薪或晋升、比预期更快地找到了第一份工作（3 个题项） 消极职业生涯冲击：导师离职、组织变革、第一份工作中面临的职责和任务压得喘不过气来（3 个题项）	Blokker 等（2019）	早期职业群体
积极职业生涯冲击：在顶级期刊上发表论文、获得经费、被其他学校聘用、获得教学奖、获得科研奖、被邀请为期刊编辑、评选为学术组织领导、获得终身职位或晋升（8 个题项） 消极职业生涯冲击：消极的政治事件、申请终身职位被拒、失去晋升机会、申请行政职位被拒、部门组织变革、得到负面评价、经过长时间审稿后收到期刊的退稿信、申请经费失败、经历求职困难（9 个题项）	Greco 等（2015）	学术研究群体
积极职业生涯冲击：在顶级期刊上发表论文、获得经费、被其他学校聘用、获得教学奖、获得科研奖、评选为学术组织领导、获得终身职位或晋升（7 个题项） 消极职业生涯冲击：组织消极的政治事件、申请终身职位被拒、失去晋升机会、申请行政职位被拒、部门组织变革、得到负面评价、经历求职困难（7 个题项）	Kraimer 等（2019）	学术研究群体

注：根据相关文献整理。

3　职业生涯冲击的影响作用机制研究

回顾并归纳职业生涯冲击的实证研究发现，已有研究主要关注于职业生涯冲击对个体职业决策、工作态度、工作行为以及职业能力的积极或消极效应。

3.1　职业决策

Slay 等（2004）基于自我验证理论（self-verification theory），探究职业生涯冲击对职业转型决策与职业结果的影响。该理论认为，个体会不断寻求与自我概念相一致的信息，以形成稳定的自我（Swann，1997）。当自我概念没有得到外界验证时，就会产生职业生涯冲击，引发对当前职业的质疑，使个体感知到职业认同（Career Identity）差异。同时，出于自我验证动机，导致个体出现寻求深造、更换工作等客观职业转型行为或者谋求主观职业转型（如职业态度转变）。

映像理论（Image Theory）认为，个体决策是映像匹配的过程。个体将职业生涯冲击与自我映像（个人价值、目标和计划）相比较，如果不匹配就会造成映像违背（Image Violation），迫使个体重新评估当前策略，甚至采取新策略（Montgomery，1987；Lee et al.，1996）。Seibert等（2013）认为消极职业生涯冲击阻碍职业目标，造成映像违背，申请研究生学位成为个体替代的职业策略之一。相反，积极职业生涯冲击不涉及映像违背，故不影响继续教育意愿。但实证结果则显示积极职业生涯冲击对继续教育意愿有着积极作用，消极职业生涯冲击的影响并不显著，可能是由于积极职业生涯冲击能够增强自信心，鼓励个体做出申请研究者学位这种具有挑战性的职业决策。Feng等（2019）基于资源保存理论（Conservation of Resources Theory）提出，个体面对消极职业生涯冲击造成的压力时，会试图投入资源以免资源丧失，故个体在未来职业行为方面，主要表现为通过主动维护和建立人际网络，保护内部社会资本资源，关注到更多职业机会。

3.2 工作态度

职业生涯冲击对工作态度的影响主要集中在职业认同、工作投入、职业满意度等方面，且局限于学术研究者群体。Greco等（2015）认为，职业生涯冲击影响个体对自身与团队间契合度的判断与评估，积极职业生涯冲击会令个体与团队的目标及价值观更加契合，进而提高职业认同。实证研究发现，职业生涯冲击通过职业认同的中介作用对职业满意度和工作投入产生影响，但并非所有消极职业生涯冲击都与职业认同负向相关，如经历求职困难的冲击可能会提高职业认同。

Kraimer等（2019）从工作要求—资源模型（Job Demands-resources Model）解释了职业生涯冲击对主观职业成功（薪资水平）、客观职业成功（职业满意度）的影响。工作要求是指承担工作需要个体所付出持续性的生理、心理的努力与技能，个体无法达到工作要求时，就会增加压力，导致工作倦怠；工作资源是应对工作的物理、心理、组织与社会的资源，工作资源激发工作动机，产生积极的工作结果。消极职业生涯冲击作为高强度工作要求，可能导致个体对工作力不从心，从而阻碍职业目标的实现；积极职业生涯冲击作为重要的工作资源，使个体更专注工作（增强工作投入），从而有利于实现职业目标。此外，他们引入职业生涯阶段（早、中、晚）作为职业生涯冲击影响主、客观职业成功的调节变量，并预测在职业早期，影响作用更强，但未获得数据检验的支持。

3.3 工作行为

关于职业生涯冲击对个体工作行为的影响，研究者主要关注消极职业生涯冲击的负面影响，包括减少组织公民行为、降低工作绩效等，同时导致个体滋生更多自利行为、工作偏离行为等。工作嵌入理论（Job Embeddedness Theory）认为工作嵌入代表个体对工作的依附程度，强调个体与社区和组织之间的捆绑关系，个体无法做出离职行为(Mitchell et al.，2001)。Burton等（2010）认为，高工作嵌入的个体，不愿承担离开组织或社区将面临的牺牲或损失，故即使经历消极职业生涯冲击，也不会做出损害组织价值的行为，而是选择通过增加主动性行为，维护自身的利益，故工作嵌入缓解了消极职业生涯冲击对组织公民行为与工作绩效的负向影响。Holtom等（2012）的研究表明，消极职业生涯冲击会破坏个体与组织的联系、契合，通过影响个体对工作嵌入程度的认知和评价，进而影响工作搜寻行为、工作偏离行为和组织公民行为。依据情感事件理论（Affective Events theory）的观点，工作中情感反应对工作环境与组织成员态度、行为之间关系具有良好的解释作用，引入情感倾向作为消极职业生涯冲击与工作嵌入之间的调节变量，结果证明消极情绪较高使得消极职业生涯冲击对工作嵌入的负向影响加剧。Nery-Kjerfve和Wang（2019）对跨国公司外派人员进行案例研究发现，劳动合同标准不一（视为一种消极职业生涯冲击），容易使个体滋生孤立感、对职业产生不确定性，也会降低个体的组织公民行为。

3.4 职业竞争力与雇佣能力

Blokker等（2019）基于职业建构理论(Career Construction Theory)的观点，认为职业发展是主观自我与客观环境相适应的过程，个体结合过往经验、当前感受和未来抱负，通过一系列的职业行为和选择建构职业生涯，并检验了一个被中介的调节作用模型。他们的研究表明职业竞争力（Career Competencies）透过职业成功（主、客观）影响个体的雇佣能力(Employability)，其中积极职业生涯冲击主观职业成功与雇佣能力之间的正向关系，而消极职业生涯冲击削弱了这种关系。其解释是积极职业生涯冲击增强了个体实现职业目标的信心、加强个体构建雇佣能力的努力程度，故能促进主观职业成功对雇佣能力提升的积极作用，但是消极职业生涯冲击对自信、努力的破坏则会降低主观职业成功对雇佣能力的正向影响。

对西方文献中职业生涯冲击的影响作用机制进一步整理结果如表3和图1所示。

表3 职业生涯冲击的影响作用机制汇总

影响作用机制	具体内容	代表学者	理论基础
职业决策	主观职业转型、客观职业转型（求学、更换工作、提前退休等）、关注职业机会	Slay等（2004）；Seibert等（2013）；Feng等（2019）	自我验证理论、映像理论、资源保存理论
工作态度	职业认同、职业满意度、工作投入	Greco等（2015）；Kraimer等（2019）	工作要求—资源模型
工作行为	组织公民行为、工作绩效、工作搜寻行为、工作偏离行为	Burton等（2010）；Holtom等（2012）；Nery-Kjerfve和Wang（2019）	情感事件理论、工作嵌入理论
职业能力	职业竞争力、雇佣能力	Blokker等（2019）	职业建构理论

注：笔者根据相关文献整理。

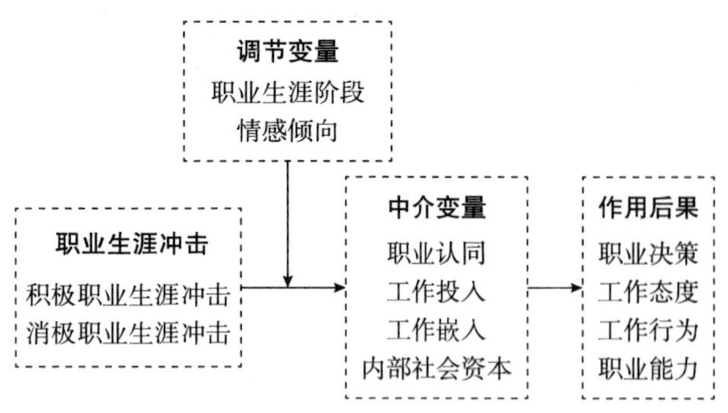

图 1 西方文献职业生涯冲击影响作用机制研究汇总模型

4 研究展望

4.1 职业生涯冲击的概念需要进一步明晰与完善

职业生涯冲击概念是在冲击事件的基础上进一步发展而来的，尽管概念在某种程度上淡化了冲击事件的客观属性，但是两者之间必然存在紧密的内在联系，需要在概念界定以及操作性定义上进一步仔细推敲。尽管 Akkermans 等（2018）的概念界定被学者广泛引用，但是在操作定义上尚未覆盖影响大小、持续时间、可控程度、可预见性以及心理效价这五个方面的心理属性。未来需要从这五个方面着手，对职业生涯冲击进行更加细化、准确的定义。也尚未有理论研究对五个方面的心理属性是否存在强相关，是否会相互影响，是否存在因果、主次，是否存在包含关系等展开分析。此外，在经济学、社会学、劳动关系领域关注的雇佣冲击（Employment Shocks）也容易与职业生涯冲击概念产生交叉与混淆（Lechler，2019）。未来应从概念本质与研究范围上进一步区分。

4.2 职业生涯冲击测量工具的进一步检验与发展

职业生涯冲击测量工具主要强调了职业生涯冲击两个方面的心理属性——心理效价以及影响强度，对职业生涯冲击是否具有可控、作用时间以及是否可预期这三个方面心理属性的分析仅限于理论探讨，尚未形成测量工具。未来在发展职业生涯冲击量表时，应将上述三方面的心理属性纳入，检验各个属性之间相关性与相互影响。

目前职业生涯冲击的测量工具主要适用于早期职业者与学术研究者，个体在职业生涯生命周期不同阶段面临的职业生涯冲击可能存在差异，故有必要基于职业生涯不同阶段梳理与之相契合的职业生涯冲击事件，并对其产生的影响进行衡量。此外，职业生涯冲击的测量可能还需要针对不同的职业群体展开研究，如企业员工、政府工作人员等，从特定群体中选择典型的、普遍的冲击事件发展职业生涯冲击测量量表。

最后，现有测量工具主要强调工作相关事件（晋升、导师离职等），对个体职业生涯的冲击作用，这主要源于西方社会主要以个体主义为核心价值观，个体在职业决策中比较注重职业是否契合个体的兴趣、价值取向，注重职业赋予个体的意义。在集体主义导向的我国，同事、团队、组织和家庭都会影响个体的职业决策。受长期利益导向、“面子”文化等熏陶，职业决策注重职业的社会声誉（地位）、是否提供长期雇佣等。故现有职业生涯冲击测量工具并不完全适用于中国情境，引发职业生涯冲击的典型事件在东西方文化背景下存在差异，应根据扎根理论，结合访谈和问卷调查法等，修订、增补和完善既有职业生涯冲击测量量表。

4.3 进一步探讨职业生涯冲击的影响作用机制

现有研究主要围绕职业生涯冲击对职业决策、职业成功、职业满意度的影响，少有研究涉及工作态度、工作行为。未来可以延伸职业生涯冲击对工作态度（组织认同、职业倦怠、职业承诺等）的作用影响。职业生涯冲击对个体职业行为具有较高的预测作用，甚至会改变职业发展的轨迹与结果（Seibert et al.，2013；Akkermans et al.，2018），但是目前对职业行为的研究较少，未来进一步探讨职业生涯冲击对职业主动行为、组织公民行为、工作偏离行为、职业妥协行为的直接影响以及影响的边界条件（聚焦在个体特征与工作情境），可以构建如图 2 所示的职业生涯冲击作用机制理论模型。

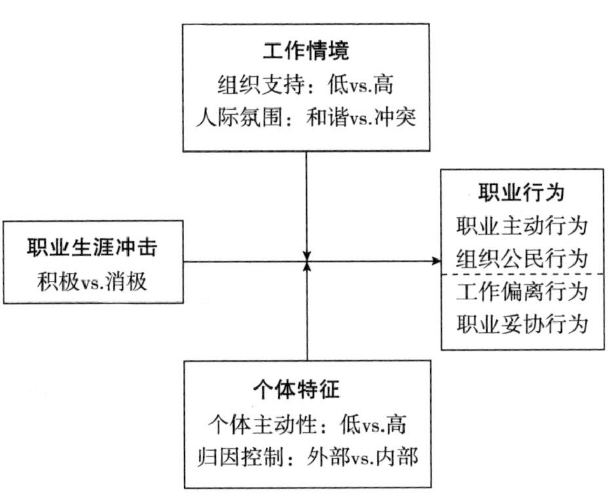

图 2　职业生涯冲击作用机制理论模型

在个体特征方面，个体主动性和归因控制影响个体对职业生涯冲击的理解和应对。主动性高的个体倾向于积极探索解决策略、主动采取行动，削弱消极职业生涯冲击的负向作用；通过抓住、利用职业机会，主动寻求乃至创造有利条件，从而促进积极职业生涯冲击与正向职业行为之间的关系。外部归因个体倾向于将积极职业生涯冲击归功于机缘巧合、事件容易等，削弱了积极职业生涯冲击对个体行为的影响；内部归因个体则认为积极职业生涯冲击是自身能力提升、付诸技能和精力、加倍努力的结果，从而促进了积极职业生涯冲击与正向职业行为之间的关系。

在工作情境方面，组织支持和和谐人际氛围决定了个体在应对职业生涯冲击时可获取资源、情绪调节。当个体感知到较高程度的组织支持时，获得了职业资源，帮助个体情绪稳定。在遭遇消极职业生涯冲击时，个体深信组织与个体有能力处理，故削弱了消极职业生涯冲击对正向职业行为的影响。当个体处于和谐人际氛围之中，成员之间互惠互助，减少了由消极职业生涯冲击导致的负向情绪，故和谐人际氛围也会削弱消极职业生涯冲击对正向职业行为的影响。

4.4 展开职业生涯冲击干预机制研究

既往研究比较关注职业生涯冲击在个体和组织层面的影响后果，但是专门针对其可能存在负面效应的干预机制的相关研究仍比较缺乏（Holtom et al.，2012）。消极职业生涯冲击与积极职业生涯冲击的划分可能并不是绝对的，而是相互的，积极职业生涯冲击也可能存在“阴暗面”，积极职业生涯冲击也可能让个体陷入职业满足的“陷阱”，不再追求更高的职业目标，造成职业发展的停滞不前（Seibert et al.，2013）。应对消极职业生涯冲击时，一方面组织应建立有效的职业网络，提高员工职业能力，培养积极心态以提高个体职业弹性和职业适应，增强职业生涯冲击的应对能力；另一方面，应注重疏导消极情绪，从而降低职业生涯冲击的不利影响。未来需要进一步针对积极职业生涯冲击的“阴暗面”和消极职业生涯冲击的负面溢出效应展开理论与实证研究，在此基础上，探讨相关干预机制，限制职业生涯冲击对个体与组织的负面影响。

参考文献

[1] Acemoglu D., Restrepo P. The Race between Man and Machine: Implications of Technology for Growth, Factor Shares, and Employment [J]. The American Economic Review, 2018, 108 (6): 1488-1542.

[2] Akkermans J., Seibert S. E., Mol S. T. Tales of the Unexpected: Integrating Career Shocks in the Contemporary Careers Literature [J]. SA Journal of Industrial Psychology, 2018, 44: 1-10.

[3] Blokker R., Akkermans J., Tims M., et al. Building a Sustainable Start: The Role of Career Competencies, Career Success, and Career Shocks in Young Professionals' Employability [J]. Journal of Vocational Behavior, 2019, 112: 172-184.

[4] Burton J. P., Holtom B. C., Sablynski C. J., et al. The Buffering Effects of Job Embeddedness on Negative Shocks [J]. Journal of Vocational Behavior, 2010, 76 (1): 42-51.

[5] Chien J. C., Fischer J. M., Biller E. Evaluating a Metacognitive and Planned Happenstance Career Training Course for Taiwanese College Students [J]. Journal of Employment Counseling, 2006, 43 (4): 146-153.

[6] Feng J., Zhou W., Li S., et al. Obstacles Open the Door — Negative Shocks Can Motivate Individuals to Focus on Opportunities [J]. Frontiers of Business Research in China, 2019, 14 (1): 1-17.

[7] Frey C. B., Osborne M. A. The Future of Employment: How Susceptible are Jobs to Computerisation? [J]. Technological Forecasting and Social Change, 2017, 114 (114): 254-280.

[8] Greco L. M., Kraimer M., Seibert S., et al. Career Shocks, Obstacles, and Professional Identification among Academics [J]. Academy of Management Proc-eedings, 2015 (1): 12178.

[9] Guindon M. H., Hanna F. J. Coincidence, Happenstance, Serendipity, Fate, or the Hand of God: Case Studies in Synchronicity [J]. Career Development Quarterly, 2002, 50 (3): 195-208.

[10] Holtom B. C., Burton J. P., Crossley C. D. How Negative Affectivity Moderates the Relationship between Shocks, Embeddedness and Worker Behaviors [J]. Journal of Vocational Behavior, 2012, 80 (2): 434-443.

[11] Kraimer M .L., Greco L., Seibert S. E., et al. An Investigation of Academic Career Success: The New Tempo of Academic Life [J]. Academy of Management Learning and Education, 2019, 18 (2): 128-152.

[12] Lechler M. Employment Shocks and Anti-EU Sentiment [J]. European Journal of Political Economy, 2019, 59 (59): 266-295.

[13] Lee T. W., Mitchell T. R. An Alternative Approach: The Unfolding Model of Voluntary Employee Turnover [J]. Academy of Management Review, 1994, 19 (1): 51-89.

[14] Lee T. W., Mitchell T. R., Holtom B. C., et al. The Unfolding Model of Voluntary Turnover: A Replication and Extension [J]. Academy of Management Journal, 1999, 42 (4): 450-462.

[15] Lee T. W., Mitchell T. R., Wise L., et al. An Unfolding Model of Voluntary Employee Turnover [J]. Academy of Management Journal, 1996, 39 (1): 5-36.

[16] Mitchell T. R., Holtom B. C., Lee T. W., et al. Why People Stay: Using Job Embeddedness to Predict Voluntary Turnover [J]. Academy of Management Journal, 2001, 44 (6): 1102-1121.

[17] Modestino A. S., Sugiyama K., Ladge J. Careers in Construction: an Examination of the Career Narratives of Young Professionals and Their Emerging Career Self-Concepts [J]. Journal of Vocational Behavior, 2019: 115.

[18] Montgomery H. Image Theory and Dominance Search Theory: How is Decision Making Actually Done?: A Comment on "Image Theory: Principles, Goals, and Plans in Decision Making" by Beach and Mitchell [J]. Acta Psychologica, 1987, 66 (3): 221-224.

[19] Nery-Kjerfve T., Wang J. Transfer from Expatriate to Local Contracts: A Multiple Case Study of an Unexpected Career Transition [J]. Human Resource Development International, 2019, 22 (3): 235-256.

[20] Seibert S. E., Kraimer M. L., Holtom B. C., et al. Even the Best Laid Plans Sometimes Go Askew: Career Self-Management Processes, Career Shocks, and the Decision to Pursue Graduate Education [J]. Journal of Applied Psychology, 2013, 98 (1): 169-182.

[21] Slay H. S., Taylor M. S., Williamson I. O. Midlife Transition Decision Processes and Career Success: The Role of Identity, Networks, and Shocks [C]. Austin: The annual meeting of the Academy of Human Resource Development, 2004.

[22] Swann, W. B. The Trouble with Change: Self-Verification and Allegiance to the Self [J]. Psychological Science, 1997, 8 (3): 177-180.

[23] 霍恩比．牛津高阶英语词典（第 9 版）[M]. 北京：商务印书馆，2016.

[24] 吕翠，周文霞．职业发展偶然事件影响研究综述 [J]. 外国经济与管理，2013，35 (9): 35-43.

[25] 杨春江，马钦海，曾先峰．从留职视角预测离职：工作嵌入研究述评 [J]. 南开管理评论，2010，13 (2): 105-118+131.

[26] 张勉，李树茁．雇员主动离职心理动因模型评述 [J]. 心理科学进展，2002，10 (3): 330-341.

[27] 祝倩，马超，揭水平．冲击事件对员工主动离职的影响 [J]. 心理科学进展，2010，18 (10): 1606-1611.

论文执行编辑：姜 嬿

论文接收日期：2020 年 2 月 24 日

作者简介：

黄丽（1982—），云南财经大学商学院副教授、管理学博士。研究方向为职业发展、企业组织与人力资源管理。E-mail：huangli0416@126.com。

崔岩（1995—），云南财经大学商学院硕士研究生。研究方向为人力资源管理。E-mail：cuiyan2014@163.com。

Research Review and Prospects of Career Shocks

Li Huang　Yan Cui

(Yunnan University of Finance and Economics, Kunming, China)

Abstract: New technological innovations, organizational changes and the diversification of employment patterns bring opportunities and challenges for individual careers, increasing the unpredictability of careers. The concept of career shocks is intended to explain the psychological process of how individuals consider their careers and change career paths in the face of such complex, changing, and diverse environmental influences. Relevant research is becoming a hot topic in the field of career development. This paper provides a systematic review of the concept of career shocks, the measurement tools, and the effect mechanisms of career shocks on career decision-making—subjective and objective career transitions, work attitudes—work engagement and career satisfaction, work behaviors—organizational citizenship behavior and job performance, and career abilities. This paper also suggests that it is necessary to further test and develop measurement tools of career shocks, explore the effect mechanisms of career shocks on career behaviors, and focus on intervention strategies for negative career shocks.

Key words: Career Shocks; Shock Event; Research Review; Effect Mechanism; Prospects

JEL Classification: M12

著作权使用声明